China ASEAN

チャイナ・アセアンの衝撃

日本人だけが知らない
巨大経済圏の真実

邉見伸弘
Nobuhiro Hemmi

日経BP

China
ASEAN

チャイナ・アセアンの衝撃

日本人だけが知らない
巨大経済圏の真実

邉見伸弘

はじめに

「人間はみな自分の見たいものしか見ようとしない」——人間心理の有り様を突いた古代ローマの英雄ユリウス・カエサルの言葉だ。

私たちは逆にどこまで「見るべきものを見る」を実践しているだろうか。「正直自信がない」というのが大方だろう。むしろ「見ていない」、つまり結果として「知らない」ことの方が多いだろう。情報氾濫の時代だというが、「知らない」という事実すら知らない、自覚しない、気が付いていないことも多い。

例えば、新型コロナ禍で世界での往来は厳しくなり、国際ビジネスはお手上げという論調がある。しかし、中国とASEAN（東南アジア諸国連合）の経済関係は強まっている。両地域では、チャイナプラスワンという拠点移転、デカップリングどころか、越境EC（国境を越えて行われている電子商取引）によるライブコマースをはじめとし、新たなビジネスが加速している。

かつては海路で30日かかった中国とタイやベトナムの貿易が、今や陸路を通って商品が96時間程度で届く。

日本では、活況だったアジアインバウンドによる爆買いは蒸発したとされるが、越境ECは、中国－ASEANのみならず、日本と中国－ASEANも含め大盛況である。

波に乗れていないのは「知らないから」というケースの典型かもしれない。アンテナ力の高い、日本の個人は勝機を捉えているが、大企業や政府は右往左往、ということも起こりうる。デジタル化の中でIT人材育成を急げ、という掛け声が強まっているが、その真横で、既にあるアジアのデジタルプラットフォームを使いこなす個人がしっかりビジネスをしているという世界がある。DXだと聞かされていたら、アフターデジタルの世界が既に出現しているわけだ。

気が付いたら状況が変わり、日本企業の戦略で想定されていなかった事態となっていた。

これこそが日本企業が直面しているアジア市場だ。端的に言えば、中国の勢力圏下にASEANが呑み込まれている「China－ASEAN（チャイナ－アセアン）経済圏（大中華経済圏）」だ。21世紀の世界経済は「アジアの世紀（The Asian Century）」と言われているが、その正体がチャイナ－アセアンというわけだ。この競争環境で勝ち残れるかどうかが日本企業の将来を左右するであろう。

経済やビジネスで「不確実性の時代」が叫ばれるなかで、そこまで言い切れるのかと思われるかもしれない。しかし、国際政治経済動向を細かく追っていくと、チャイナ－アセアンこそがアジア経済の未来であることが見えてくる。

このアジア経済の動向を把握できている日本のビジネスパーソンはどれくらいいるだろうか。独りよがりな眼鏡を通して現状を見ていると、現に日本企業の置かれている立場や、チャイナ－アセアン経済圏の重要性に気が付かないかもしれない。

本書で訴えているのは、その「知らないことを知らない」、つまり、わが国のビジネス界が、いかに情報戦に遅れを取っているか、「知らない」ことの結果として、適切な戦略、方策を打ち出せていないのではないかということである。本書の主語は、対中脅威論でも、対中迎合論でもない。既に発表されている膨大な公式統計や白書を、日本よりも日本以外の文献からの視点をできうる限り収集・分析し、相手側がどう考えているか、そこから導かれる日本の現状と今後考えられる方策を明らかにしている。

もちろん活路を開く〝魔法の杖〟のような妙手などあるはずもない。

ビジネスの世界で必要なのは「鳥の眼」「魚の眼」「虫の眼」だとよくいわれる。目の前の現実認識、大局観、そして時代・社会の流れやトレンド把握の重要性だ。その基本に立って冷静・客観的に状況認識に努めるならば、目指すべき方向性は自ずと見えてくるのではないか。

「チャイナ－アセアン」を読む手がかりには3つのポイントがある。

まず1つ目は、楽観的な思い込みを捨てることだ。「ASEANは日本の友好地域だから、日本企業は今までと同様にポストコロナ時代でもシェアを維持できる」といった幻想からの卒業だ。確かにASEANは日本の友好地域であるが、「古くから付き合いのある数ある友人の一人」という相手側に立った現実思考も踏まえておく必要があるだろう。気が付いたら片思いはこちらだけ、とならないようにしたいものだ。また単に中国包囲網としてのASEANという視点だけでなく、中国とASEANの連携とその実態に目を向けたシナリオを考えておく必要がある。

現在の米中経済競争にしても、様子見している間に、環境分野で米中が手を組むこともあり得る。バイデン政権はパリ協定に署名、復帰をしており、国内政治も地球温暖化対策や環境問題重視を打ち出しているが、中国にとっても環境問題は死活的に重要であり、環境政策ではぴったり息が合う。米中は手を組める分野で連携・協力し、それを機に関係改善が進み、気が付いたら日本が思っていた前提とは違っていた、といった事態なども想定しうるシナリオだろう。ちょっと待ってくれ、と言いたくなるが、現実はそういうものである。自分の正義やロジックは大切だが、相手（周辺国）がどう動くかはさらに重要だ。

2つ目は、新興国参入という視点（遅れた国という固定観念）からの脱皮だ。既に世界第二位の経済大国となっている中国はもちろんだが、東南アジア諸国も昔のように新興国として見続けていると、そこで起きているイノベーションやそこから生まれるビジネスチャンスを見逃してしまう。

日本政府や企業・産業界は2000年代以降、新興国参入戦略を掲げ、アジア地域、なかんずくASEANをその戦略の中心地にしてきた。しかし気が付けば、入札事業などでも中国勢は無論、欧米プレイヤーや韓国勢にも押されており、出遅れて後塵を拝したローカルプレイヤーの地位に甘んじていることも珍しくなくなっているのではないか。頼みの技術やその源泉となるイノベーションでさえ、アジア諸国発の技術やサービスの方が進んでいるというケースが続いている。謙虚に、したたかに学ぶ時代なのだ。

大きなビジョンも大切だが、日々起こっている現実にこそ真実がある。中国の格安高機能スマホのオッポを使い、シンガポールのアジアン・ペアレントの子育てサイトを見ながら、シンガポール発のショッピーのようなECでおむつや日用品をポチりと買い物し、移動は同国発の配車アプリのグラブやインドネシアのゴジェックを使う。中国の動画アプリのティックトックで暇つぶしも教育もお気に入りのファッションもチェックする。どれも日本で生活していると聞いたこともないサービスだろう。これは東南アジアで子供を持つ女性の普通の生活スタイルで使われるサービスである。スーパーアプリを開発するデジタル人材の話ではない。数種類のアプリを器用に使いわけて生活しているのだ。中国、タイ、ベトナム、フィリピンでも同じような状況だ。日本がイメージする米国のGAFAM（グーグル、アップル、フェイスブック、アマゾン・ドット・コム、マイクロソフト）や中国のBATJ（バイドゥ、アリババ、テンセント、JDドットコム）のような壮大なプラットホームばかりがデジタルではない。日本はデジタル後進国だ、経済敗戦だと嘆く暇があれば、あるものを素直に使っていけばよいのだ。「もっと大胆なものを目指さないと改革にならない！」と叫ぶ経営者もいるが、起きている事実を見つめ、ありものでも何とかするのが実践の知恵というものだ。

一方で、「まだまだ日本の製品やアフターサービスに追いつくには10年はかかりますよ」などという声もよく聞くが、統計を見ればアジアの多くの国は次のステージに向かっている。現地では「日本製の品質は良いが、純正パーツは値段が高く、手間もかかるので、メンテの時は中国から買ってます。すぐ届くのでこれで十分です」という声をよく聞く。全ての業種に当てはまる訳ではないが、現実に起きている現象である。

３つ目のポイントは、(国の単位ではなく）都市群でモノを見ることだ。ビジネスでマーケットを見極めるためには、まず市場規模と立ち位置を定義し、攻める場所を絞って見ていくのが鉄則だ。例えば日本では、人口１０００万人以上のギガ都市群は東京圏と近畿圏の２つだ。中国は現在15で、２０３０年には30都市群になると見られる。ＡＳＥＡＮでのそれは現在２つだが、２０３０年には５つの都市群が誕生すると予測されている。ギガならぬ１００万人以上のメガ都市と言えば、中国は既に２７０、ＡＳＥＡＮで40を超える。日本は２０３０年でも変らずわずか10都市と見込まれる。ダイナミックな発展が見込まれるチャイナ－アセアン圏。ここはまさに巨大市場だ。同時に大競争市場であり、この競争は都市群間競争とも言えよう。上海市・深圳市やジャカルタ市等のアジアの巨大都市を見ることは第一歩だ。さらに、周辺にある安徽省合肥市・広西チワン族自治区南寧市やインドネシアの東ジャカルタ地域、バンドン市等、都市を支える都市群も踏まえた視点が重要なのだ。日本企業が様々な情報を駆使し、どの都市群を狙うのか。また、どのようなスペシャリティを持って臨み、挑戦し、攻勢をかけていくか。旬（しゅん）を見極めた判断が求められている。日本の活路はそこにある。

本書で、「省」や「市」といった、「都市群」への視点を重視しているのは、地域住民の暮らしや生活により接近し、現実思考に立ったリアリティあるビジネス展開がしやすくなるからだ。これが「国」対「国」となると、折々の政治的葛藤やイデオロギーの対立が絡む可能性があり、それらがリスクとなってビジネスの見方にゆがみが生じる。時間もかかり、方向性がなかなか決まらないのである。決まった時には旬が過ぎているのが関の山だ。

これら3つに共通する前提は、自分たちがこうした変化を「知らないことを知らない」という現実を直視することだ。「どうしてこうなるんだ」——昨今、中国や東南アジアの台頭に対して、経営幹部から思わず吐露される言葉だ。いわば経済敗戦ともいうべき今日の状況を招いているのは何が原因か。競争戦略や製品・サービスの問題なのか。それも否めないだろうが、より直接的には上述した通り、「知らないことを知らない」、つまり情報戦の問題、現状認識の欠如こそ、マイナス要因として大きいのではないか。

経済やビジネスの世界でも「不確実性の時代」が語られるが、一言で片付けてよいのか。いつの時代も未来は不透明なのだ。確実であった試しなど一度もなかったのではないか。ポーカーゲームの名言を思い出す。「誰がカモかわからない時は貴方がカモにされている」。そう、不確実性を言い訳にしていたら、生き抜いていけない。カモられてしまうのだ。

本書では、チャイナ－アセアン関係について詳述した。とりわけ対ASEANに関し、日本より数歩も数段階も先んじている中国の取り組みについては、多くのページを割いた。中国とASEANは、「大中華経済圏」とも呼ばれているほどに密接な相互依存関係があり、ダイナミックに発展する状況となっているが、いかにしてそれが形成されていったのかをひも解いている。両地域は地続きといった地理的要因、華僑華人の架橋的な役割などもさることながら、中国政府当局、また例えば広東省といった、他国の一国並みの人口規模を擁する地方の省や州政府、重慶市・広州市など大都市群の独自の積極攻勢、個々の中国企業の果敢な進出行動などにより結びつきを強めている。その事実は知られているようで知られていないが、本書でその一端を紹介したのは現状・現実を率直に理解してほしいという想いからだ。

「中国はいつか崩れる」「一党独裁下で統計資料も操作されている疑いがあり、信頼性を欠く」「進出企業に対する技術移転という名の技術搾取」——こうしたネガティブな見方は常にある。昨今、新型コロナウイルスが発生した国と見られ、また南シナ海や尖閣諸島への侵略的・攻撃的行動、豪州も含む周辺諸国への高圧的態度も重なり、中国脅威論の高まりや中国のイメージ悪化をきたしているのは事実である。

しかし、それが等身大の中国経済像を誤認させ、ビジネス界において実際の中国の行動と向き合った場合の適切な理解の妨げとなっていたとしたら、改めねばなるまい。現実を直視する新たな視点が必要だ。ＡＳＥＡＮ諸国の政策関係者や企業経営者も日本のような見方で中国を見ているとは限らない。そうした現実を知る必要がある、日本国内の大勢一般の視点で議論をすると、中国とＡＳＥＡＮの経済関係の深化に気付くことができず、知らぬ間に同市場で取り残されることになりかねない。

本書では、日本が「見たい」現実だけでなく、「見るべき」現実について、実際に起きているケース（事例）を取り上げた。ビジネスの世界では現実から目を逸らすことはタブーであり、それこそ「鳥の眼」「魚の眼」「虫の眼」を意識して観察し、現実思考に基づき、適切に脅威を把握し、進むべき方向性なり戦略を可能な限り示したつもりだ。

本書の構成は（1）中国・ＡＳＥＡＮの経済環境認識とシナリオ（1～4章）、（2）見立ての方法（5章）、（3）生き残り策（6～7章）となっている。

第1章の「新型コロナ後の世界経済を牽引する中国とＡＳＥＡＮ」では、中国、ＡＳＥＡＮのマクロの成長と両地域をつなぐ関係性についての考察を行った。中国は経済の成長スピードが落ちる中での「新常態」に続き、外需を取り込みながら内需を拡大する「双循環」の方針を打ち出しているが、その中で重要なのは都市群競争の概念である。また、対外関係では〝選択と集中〟が進められる見通しだが、ASEAN地域がその重点となる可能性が極めて高い。ASEANは地域間連携を深めつつ、地域発の巨大なリージョナル・ジャイアンツ（地場地域巨大企業）の誕生など、新たな経済の発展期を迎えている。都市単位では既に日本の政令都市を上回る経済レベルの都市も誕生しているが、2030年になれば、東京を上回るような都市も多数登場する見込みなのだ。

第2章の「巨大経済圏〝China－ASEAN（チャイナ－アセアン）〟の誕生」では、両地域の経済関係のシナリオをいくつか考察し、なかでも実現可能性が高い「チャイナ－アセアン」誕生のシナリオとインパクト、そして日本への影響を論じている。

第3章の「China－ASEANを先導するギガ都市のパワー」では、都市群経済圏の現状を解説し、既に突きつけられていながら知らないでいる「今、起きている未来」を認識し、どのようにしてアンテナを張り直すのかについて問題提起を行っている。

第4章の「GAFAを凌駕する新モデル：進化する越境EC」では、分析対象のメッシュを細かくし、第3章の各論に入り、ビジネスにとって置かれた現状とそのズレを詳しく見ていく。

第5章の「変化を見通す3つの眼」では、変化に対する見立ての方法を示す。今日版「鳥の眼」「魚の眼」「虫の眼」で再解釈し、具体的なケースを用いながら、アプローチ例を紹介している。

第6章の「巧みに覇権を握る華僑ネットワーク」は、変化をチャンスに捉える多国籍企業である華僑グループの例を通し、日本にとっての示唆を解説する。ここで見られる視点はどれも現地を注視し、基本に忠実に市場と向き合う真摯さである。

最後に、第7章「日本企業が知らない日本の強み」において、日本企業が学ぶべき情報戦の戦い方とそれを踏まえた思考の進化を提唱している。

著者の日常業務は、「国際情勢分析とビジネス」の観点で、プロフェッショナル向けのサービスを提供することであり、本書は、同活動の過程で収集・分析した事例が盛り込まれている。本書執筆に当たっては200名を超えるアジアの企業・政財界の関係者にインタビューを行い、各当事者の見解と発言を随所に反映させた。

国際情勢分析については、安全保障分野でさえ「公開情報で90%の情勢が理解できる」と元米国防情報局長官のサミュエル・ウィルソン退役陸軍中将が言っている。公開度の高い経済分野ではより多くの情勢が把握できるといっていいだろう。本書でも公開情報を使った分析が中心である。日本ではあまり伝えられていない中国の省・市当局の政策などについても公開されている情報はかなり多いのだ。

著者自身のASEANそして中国との関わりは国際協力銀行(旧日本輸出入銀行)時代に始まり、米系の戦略経営コンサルティングファームに転じてからも続き、現地を頻繁に訪れる機会を持ったことから、文字通り、この眼、この耳、この足で実情把握と現実理解に努めてきた。また米ハーバード大学(ウェザーヘッド国際問題研究所)の研究員の任にあった際も、アジア経済と日本の選択が中心のテーマであった。本書は、①「国際金融」、②「パブリックセクター」、③「経営コンサルティング」、④「アカデミック」の4つの活動・視点から得た実務家としての経験・知見を遺憾なく反映させているつもりである。

本書が読者や、企業・経済をはじめ関係者の皆様に少しでもお役に立てれば幸いである。

2021年1月

邉見伸弘

Chapter 7

Chapter

1

新型コロナ後の世界経済を牽引する中国とASEAN

1 再考、「アジアの世紀」

ポストコロナの世界経済は「アジアの世紀」の実現である

「アジアの世紀」と言えば、2011年にヒラリー・クリントン米国務長官（当時）が米フォーリン・ポリシー誌[1]で「アジアが世界経済の中心になる」と予測し、米国・アジア政策の強化を訴えたときに使ったフレーズだ。クリントン氏が「アジアの世紀」を予測した背景には、それまでの中国とASEAN各国の驚異的な成長があった。

2000年以降世界経済の牽引役は、北東アジアと東南アジアだった。特に中国とASEAN各国は、実質成長率7～8％近くの驚異的な成長を続けた。実質成長で見れば経済は10年間で約2倍、20年間では約4倍の成長を遂げ、今や世界の名目GDPの約20％[2]を占めるに至った（中国が14兆ドル、ASEAN3兆ドル、世界は86兆ドル、2018年）。

COVID－19（新型コロナ）禍でもこの地域がいち早く経済回復に転じた。新型コロナ発生前でも両地域の成長は続いていたが、コロナ禍では経済の回復力（レジリエンス力）も兼ね備えるようになり、世界の他の地域との差が鮮明となった。IMF（国際通貨基金）の試算[3]（**図表1 左ページ**）によると、先進国における2020年成長率は軒並みマイナス（米国：3・4％減、欧州：7・2％減、日本：5・1％減[4]）だった一方、中国は2・3％のプラス成長を遂げた。ASEAN主要5カ国[5]は3・7％減と、ラテンアメリカ（7・4％減）など他の新興国や先進国平均（4・9％減）に比べてダ

【図表1】世界経済成長率の差（実質GDP成長率）

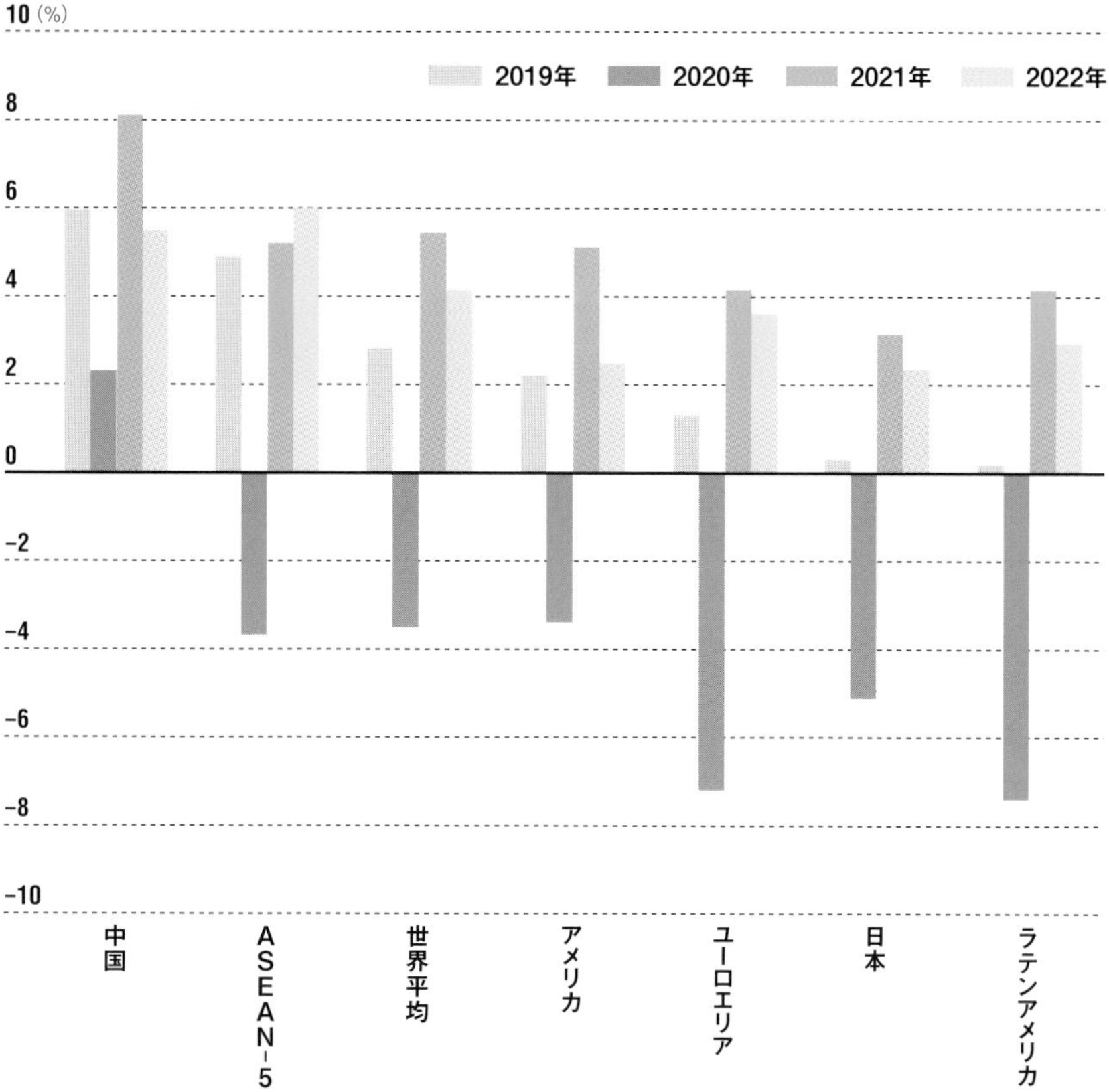

注：2021年、2022年は推定
出所：IMF World Economic Outlook（Jan.2021）

メージが少なく、2022年には世界平均（4・2%）や新興国平均（5・0%）を上回り、ASEAN5は6・0%の成長と予想されている。欧米はコロナ禍のダメージが大きく、経済回復も遅れるため、相対的に中国とASEANの重要性が増している。

経済成長はコロナの感染拡大の間だけでなく、その収束後においても継続していく。2008年世界金融危機の後と同様に、中国が成長のエンジンとなり、ASEAN経済はそれを取り込み発展しそうだ。アジアの世紀はChina－ASEAN（チャイナ－アセアン）経済圏が牽引する。

2 中国：新常態から双循環へ 国家資本主義だけで読み解けない都市連邦国家の姿

A 都市経済の変遷と新型コロナ禍

既に触れたように、中国はコロナ禍でもプラス成長だ。「マクロで見れば消費や輸出が振るわず、政府支出で持ちこたえているだけ」とする見方もある。中国への統計不信や中国経済失速論が根底にあるのだろう。しかし、国家資本主義・中央統制経済という点だけで成長の理由を説明するのは不十分だ。

コロナ禍を踏まえた実際の中国のマクロ経済はどうだったのだろうか。中国の国家統計局が発表した2020年7〜9月期と10〜12月期の中国経済成長率維持（図表2　24ページ）[6]によれば、1〜3月期と比較して大幅に改善していた。7〜9月期については4・9％（2020年10月18日）10〜12月期については6・5％の経済成長率であった（2021年1月19日）。IMFは中国が2020年に成長する唯一の主要な世界経済の国であり、2020年の成長率を2・3％と予測した。[7]中国の復活と言われるゆえんだ。

「この数字は信用できない」「中国は国家資本主義・中央統制経済であり、何が本当か分からない」という議論もある。無理な刺激策の副作用として、国家債務が激増するリスクも懸念されている。2019年末時点で金融を除く総債務は、GDPの245・4％から2020年6月時点では266・4％で過去最高[8]となっている。

しかし、「いつか崩れる」と言われ続け、30年以上成長を続けてきたのだ。なぜ、こうも伸び続けるのか。成長を支えた理由をさらに別の角度から考えることにも意味があるだろう。

その一つの見方が「都市連邦的」な視点で中国を捉えることだ。

中国は都市や省の連邦的総合または連邦体≒合州国ならぬ合省国（United Provinces of China）という側面もあり、上海、北京、深圳、広州といったおなじみの人口1000万超のギガ都市[9]に加え、重慶や成都といった次代の1000万ギガ都市は、5％から10％の成長を遂げている。南京市（人口852万人。[10]シンガポールの人口568万人[11]より多い）に至っては四半期で見てもコロナ禍でマイナス成長を経験することなく、プラスの成長を続けた。省・市の強さが中国の強さの源泉である（図表3　26・27ページ　図表4　28ページ）。

【図表2】中国の経済成長率推移（四半期ベース）

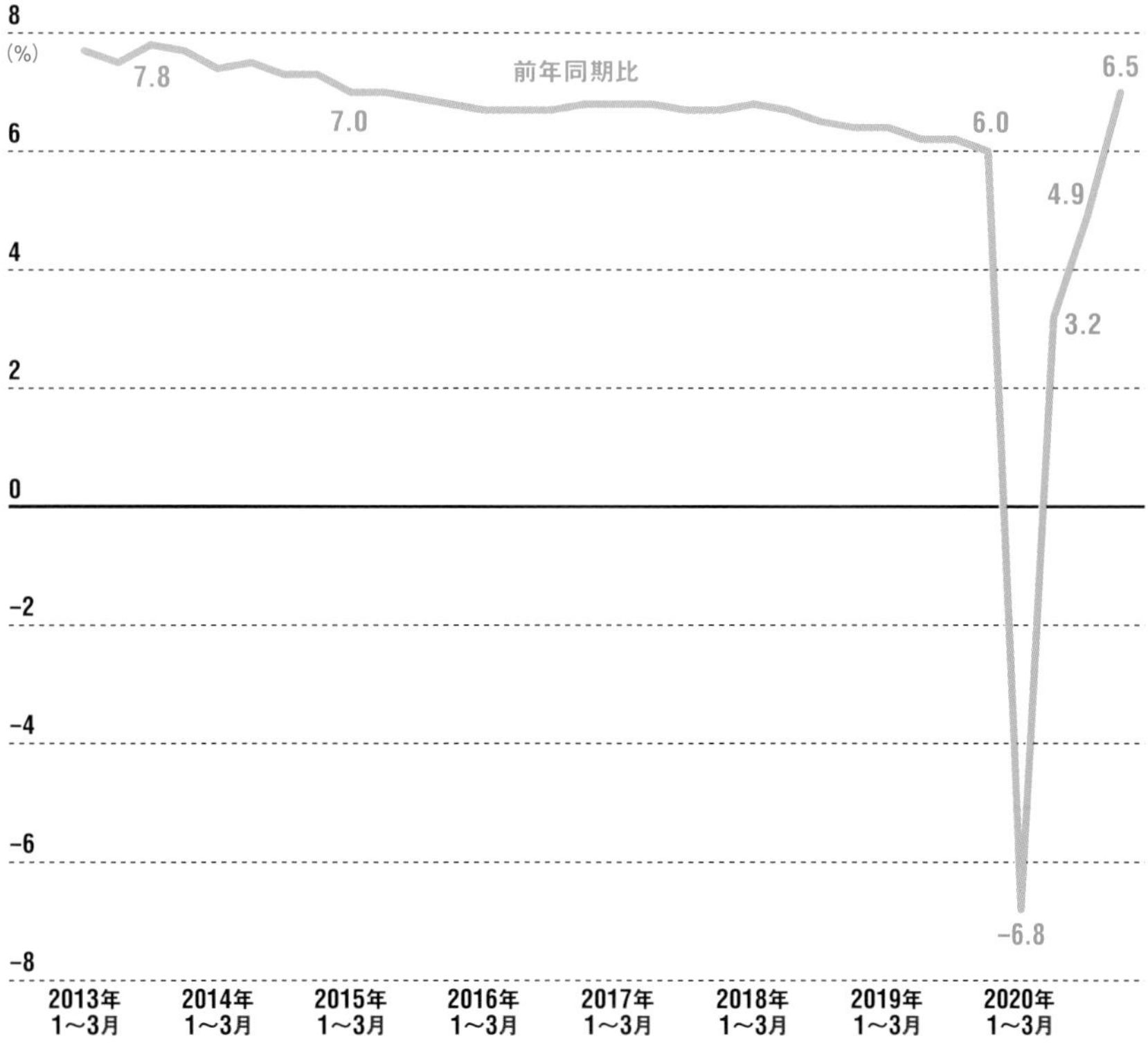

出所：中国国家統計局（2021年1月）

そもそも、それぞれの省・市は、東南アジア1国分以上の大きさだ（中国には上海市や北京市等の省レベルの直轄市があるので、ここでは、省・市としている）。省・市単位で分析し直すことが必要不可欠なのだ。コロナ禍でも地域や省・市で影響の大きさはかなり異なった。経済の回復の仕方も違った。

中国省別GDPの推移

図表5（29ページ）にあるように、20年間の省・市別GDPを振り返っても凄まじい成長を遂げている。トップの広東省では20年間で規模が10倍になっている。これは年率平均で換算するとCAGR（年平均成長率）約13%（1999－2019年）の成長を遂げていたことになる。各省が成長する中で、省間の格差も拡大した。筆頭の広東省はGDPで約180兆円の規模[12]。江蘇省等がこれに続く。広東省と江蘇省の2つの省だけで中国全体のGDPの2割を占めると言われている。

今度は主要都市で見てみよう。1人当たりGDPで見ると、上海、北京、深圳は既に2万ドルを超えている（**図表6** 30ページ）。2025年には、1人当たりGDPが2万5000ドル超の都市は、23を超えてくると想定される（**図表7** 31ページ）。中国は共働きが一般的だから、世帯当たりの可処分所得で見ればもっと高く、先進国並みの生活水準を送る都市が数多く誕生していることは想像に難くない。実際、深圳の2019年ベースの1人当たりGDP[13]（2万9498ドル）は、韓国の1人当たりGDP（3万1846ドル）といった先進国並みの水準に迫っている。

これだけ成長を遂げてきた中国の省・市だが、コロナ禍直後の経済を見ていくと、上位10都市に

【図表3】中国の都市の位置と解説

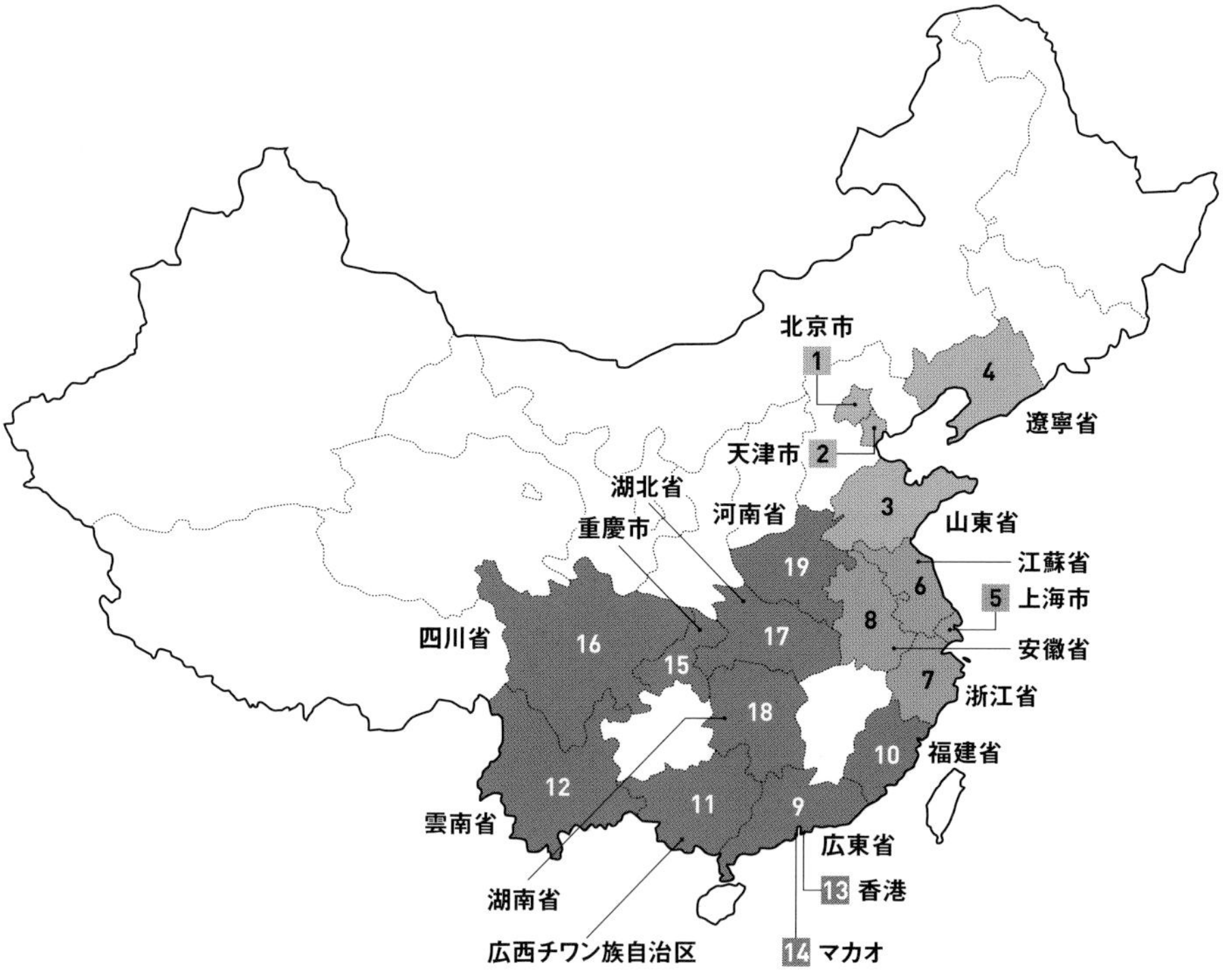

		地域・省	主要都市	人口（万人）	GDP（億元）	概要
北部	1	北京市	北京	2,154	35,371	中国首都、政治、文化、国際交流、イノベーションハブ
北部	2	天津市	天津	1,562	14,104	直轄市、伝統的製造ハブ
北部	3	山東省	青島、済南	10,070	71,068	人口の多い省、資源系、伝統的製造ハブ、港がある
北部	4	遼寧省	瀋陽、大連	4,352	24,910	伝統的製造ハブ、日系企業の拠点が多い
東部	5	上海市	上海	2,428	38,155	直轄市、長江デルタ中心都市、金融、貿易、イノベーションハブ
東部	6	江蘇省	南京、蘇州、無錫	8,070	99,632	製造ハブ、一人当たりGDPが高い
東部	7	浙江省	杭州、寧波	5,850	62,352	製造ハブ、ハイテク系集中、寧波に港がある
東部	8	安徽省	合肥	6,366	37,114	イノベーションハブとして長江デルタに加入し、成長スピートが速い
南部	9	広東省	深圳、佛山、東莞	11,521	107,671	人口の多い省、製造ハブ、イノベーション、貿易ハブ、深圳市が直轄市
南部	10	福建省	福州、アモイ	3,973	42,395	東南アジアの華僑・華人の故郷
南部	11	広西チワン族自治区	南寧	4,960	21,237	東南アジア向け貿易窓口、陸海物流、貿易ハブ
南部	12	雲南省	昆明	4,858	23,224	東南アジア向け貿易窓口、陸上物流、貿易ハブ
南部	13	香港	香港	752	25,250	一国両制対象地域、金融、貿易、イノベーションハブ
南部	14	マカオ	マカオ	67	3,716	一国両制対象地域
西部・内陸	15	重慶市	重慶	3,124	23,606	直轄市、内陸中心都市、製造ハブ、物流ハブ
西部・内陸	16	四川省	成都	8,375	46,616	内陸中心都市、イノベーションハブ、物流ハブ
西部・内陸	17	湖北省	武漢	5,927	45,828	長江経済帯中心都市、内陸と沿岸を連携、製造ハブ
西部・内陸	18	湖南省	長沙	6,818	39,752	長江経済帯中心都市、サービス業が多い
西部・内陸	19	河南省	鄭州	10,952	54,259	人口の多い省、製造ハブ、物流ハブ

出所：各省統計局（2019年）、概要はデロイト トーマツ コンサルティング作成

【図表4】中国各省・自治区におけるGDP（2019年）

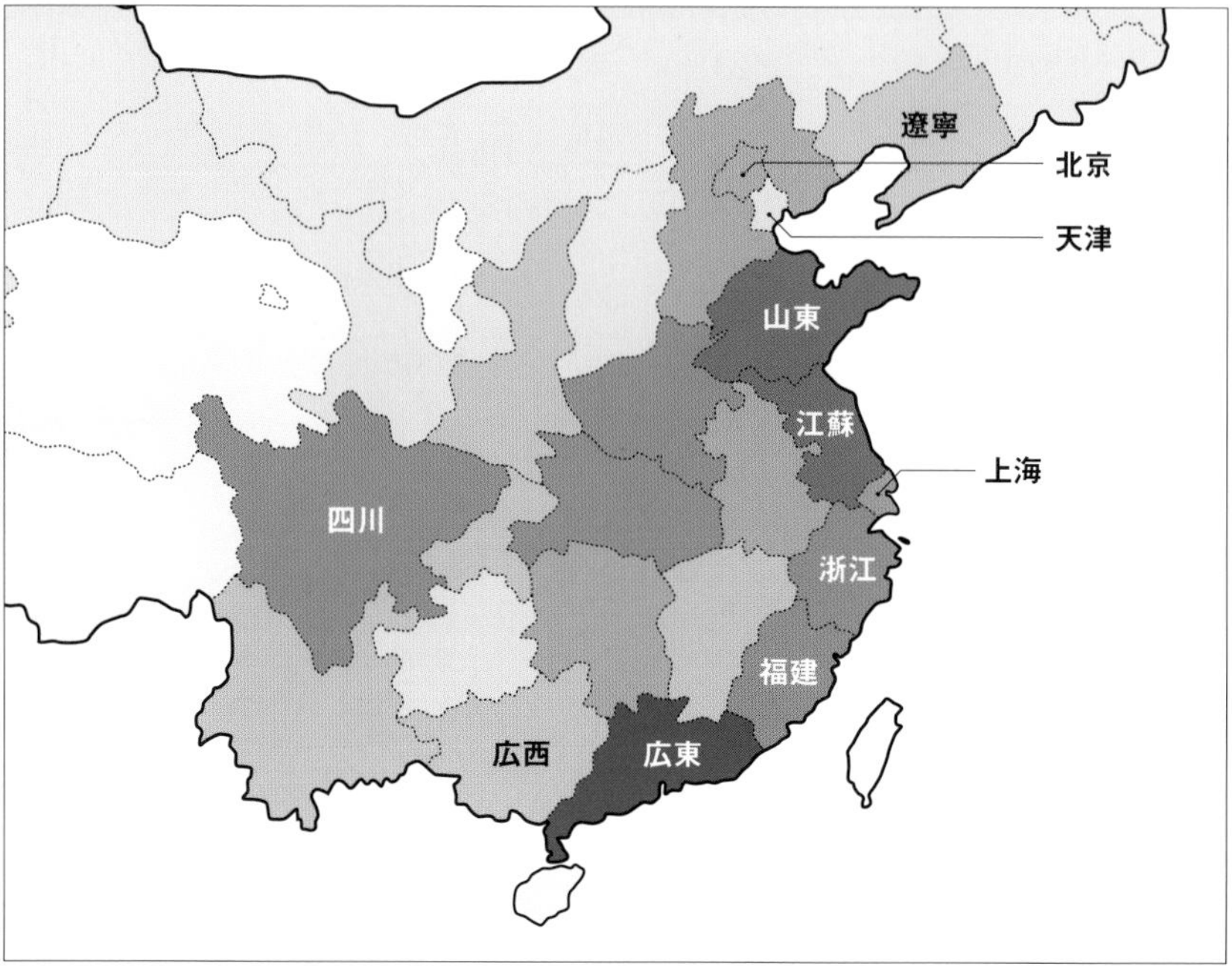

1兆5000億ドル

1兆〜1兆5000億ドル

6000億ドル〜1兆ドル

5000億〜6000億ドル

3000億〜5000億ドル

1000億〜3000億ドル

1000億ドル以下

※人民元を米ドルへ換算。香港ドル及びマカオドルも米ドルへ換算。
出所：中国各省・各都市統計局

【図表5】中国主要省・直轄市のGDP推移（1999-2019年）

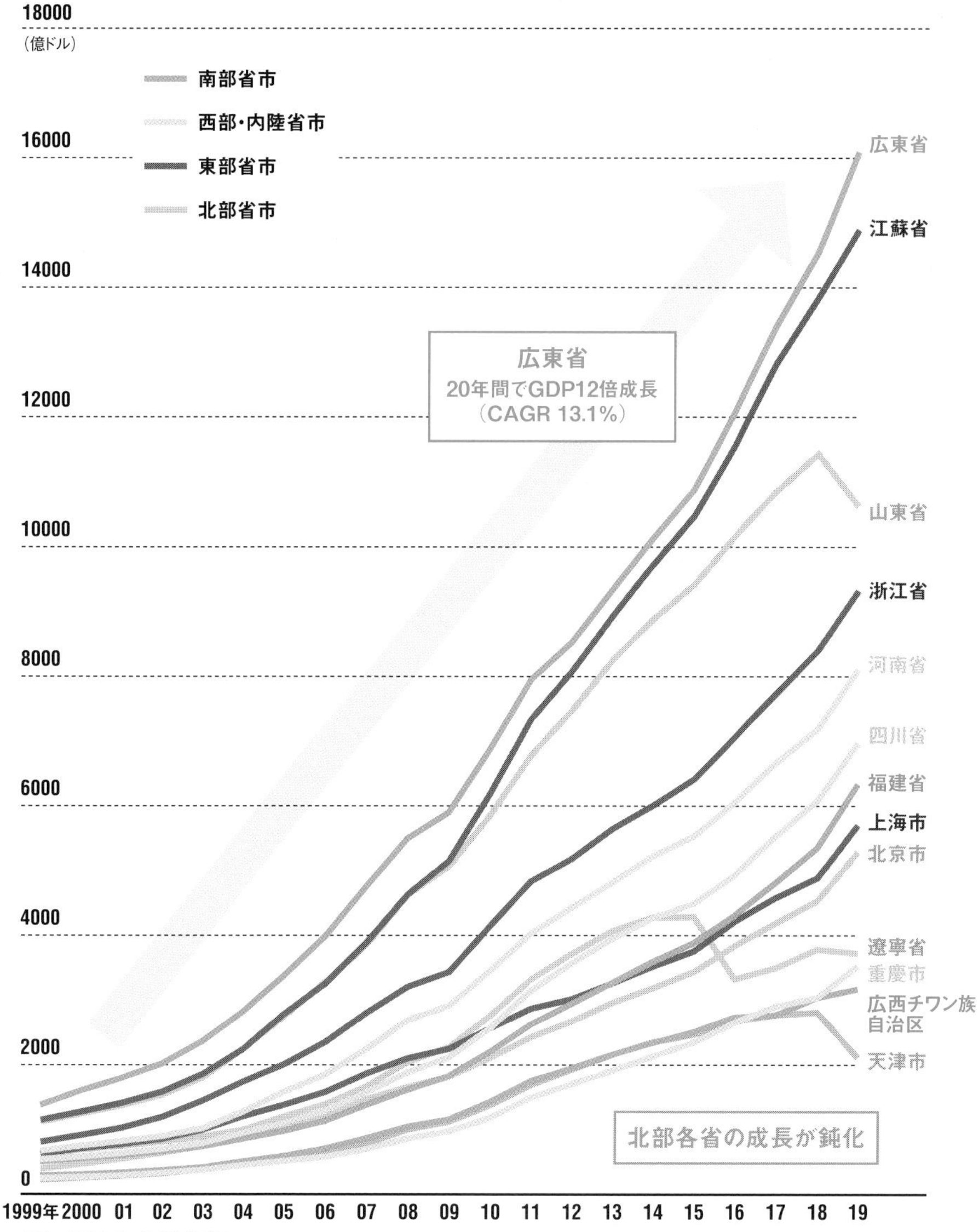

出所：中国各省・各都市統計局

【図表6】2019年中国主要都市の人口と1人当たりGDP

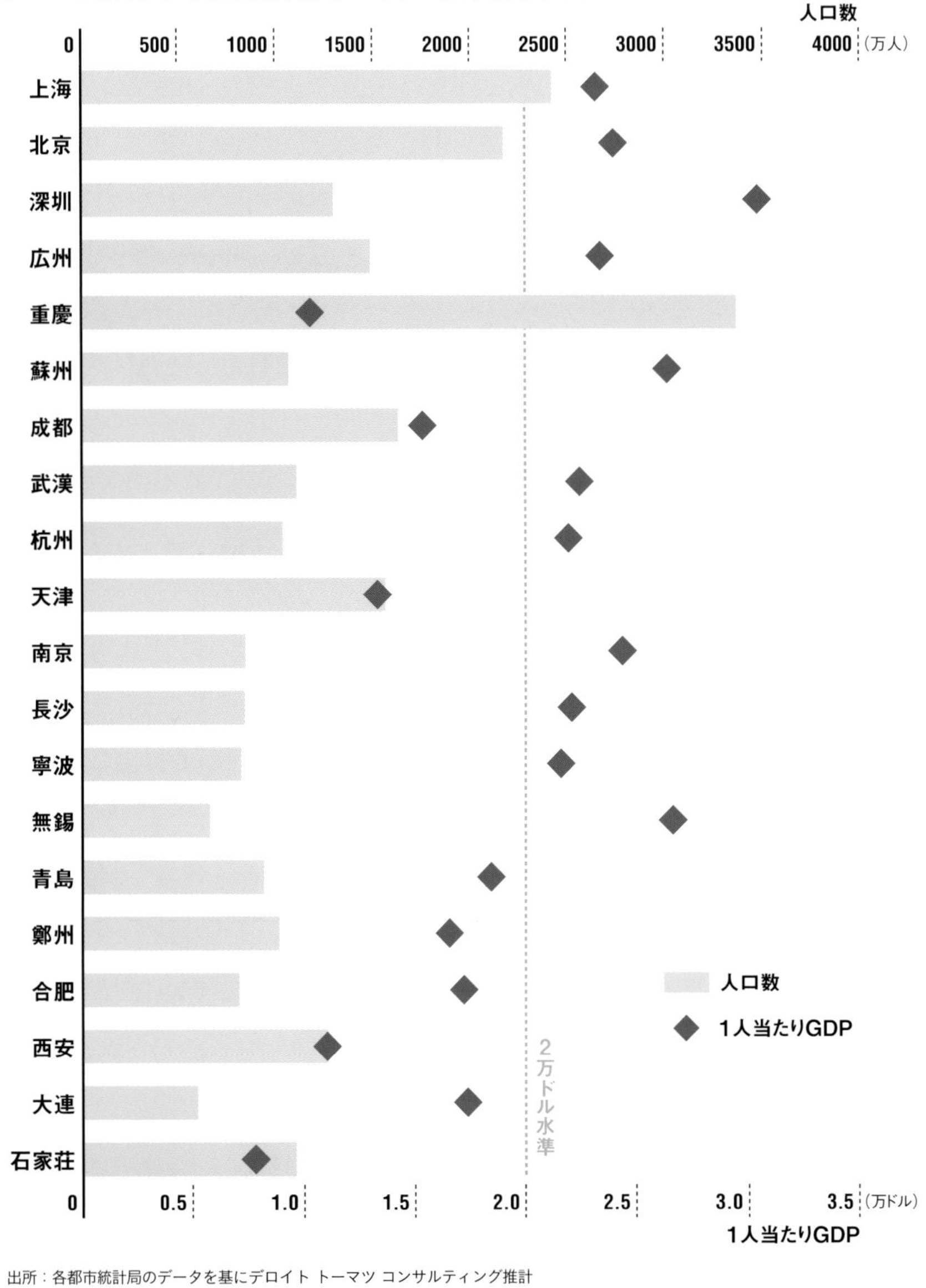

出所：各都市統計局のデータを基にデロイト トーマツ コンサルティング推計

【図表7】中国主要都市1人当たりGDPランキング（2025年予測）

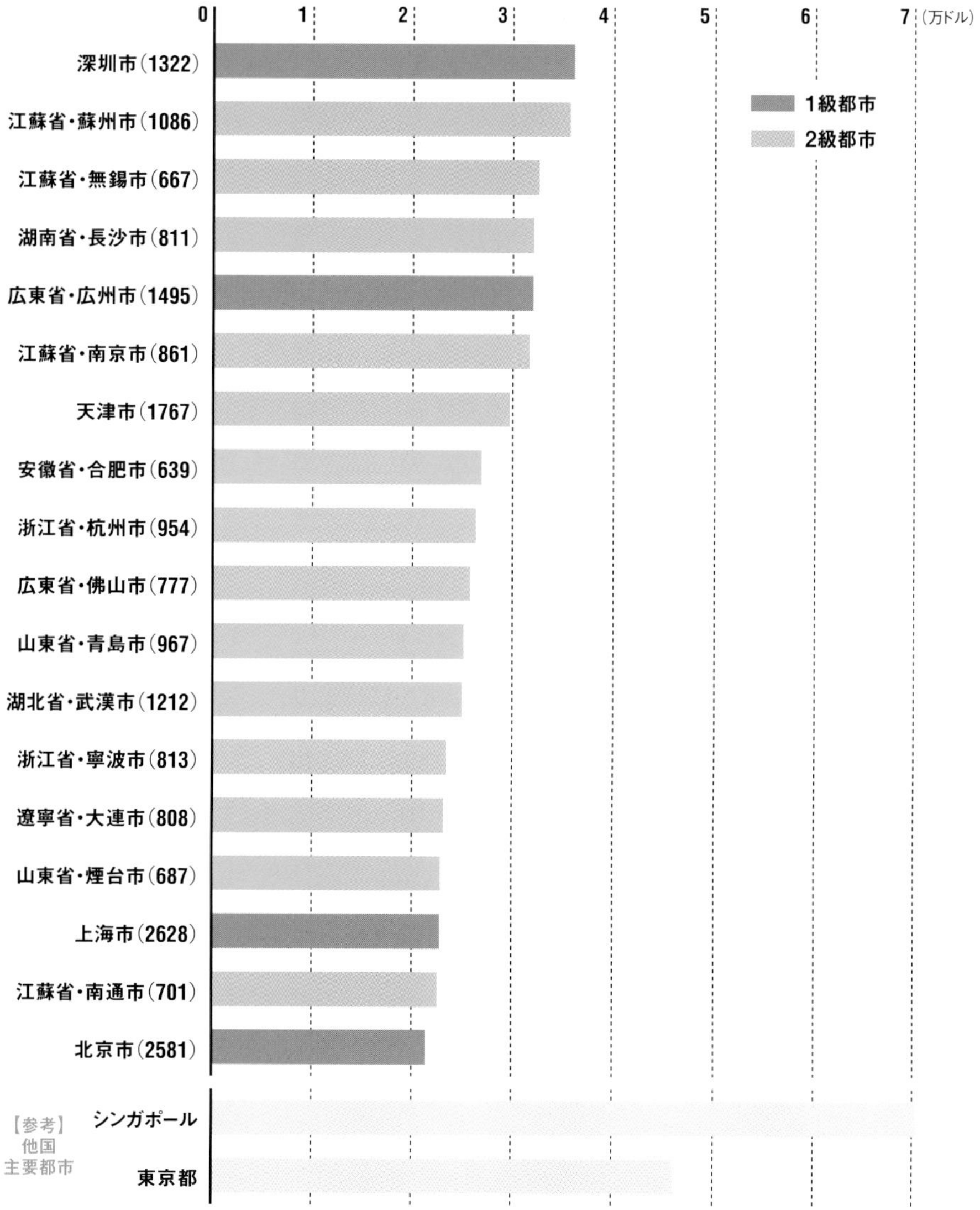

出所：中国各都市の数値は各省市統計局データを基にデロイト トーマツ コンサルティング推計

【図表8】中国上位20都市ランキングの変遷（1998年~2020年）

	1998年	2002年	2006年	2010年	2014年	2018年	2020年
上海	1	1	1	1	1	1	1
北京	2	2	2	2	2	2	2
広州	3	3	3	3	3	4	5
重慶	4	5	7	7	6	5	4
深圳	5	4	4	4	5	3	3
天津	6	6	6	5	4	6	11
蘇州	7	7	5	6	7	7	6
杭州	8	8	8	8	10	10	8
無錫	9	10	9	9	13	14	14
武漢	10	12	15	12	8	9	10
成都	11	11	14	13	9	8	7
寧波	12	13	12	14	16	15	12
瀋陽	13	17	18	17	18	—	—
青島	14	9	10	10	12	12	13
大連	15	15	17	15	15	—	—
南京	16	14	13	16	11	11	9
佛山	17	16	11	11	17	16	17
石家荘	18	—	—	—	—	—	—
済南	19	19	—	—	—	18	20
ハルビン	20	18	—	—	—	—	—

□：98年との比較で順位を2つ以上上げた都市
■：98年との比較で順位を2つ以上下げた都市
—：ランク外

2020年は第1四半期から第3四半期
出所：中国統計年鑑、中国各省統計局

変化があった（**図表8** 右ページ）。「①上海、②北京、③深圳、④広州」の従来（2019年）の上位4つが入れ替わり、広州の代わりに重慶が4位にランクイン。重慶の隣にある成都も蘇州に次いで7位にランクされている。成都や重慶を中核とする経済圏の力強い成長の勢いを示している。

コロナが経済にもたらした影響は、中国全土に及ぶものであったが、省・市別で見れば差があった。中西部に位置する重慶と成都については比較的影響が少なかった。他方、広州と蘇州は沿岸貿易都市かつ輸出志向型経済であり、影響は大きかった。

広州市統計局の経済統計（2020年7月28日）を見ると、広州の二次産業は2020年上半期（1～6月）に前年比で7％減少した。これが広州の経済成長を下押しした主な要因だった。他方、重慶のGDP[14]の中で、ハイテク製造業と戦略的な新興製造業の産業別付加価値額[15]は、それぞれ前年比8・0％と7・7％増加した。電子機器、医薬品、材料、消費財の各産業では、それぞれ8・6％、2・1％、1・3％、0・9％増加した。半導体と産業用インターネットプラットフォーム構築では全て大幅に回復した。

トップ10都市で注目したいのは、西部の重慶と成都に加え、南京だ。南京は、2020年1～3月期に天津を上回り、トップ10に入った。上半期以降も、引き続き経済が成長している。天津はトップ10から外れる可能性があるが、そうなると中国の北部地域で、GDPトップ10都市ランキングにとどまるのは北京だけになる。これは過去20年間で初めて起きた現象である。

近年、南京では、数百億元の産業プロジェクトが次々に進行し、多くの高成長企業が出現している。ユニコーン企業（創業年数が浅く〈10年以内〉、企業評価額が高い〈10億ドル以上〉の非上場企業）の数は、2018年の2社から15社に増え、経済構造の変革が進む。一方、天津においては、重化学品や一次産品が支配的な産業構造に大きな変化はなく、経済がほとんど進化していない。つまり都市間格差とともに、都市間での競争により都市の性質の差が開いているということだ。これが「都市連邦国家」中国の現状だ。

そもそも、20年という長いスパンで見れば、上海、北京を除き都市GDPのランキングは大きく変化していた。1998年には上位20都市に天津、瀋陽、大連、石家荘、ハルビンといった東北部の都市が入っていた。しかし、今や見る影もない。変わって入ってきたのが、成都のような西部の都市と、南京、泉州、長沙、鄭州といった南部や中南部の都市である。コロナ下で起きた、天津の地位低下や南京の上昇は大きなトレンド変化の中で起きていたことだった。

B 新常態から双循環への変化

経済を支える政策も、格差是正の「新常態」から、「双循環」に方針が変わっている。政策の方向性が変わっても、都市を中心に経済政策を進めることは変わらないし、むしろ加速する見込みだ。中国の都市間競争にも影響を与える双循環政策について、ここで説明しておこう。世界経済がコロナ禍にあえげば、もちろん中国も影響を受ける。中国政府の指導部は、この難局を乗り切るため、国内経済の自立化を中心とし、国際経済ともリンクしながら持続的な発展を目指すという「双循環」モデルの提唱を始めた。「双循環」とは、「まずは国内大循環（内循環）を主体に経済を立て直し、中長期的には国際循環（外循環）を育成していくモデル」を指したものだ。

　新常態と双循環の違いを理解するために、前者の経緯を振り返っておきたい。習近平政権が新常態政策を掲げたのは２０１４年である。当時の中国経済は以前と比べ、高成長が望めない状況であった。２００３年から２０１１年までは毎年10％の成長を続けていたが、２０１２年以降に経済成長率が年７％へ低下した。かつてのような高成長は見込めなくなったのだ。習近平氏は２０１４年のＡＰＥＣ（アジア太平洋経済協力）首脳会議で「中国経済はこれまでとは全く異なる段階に入った」として「新常態」というフレーズを打ち出した。単なる成長率の高さを目標とせず、過剰設備や債務を整理し、経済の質や効率性を重視する方針に切り替えた。新常態では、格差の是正も大きな目標となった。

　しかし、米中貿易戦争やコロナ禍を受け、世界経済の状況は一変した。中国の経済運営もかつてないダメージを受けることとなった。中国政府は「新常態」から方針を転換し、「双循環」を提唱した。まずは国内経済の循環（内循）すなわち内需育成（都市間競争、高付加価値化）を行い、対外経済については、中長期的な目線で、外循＝外需育成（地域や業種も絞り込み）するという双循環政策に舵を切った。内需拡大の観点から、有名な一人っ子政策も完全に撤廃された。

　新常態では質を伴った成長（Quality Growth）の側面以外に外需依存から内需中心型経済への移転（リバランシング）があった。双循環には米中貿易戦争やコロナ禍、外需の不透明さなどを踏まえて、このリバランシングを加速しているという側面がある。一方で、対外経済関係を弱めるわけではなく、むしろ国内投資の環境改善の改革やコロナ禍での対外貿易の増加などがあるように、外循環の部分も力を入れている。あくまでも、コロナ禍や地政学要因のようなショックに対して耐えられるだけの内需中心経済を作りたいということだろう。内需中心経済といっても、単なる量的拡大ではなく国内市場の高付加価値化を目指している。2020年7月には双循環導入に向け、モノづくり高度化に向けた座談会が開かれた。この中には、米マイクロソフトや韓国サムスングループといった外資系の先端企業も含まれていた。

詳細の政策はまだ公表されていないが、今後、全人代（全国人民代表大会）や国務院常務会議、五中全会といった場、五カ年計画等においてもこの概念が取り入れられていくことだろう。内需刺激策や技術力の強化は日本企業並びに隣の地域であるASEAN諸国が取るシナリオにも影響を与えていくはずだ。

コラム

中国の意思決定プロセスはどうなっているのか?

中国では様々な会議体やスローガンが出されているので、整理をしておこう。会議体やスローガンが打ち出される前に、中央発展改革委員会で各部門主導の事前調査、省ごとでの大規模な現地調査が行われ、課題や今後取り組むべき方向性が分析される。その調査過程を踏まえ、習近平氏などがスローガン的な概念を打ち出す。「新常態」や「双循環」はこの流れに沿うものである。その後、正式なプロセスとして10月に開かれる五中全会（中国共産党の中央委員会の会議）でスローガンと調査を踏まえた計画綱領（意見書）を議論していくこととなり、その結果や目標が、地方政府に通達される。

2020年は五中全会において、「第十四次五カ年計画及び2035年展望策定に対する意見書」が出された。ここでは60の目標が打ち出されたが、そのうち16番は内循環を主体、17番は双循環で促進、30と31番では都市群を経済牽引拠点として建設するというものであった。その後、10月から2021年3月まで中央政府や各省市にて検討され、21年の3月の全人代（国会に相当）に5カ年計画が提出され、全文が公表される見通しである。

内需刺激策では、これまで行ってきたインフラ投資拡大に加えて、戸籍制度改革を進め地方から都市への人口流入を増やすことが掲げられている。Eコマース（EC）とその周辺産業（物流・サプライチェーンなど）の拡大などで内需を刺激するというものだ。中でも実体経済のカギとして都市群建設が挙げられている。[16] 都市の重要さが意識されているというわけだ。

都市政策という観点で言えば、2016年に第十三次五カ年計画で定められた、19都市群（**図表9** 38ページ）の開発が加速する。これは、長江デルタ、珠江デルタ、北京・天津の3つのエリアを世界クラスの都市群にしていくと同時に、成都－重慶等、その他の都市群を発展させていこうとするものである。[17] さらに2020年10月に発表された「第十四次五カ年計画及び2035年展望策定に対する意見書」も双循環と都市群の重要性を説いている。中身は、①都市群内部における生産要素

【図表9】中国の19都市群

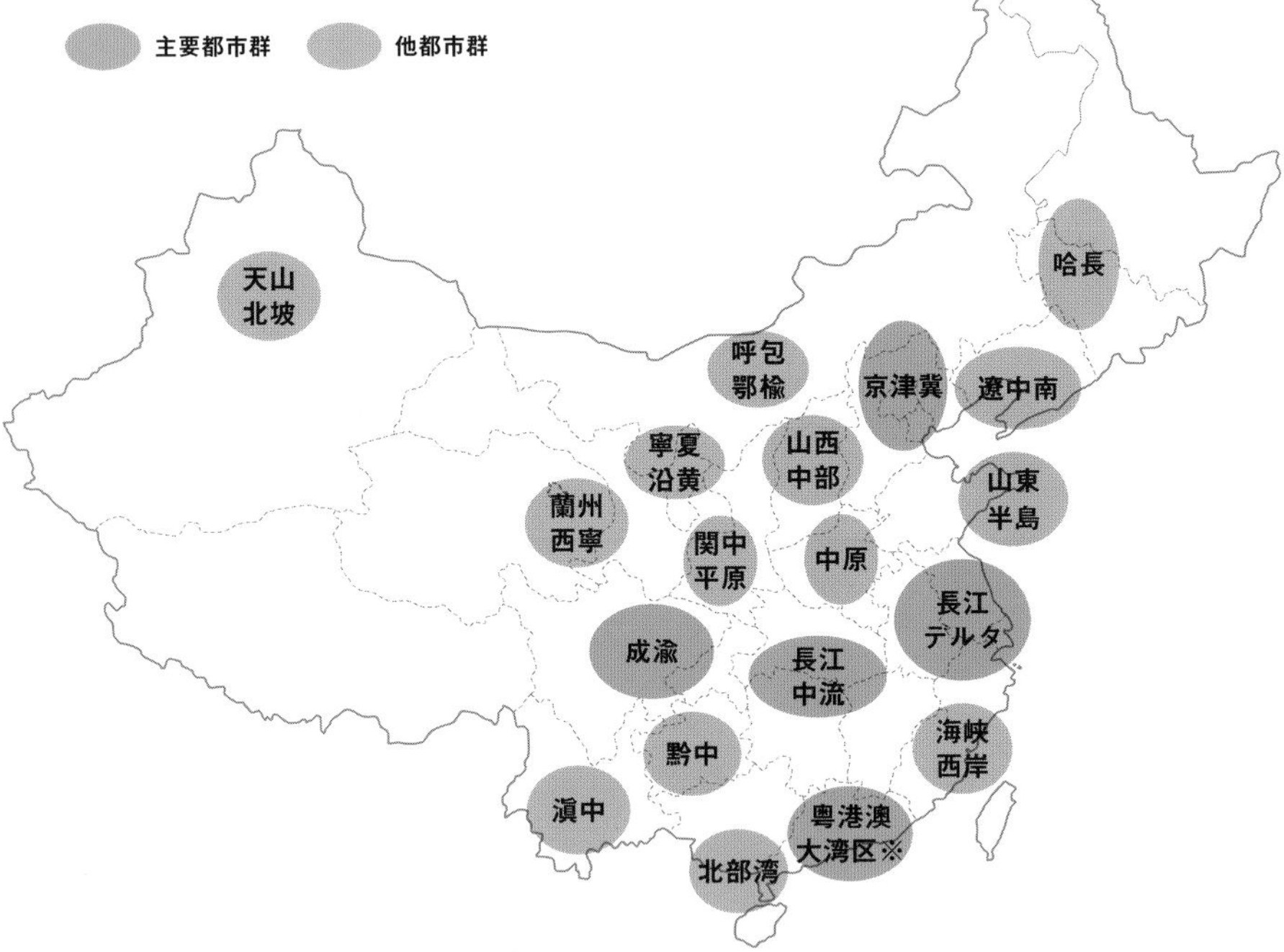

※粤港澳大湾区は2015年提出され、従来の珠江デルに香港、マカオを追加
出所：2016年第十三次五カ年計画を基にデロイト トーマツ コンサルティング作成

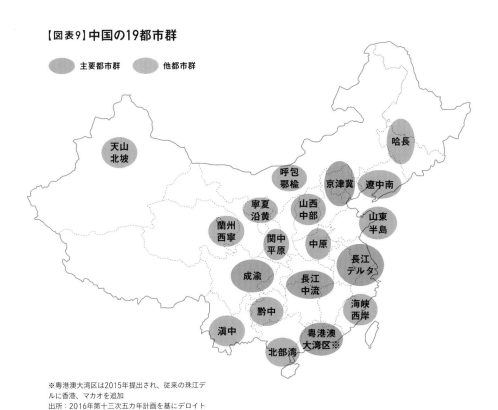

流動の強化と都市群間における産業構造補完と大きな循環経済の展開、②循環経済牽引役としての各都市群中心都市におけるイノベーション強化（その拠点として、北京、上海、合肥、深圳の4都市を国家総合科学センターとして指定）、③国内大循環を双循環の主体とするため内陸都市群の競争力向上（具体的に、重慶と成都を中心とする成渝双城経済圏と、長江中流都市群の競争力を指定）[18]、というものである。

特に注目すべきは、なかなか目にすることのない安徽省の省都である合肥市が取り上げられていることと、重慶・成都への注力である。これについては、都市群の重要性を語る3章で詳述したい。

双循環政策が、日本に与える影響にも触れておきたい。技術力強化では、米国とのテクノロジー冷戦の中で、中国が自国の技術的独立性を高める（サプライチェーン依存度を下げる）ため、半導体事業を中心に集中投資を拡大している。また、2020年8月にはICT（情報通信技術）／ソフトウエア企業に対する法人税削減を行っており、同産業強化にも動いている。これにより以前からあった中国製造2025が目指す技術大国化の路線の継続・加速がある。

ここから考えられるホラーストーリーとして、①中国企業の競争力強化で日本企業が劣勢に立たされる、②中国企業の技術的独立が達成された時点で外資企業との連携が切られる（あくまでも技術補填的な連携のため）、③これらとテクノロジー冷戦下の中国排除が重なって日本企業はさらに中国と取引がしづらくなる、といったことも考えられる。

ここまで中国の双循環のうち内循環について見てきたが、一方で外需による成長を止めたわけではない。実際外国投資に対する環境整備は行われ、コロナ禍でも対外貿易量が増えている。

【図表10】中国の対外・対内直接投資額の推移

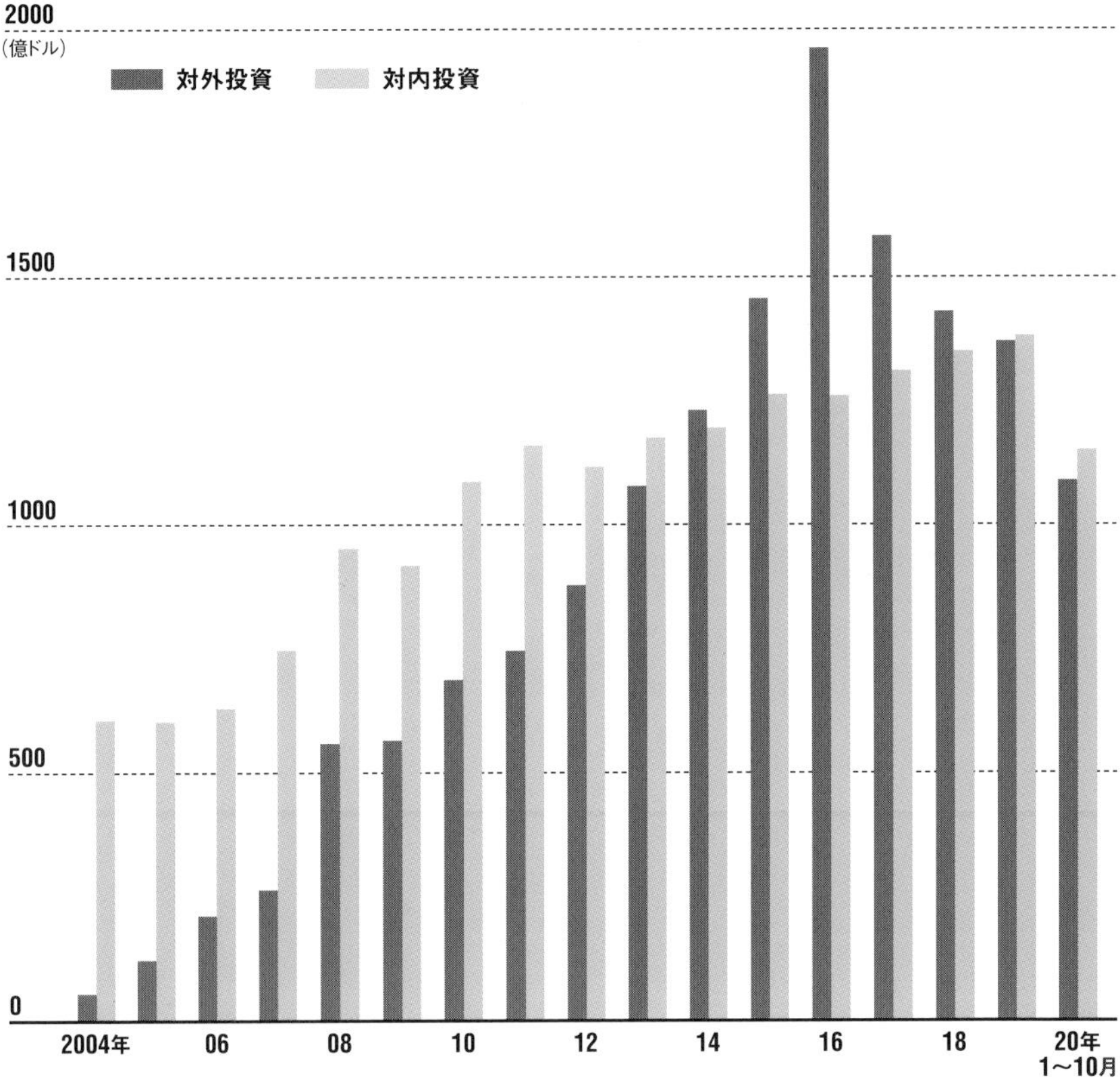

出所：中国商務部データ

対内外経済の行方・一帯一路はどうなった？

中国は、コロナ禍でも世界から投資を呼び込んでいる。外国からの投資額も順調に増え、2020年4〜6月は前の四半期から連続で前年同期比がプラスであった。2020年1〜6月の投資額は、香港から4・2％増、シンガポールから7・8％増[19]であった。また、米中の政治的対立をよそに、同期間の米国からの投資額も6％増えていた。米中関係が悪化しても米国からの投資は減っていなかったのだ。実際2020年に行った米商工会議所の調査では、米中対立の状況においても、70％以上の企業が中国への投資を続けると回答[20]している。米中対立下においても米国企業が中国進出を諦めていない点が明らかとなった。

また、中国の対外投資は「中国の膨張」「ばらまきにより拡大」というイメージとは異なるようだ。図表10（右ページ）に示す通り、外国への投資総額は2017年から一貫して減少し、2020年1〜6月は前年同期比4・3％減の515億ドルとなっている。ただし、2020年1〜12月で巨大経済圏構想「一帯一路」沿線国への投資は前年同期比18・3％増の177・9億ドル[21]と大幅に増えている。つまり中国は、対外政策については、選択と集中のステージに入っていると考えてよい。

経済面以外でも深まる関係性（一帯一路の多様化・高度化など）

国外ビジネスにおける経済の攻防戦の常識も変わっている。中国と日本の世界各国でのインフラプロジェクト受注競争も今は昔。既に中国が進める土木などのインフラ整備に各国の街づくりプロジェクトやタウン構築等の案件が一体となって推進されるケースが増え、さらにソフトインフラ、デジタル、サービス産業が協力しながらインフラをつくる流れもある。これに加えて、中国はデジタルで攻勢をかける。東南アジア各国のスタートアップ（大きな成長を期待できる企業）銘柄の株主を見れば、中国のデジタル巨人がずらりと並ぶ。サービスも続々配信されているのが現状だ。

コロナ禍を受けて、中国の一帯一路戦略も変わってきた。日本で見受けられる議論は、「中国の対外政策が拡大するか、縮小するか」、という視点に終始しがちだ。しかし、実際にはコロナ禍以降、人の移動ができなくなったこともあり、物理的な広がりだけで議論を単純化するのは早計だろう。

また、視点を変えてみると一帯一路は縮小したのではなく、多様化した面もある。これからもこの多様化路線は続いていくだろう。ASEAN市場で繰り広げられる一帯一路政策は、多様な側面を見せるショーケースとなっている。

一帯一路は道路・港・鉄道などのインフラ事業と思われがちだ。しかし、中国はデジタル面（5G、スマートシティ、海底通信ケーブル、IT産業系）でもイニシアチブを強めており、「デジタルシルクロード」と呼ばれる。

例えば、ASEANにおけるスマートインフラを支える通信とシステムの両方を中国勢が抑えてきている。

通信関連ではベトナムを除くASEAN主要国のほぼ全てにファーウェイ、ZTE（中興通訊）製の5G関連機器が導入され、実証実験や商業化が開始されている。加えてファーウェイ・マリーンの海底通信ケーブルも設置されることで、通信機器全体を中国企業が握りつつある。

クラウド事業においては、アリババ クラウドがインドネシア・マレーシア・フィリピンを中心にデータセンターを展開し、既にアジア太平洋地域での市場シェア1位（アジア太平洋地域で28・2％、グローバルで3位）を獲得している。これに付随してアリババ クラウド シティ ET ブレインというスマートシティ事業をクアラルンプールで導入している。一方で、デジタルリテールのエコシステム構築という観点からも中国企業がＡＳＥＡＮに進出している。特にコロナ禍で加速するデジタル化に伴い、中国のハイテク企業が台頭している（例：越境ＥＣ、ライブコマース、キャッシュレス決済、リモートワークによるＩＴシステム構築等）。

このデジタルシルクロードにもう一つのシルクロードが加わってきた。ヘルスシルクロードである。これは、２０１７年1月に習近平氏がＷＨＯ本部のスイス・ジュネーブを訪問した際、習氏が提唱した概念である。コロナ禍において、中国政府機関や企業は感染が広がる国に医療製品や医療従事者を送る活動を実施している。コロナにより悪化した中国の国際的イメージを改善するとともに、一帯一路を再活性化しようとするのが狙いだ。

デジタルシルクロードとヘルスシルクロードの連携は感染監視システムの輸出等によって深まっている。ヘルスケア領域のビジネスはコロナ禍以降に加速しているが、マスク外交に加え、感染監視システムの輸出などである。インフラ投資と思っていたのが、ソフト分野、健康や生活にも進出している。一見話題になりにくいが、気が付いたら中国の製品・サービスがしっかり入り込んでいたということは普通の光景になっていくだろう。

これらの一帯一路の取り組みやデジタルシルクロード、ヘルスシルクロードは、都市生活者を主にターゲットとしている。外循環政策においても、国家間連携だけではなく、その起点となる都市という視点が欠かせないのだ。

3 ASEAN：日本の都市を凌駕する富裕都市群の誕生

A ASEANはまだ若い。成熟した市場と考えるには早すぎる

2010年から2040年までは人口ボーナスを享受するのが、このASEAN地域である（図表11 左ページ）。ASEAN各国の経済ドライバーは、中国と同様、都市である。ASEANは人口100万人から500万人レベルのメガ都市が、1000万人レベルへギガ都市化し、国家の成長を牽引し続けている。公衆衛生、教育、安全の点で見ると、都市の競争力が地方そして国の競争力を大きく上回っている。コロナ禍でも都市部の苦境が報じられたが、復活のカギも都市だった。

2025年には7000万人ほど都市人口が増えると予想され、ジャカルタ・マニラ・バンコクのようなメガ都市の他、シンガポール国境沿いのジョホールバル（マレーシア）、ベトナム第三の都市ダナン、ドゥテルテ大統領が市長を務めたダバオ（フィリピン）、中国国境に近いマンダレー（ミャンマー）、港湾都市チョンブリ（タイ）、マカッサル（インドネシア）などの中級都市もさらに拡大していく。[22] 1000万人都市は現在2つだ。しかし2030年にはこれにバンコク、ホーチミン、

【図表11】ASEANの人口と人口ボーナスの期間

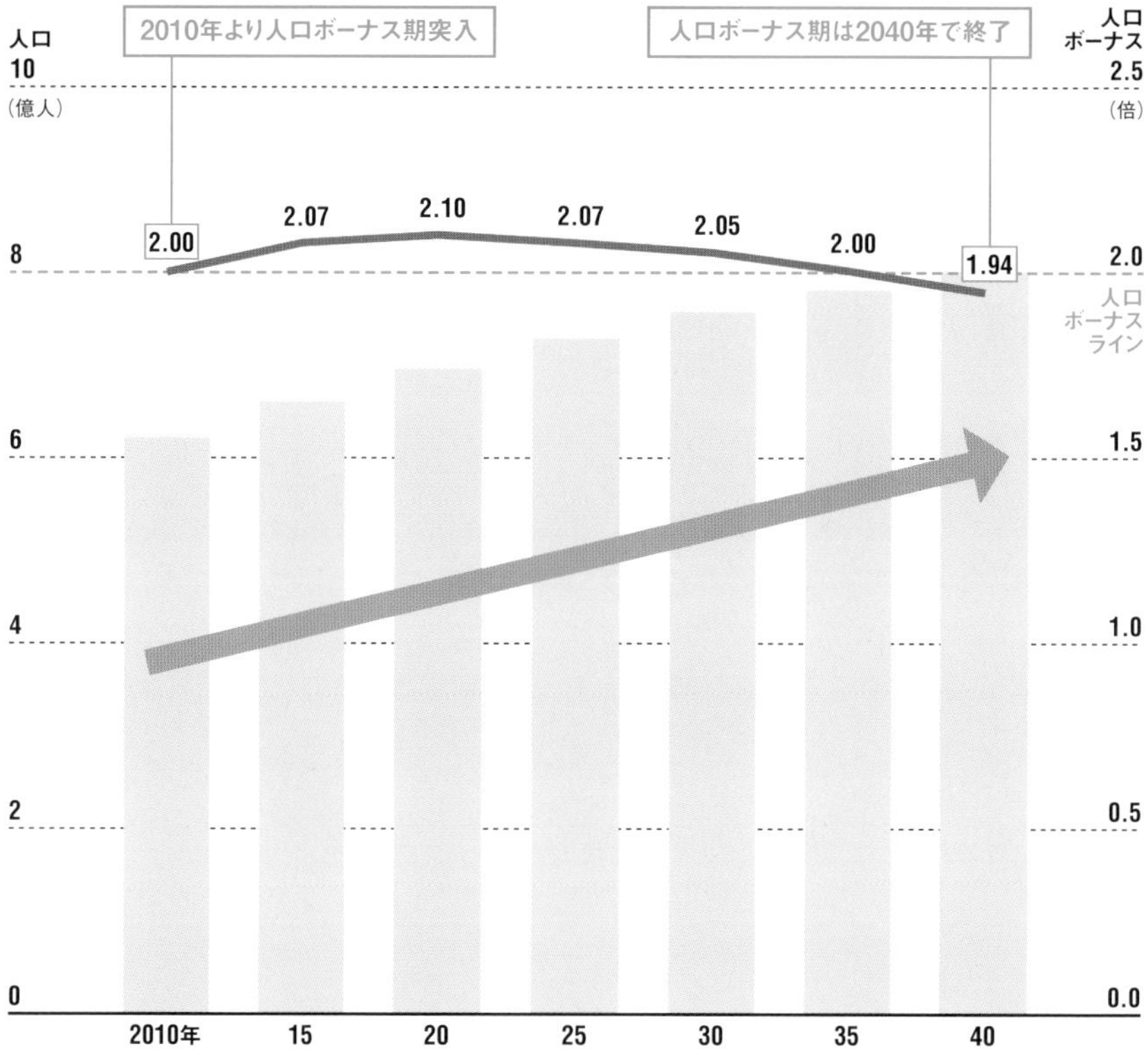

脚注：人口ボーナスとは生産年齢人口(15～64歳)に対する従属人口(14歳以下と65歳以上の合計)の比率。
2倍を超えると人口ボーナス期となる

出所：UN World Population Prospects: The 2019Revisionを基にデロイト トーマツ コンサルティング作成

クアラルンプールが加わり合わせて5となる見込みだ。また、100万人都市となると現在27。これが2030年には42に増加する（日本は10都市）。

このような人口の伸びが見込まれる中、中国向け及びASEAN域内での経済交流が重なり、経済は回復基調となっている。2015年に発足したAEC（ASEAN経済共同体）[23]の理想実現にはまだ遠いが、地域経済圏の連携は着実に進むだろう。

2030年にはASEAN経済圏は日本のGDPを追い抜くとみられる。中間層人口も3億人を超え、日米のそれを合わせたものより大きくなる。1人当たり所得や一世帯当たりの可処分所得も現在から2030年までには2倍となる見込みだ。[24]

B Rich cities in emerging countries: 新興国の富裕都市が結びつく地域経済圏

これまで東南アジア（ASEAN）市場に対する、世界からの注目は限定的であった。各国がバラバラで一つひとつの国では規模の経済が働かないからだ。多国籍企業から見れば、優先順位が低かった。多国籍企業にとってアジアと言えば、中国かインド。欧米のリーダーがアジアの話をすれば中国かインドと相場が決まっている（例えば、自動車の販売台数で言えば、中国は現在2400万台であり2030年には4000万台を視野に入れる。インドは1000万台。他方ASEANは400万台であり、ボリューム感から見ると注目されにくい[25]）。東南アジアは細分化された市場で、特に欧米系の企業から見れば、地理的にも遠く注目度が集まりにくかったことはあるだろう。

その結果、日本企業にとっては、ＡＳＥＡＮ市場は、欧米系の多国籍企業との争いにさらされることが少ない「金城湯池」であり続けた。冷戦下では、西側体制に置かれ、実質的には開発独裁の恩恵を日本自体も受けてきた。冷戦後もそのレガシーを引き継いできた。グローバル競争の中で、ミドルリスク・ミドルリターンの市場で生き残ることができた。

しかしながら、ＡＥＣの発足等、東南アジア地域が一体となってまとまる動きは加速している。こうなると注目度は変わってくる。もちろんＥＵのような共通通貨や標準化された法制度等を通じ、域内市場における人、モノ、サービス及び資本の自由な移動といった統一感を持ったかたまり[26]にはなりきっていないし、各国間の経済レベルのバラつき、政治体制の違いもある。ただ、リージョナル・ジャイアンツ（Regional Giants、地場地域巨大企業）の誕生やスタートアップにおけるユニコーン登場等で、国家間連携のみならず、民間レベルでも市場の連結性が強まっている。

データを見ていけば、その市場規模がよく分かる。人口は約6億[27]、ＧＤＰでは既に日本の半分以上（6割超）の３２０兆円（２０１８年時点[28]）に迫っている。今後同様の成長が続けば２０３０年には日本を追い越していくことが想定される。国家単位で見れば、シンガポールのように既に日本を追い抜いた富裕都市国家も誕生している。

都市レベルで見れば、コロナ以前からＡＳＥＡＮ新興都市の爆発的成長は、国を遥かに上回る。「中進国の罠」と言われるステージを超え、世帯所得で言えば、先進国並みに近づいている例もある。

【図表12】デロイト都市発展推計モデル

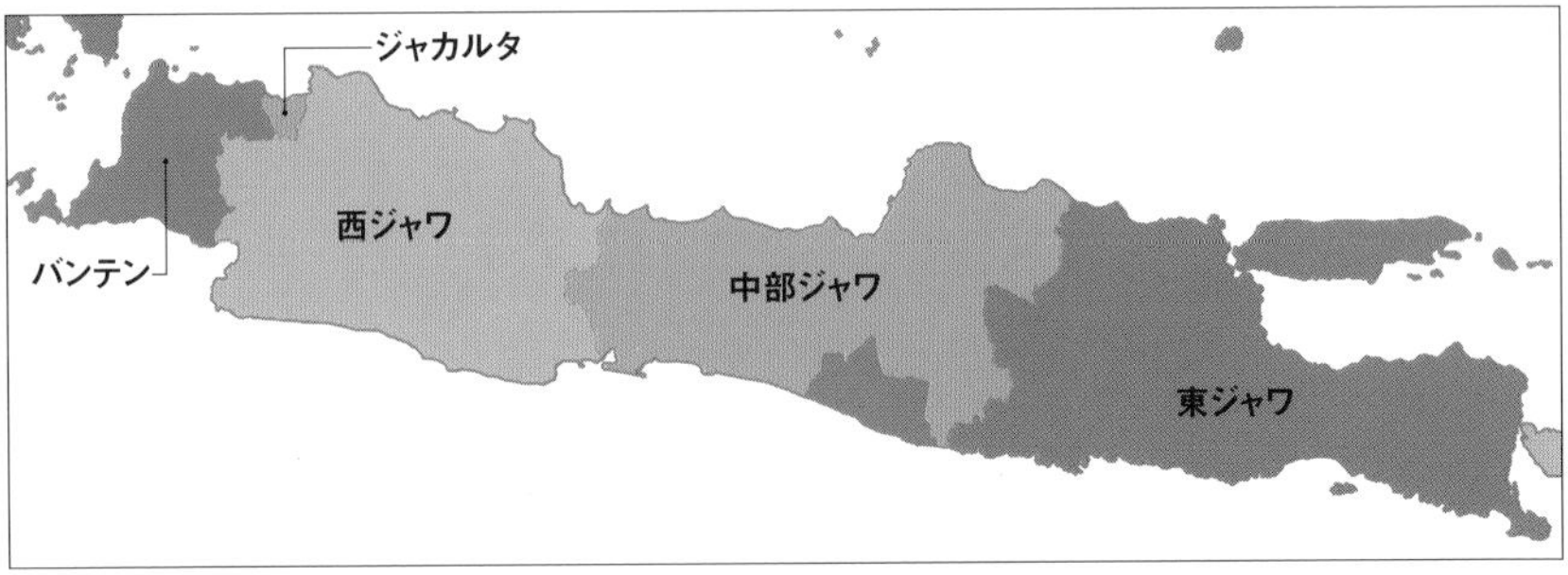

順位	郡	市	人口（2018年）	1人当たりGDP（ドル）（2018年）	人口（2030年）	1人当たりGDP（ドル）（2030年）
1	ジャカルタ首都特別州	中央ジャカルタ	924,686	49,800	956,520	126,900
2	東ジャワ	クディリ	285,582	32,300	305,989	70,900
3	ジャカルタ首都特別州	セリブ諸島	24,134	24,400	27,370	51,800
4	ジャカルタ首都特別州	北ジャカルタ	1,797,292	19,600	1,962,421	45,700
5	ジャカルタ首都特別州	南ジャカルタ	2,246,137	18,800	2,445,529	44,700
6	バンテン	チレゴン	431,305	16,100	500,493	31,600
7	東ジャワ	スラバヤ	2,885,555	13,600	3,016,865	32,400
8	ジャカルタ首都特別州	西ジャカルタ	2,559,362	12,100	2,873,091	27,200
9	中部ジャワ	スマラン	924,686	12,100	1,169,890	24,400
10	ジャカルタ首都特別州	東ジャカルタ	285,582	11,200	3,154,672	26,700

既に大阪市超え

将来はシンガポール超え

将来は日本主要都市並み

沖縄市 19,400ドル

さいたま市 29,000ドル

出所：インドネシア統計局データを基にデロイト トーマツ コンサルティングが試算

さらに、5年後、10年後をシミュレーションしていくと、「Rich cities in emerging countries」（新興国における富裕都市）という構図も見えてくる。図表12（右ページ）に示した通り、ジャカルタ中心部（人口92万人の中心区画）は1人当たりGDPが約5万ドルとなっており、既に大阪市のレベルを超えている。保守的に試算をしても、2030年にもなれば12万ドルを超え、シンガポールと並んで10万ドル市場が誕生していく見込みだ。日本の政令指定都市の経済水準（1人当たりGDP）を上回るばかりか、2030年の東京の1人当たりGDP（6万ドル）をも上回っていく。国の平均で見ればまだまだ中進国だが、経済を牽引する都市群は先進国のそれを上回る状況が普通になってくる。

リージョナル・ジャイアンツ（地場地域巨大企業）の台頭

これだけ経済的に豊かな都市が地域に育ってくれば、企業もビジネスチャンスを逃さないものだ。LCCのエアアジアやスクート（Scoot）。これらはリージョナル・ジャイアンツの代名詞だ。コロナ禍では大変に苦しんだが、長い目で見ればこのような地域プレーヤーの台頭から目は離せないだろう。また、シンガポールの銀行DBSやOCBC（オーバーシーチャイニーズ銀行・華僑銀行）といった金融機関も地域で活動する。

近年では、特にグラブ（Grab）やゴジェック（Gojek）といったユニコーン企業が地域をまたいで成功を収めている。グラブ（シンガポール発）やゴジェック（インドネシア発）はライドシェアと呼ばれ、タクシーなどの移動手段をマッチングさせるアプリからスタートした。当初はアジア版ウーバーという言い方をされたが、今やフードデリバリー、送金、保険、ペットの輸送、最近では金融業のライセンスとサービスを多様化しており、スーパーアプリと呼ばれる。グラブはＡＳＥＡＮ地域の各都市ほぼ全てで使うことができる。グラブ創業者の２人はともにハーバードビジネススクールで学んだ同窓生だ。卒業後は、投資銀行やコンサルティング会社に就職せず、成長著しいＡＳＥＡＮ市場での起業を選択した。ＡＳＥＡＮ市場でのまとまりが出てきており、地域経済の活動にリアリティが出ている。

日本企業は、タイやインドネシアを中心とする東南アジア市場では、自動車産業を中心に圧倒的なプレゼンスを誇ってきた。東南アジア地域における累積投資額を見れば日本の投資が大きかったことは事実だ。しかし、日本の勝ちパターンがいつまで続くかは別問題だ。デジタル化の進展、コロナ等の非連続的な環境変化、急速に成長する中間層の価値観の多様化を踏まえて考える必要がある。今までと同じというわけにはいかない。

C ASEANの未来をどう捉えるか？

総じて古くて新しいＡＳＥＡＮの未来をどう考えるのか？

例えば以下のような意見をよく耳にする。①ＡＳＥＡＮは市場としての魅力の旬は過ぎた、②国の発展度がバラバラすぎて、経済圏としてまとめるには粗い、③これからはインド攻略の橋頭堡としてのＡＳＥＡＮである、といった見方だ。ＡＳＥＡＮの価値を疑う声があるが、同市場はこれか

【図表13】資金面におけるリンケージ

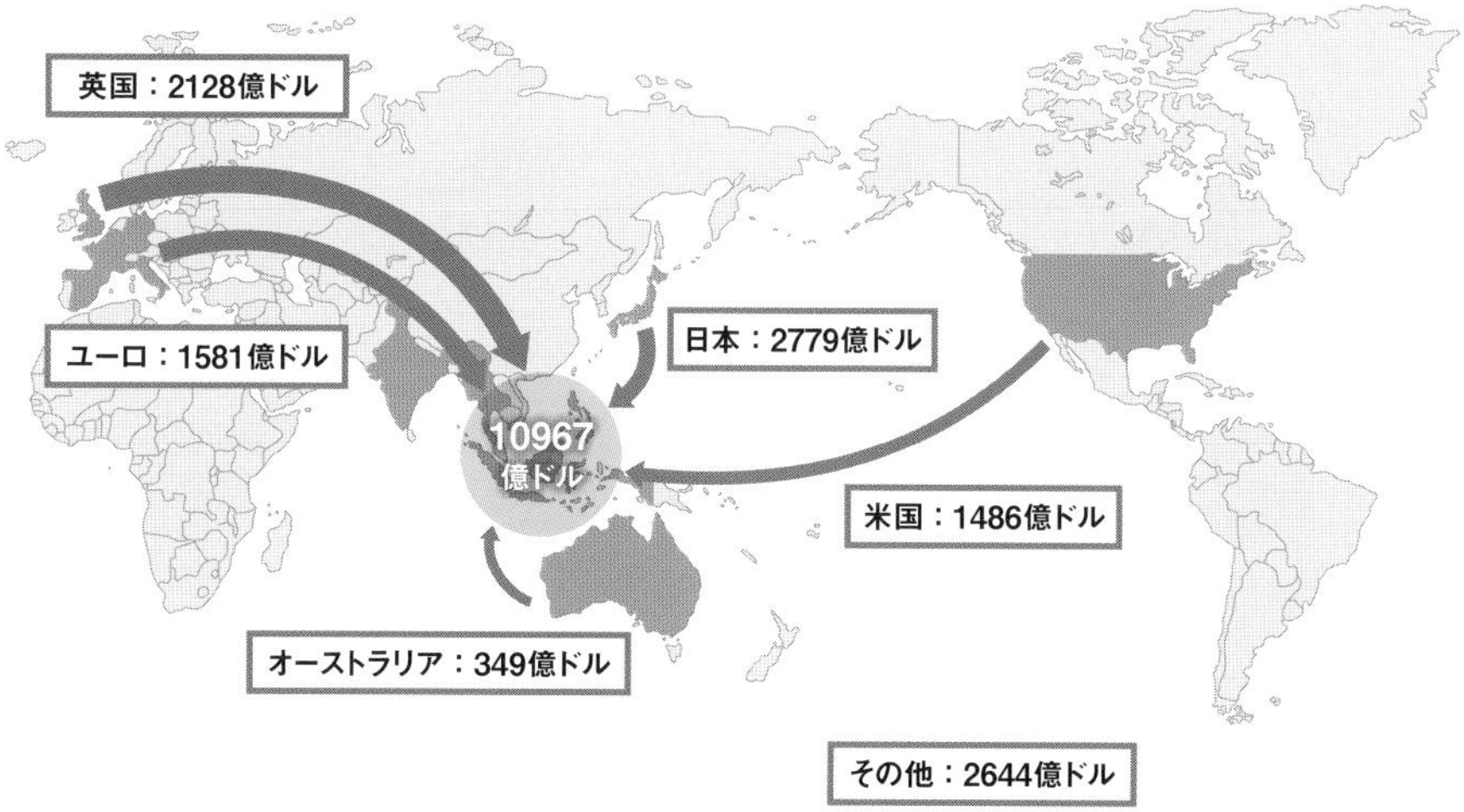

※数値は各国金融機関のASEAN向け融資・保証等を集計したもの（例：邦銀のASEAN支店向け与信は日本に分類）
出所：BIS, Consolidated Banking Statistics（Sep.2020）

ら、ますます日本にとって重要である。

①市場としての魅力度から見てみると、貿易という観点では、ASEANは中国に限らず、欧州、米国との取引を大幅に拡大させている。また、資金面で見ても、世界中から資金を集めている。例えば、2013年に国際協力銀行調査部海外投資研究所が発行したレポート[29]では「次に期待する市場」としてASEAN各国が挙げられている。同時期には、ASEANプラスワンという議論も喧伝されていた。2019年の同レポートでもASEAN各国のランキングは引き続き上位にきており、チャイナ－アセアンへの期待は変わっていない。旬が過ぎたとする議論は早計である。ASEAN市場の旬は過ぎておらず、むしろ2030年に向けてさらなる成長が見込める。これまでの日本－ASEANの経済的つながりを考えると、ASEAN市場を無視できないだろう。

また、②ASEANはバラバラであり、まとまった市場として見ることに意味がない、とする話があるが、AECの実現がいつになるかという時間に対する認識差はあれど、地域の連携が強まることはあっても弱まることはないだろう。

各国による温度差の違いはあるが、経済連携のかたまりとしてイニシアチブが進められており(AEC等)、看過してよいということにはならない。

中国とASEANにおける都市間経済の結びつきでも、この10年で省・市レベルでの関係性が深まっている。補完、連携が地域レベルでなされているのである。

例えば、シンガポールは中国の省・市間との連携を最も早く進めている。1990年代後半には山東省、四川省と連携を開始した。2000年代に入ってからは、遼寧省、浙江省と、2010年以降は重慶市と連携を深めている。他のＡＳＥＡＮ各国は、インドネシア、マレーシアのように広西チワン族自治区や広東省といった地理的に近い地域と連携を深めている。省・市と国レベルで経済連携を締結し、工業団地等を建設している。タイも広西チワン族自治区、広東省に加え重慶市、ベトナムも海南省、四川省、広東省とのつながりを深めている。これらの動きは、どれも中国の華南や西部地域との連携であり、中国の東北部や長江デルタ（華東）に拠点の中心を置く日本企業からは動きが見えにくく、活性化著しい同地域の活力を取り込めるか、ないしは、そこからもたらされる脅威認識をいかにもっていくかは日本にとっての課題となろう（詳細は次章以降でマクロ、経済圏、ビジネスのレベル等で論じる）。

「対中戦略」のように、中国をまとめて見てしまうという「おおざっぱさ」には気を留めず、ＡＳＥＡＮの違いに目をつけるというのは市場の把握という観点から妥当と言えるのだろうか。また、中国がＡＳＥＡＮ地域を「東盟」とし、一つのかたまりとして地域戦略、ビジネス戦略を構築している事実も忘れてはいけないだろう。

さらに、③日本は成熟したＡＳＥＡＮの先を狙うべきだとの議論がある。フロンティアの開拓という点で議論にのぼる話題だ。しかし、インドが人口ボーナスを享受するのは２０３５年からと言われている。まだ15年も先の話なのだ。２０１９年時点で、駐印日本企業数は１４５４社[30]である（在留邦人は１万２９４人）[31]。これに対し、中国への日系企業の進出数は１万３６４６社[32]（在留邦人は11万６４８４人）と約10倍、２０１６年データによると、ＡＳＥＡＮへの進出数は１万１３２８社[33]（在留邦人約19万４０００人）とインドに進出した企業数とくらべて10倍、駐在員数で20倍であり、大

【図表14】ASEAN各国と日米中の貿易関係

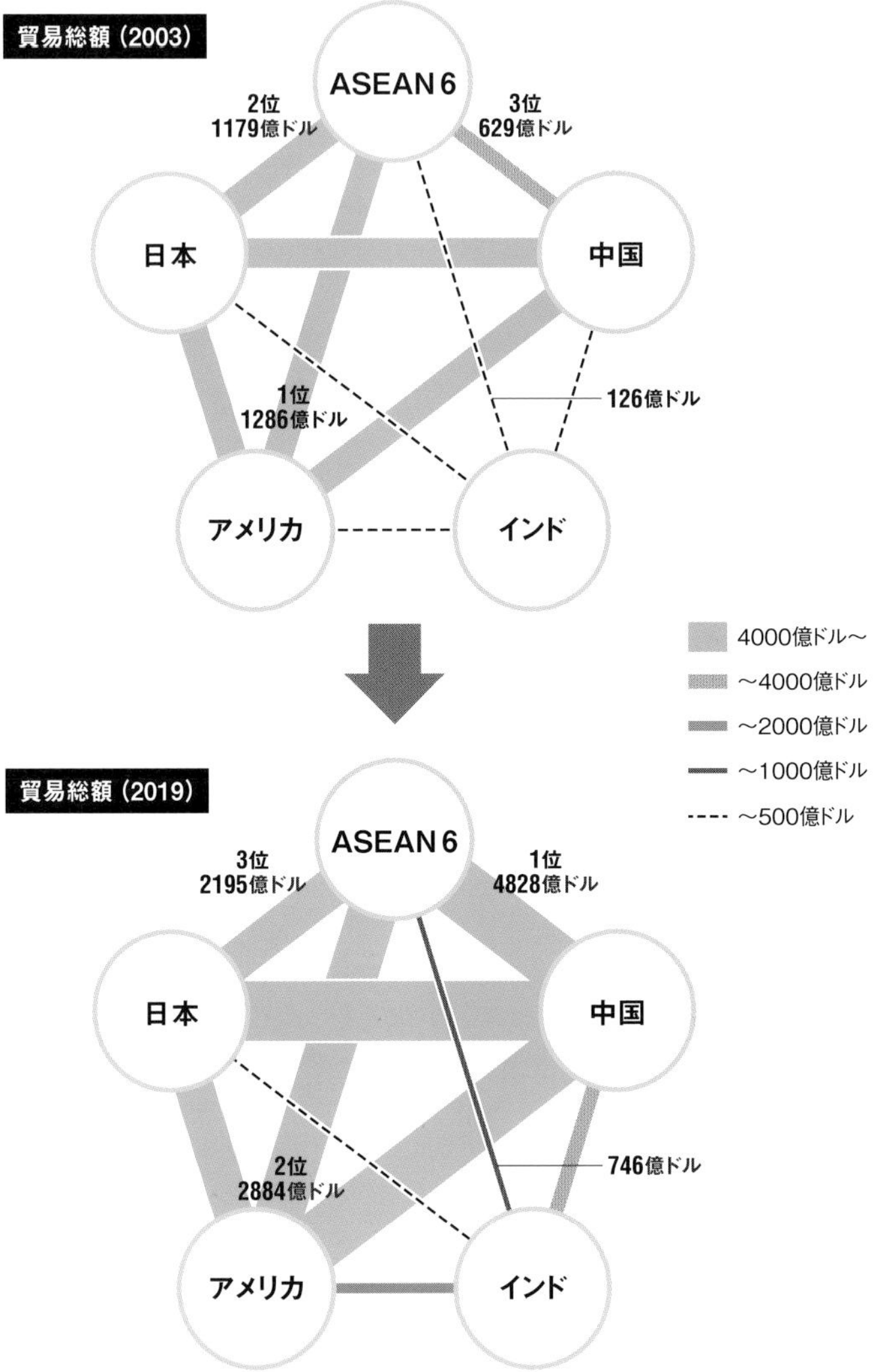

脚注：線の太さは2カ国・地域間の輸出入合計額を示す。
ASEAN6：インドネシア、ベトナム、フィリピン、タイ、マレーシア、シンガポール
出所：UN Comtrade、IMF data、ASEANstats

きな差がある。[34]

インドでは、州による経済格差も大きく、ビジネス機会として捉えるのは早計というものだろう。10年から20年後の大戦略を描くうえでは、当然重要な地域ではあるが、ＡＳＥＡＮ地域を捨ててよいということにはならない。アジアの地域戦略を大きく俯瞰するには良いが、現実的な生き残り策を考える上では、インドだけでは不十分だ。それよりも、進化著しいチャイナ－アセアン市場での成果をきっちり刈り取っていくことが大切ではないだろうか。戦線を大きく拡大しても日本の体力がどこまで持つのか、世界戦略、アジア戦略にも絞り込みが必要になっている。

これまでアジアの世紀が形作る主要市場として中国とＡＳＥＡＮ諸国を見てきたが、両国の結びつきは今後どのように変わっていくのか。変化するチャイナ－アセアン関係の中で、中国と日本の立場はどうなるのか。

4 結びつく中国とASEAN

A コロナ禍でも中国とASEANの経済連携は一層強化

今まで、中国にとっての最大の貿易相手国は、米国か欧州と考えられてきた。その次は日本だった。実際この構図は長い間変わらなかった。しかし、コロナ禍で大きな変化が起きた。ＡＳＥＡＮ

【図表15】ASEAN各国と日米中の貿易関係

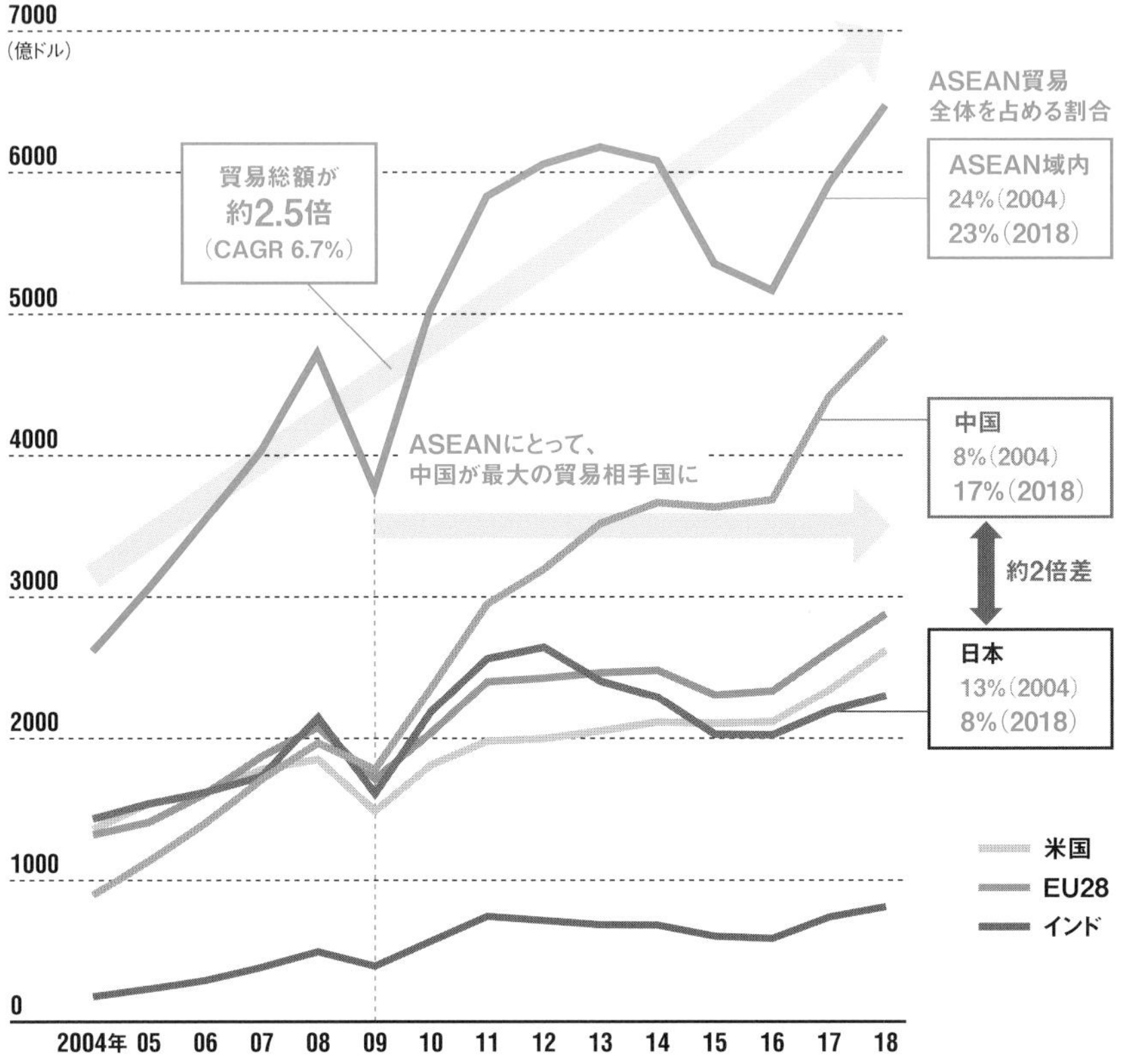

出所：CEICのデータを基にデロイト トーマツ コンサルティング作成

の急速な台頭だ。輸出入統計を見ると、ASEANは中国にとって第1位の貿易相手先となった。コロナ禍で、他の地域との順位が逆転したのだ。中国とASEANの関係は深まった。しかも2桁のプラスの成長を伴った。

コロナ禍では、中国とベトナムが真っ先に経済を回復したが、他の東南アジア諸国も中国の回復に引っ張られる形で、輸出入を増やしている。直接投資という観点でもASEANは中国の対外投資先で第三位につけている。2020年コロナ禍は、経済的な連携が強まった転換点だった。

中国の税関総局の統計[35]によると、2020年1月から6月における中国とASEAN間の輸出入は2・09兆元（約3124億ドル）*であり、5・6％増加した。中国の総貿易額のうち14・7％[36]がASEANとなっている。今や中国の最大の貿易相手先だ。図表15（右ページ）にあるように、2009年以降、ASEANにとって中国は最大の貿易相手国である。中国にとってASEANは2011年以来8年連続で3番目に大きな貿易相手だったが、2019年前半に2番目、コロナの影響を受け、今や最大の貿易相手となった。コロナ禍でも関係を維持すべく、2020年5月、中国とASEAN諸国は、「コロナの流行における自由貿易協力の強化に関する経済貿易大臣の共同声明」を発表し、産業連携とサプライチェーンの安定を維持し、地域経済と社会の回復と発展を促進することを約束した。

コロナ後も中国とASEANの貿易関係は強まっていく見込みだ。図表16（58ページ）が表している政府系研究機構AMRO（ASEAN＋3マクロ経済リサーチオフィス）の試算[37]では、チャイナ－アセアン間の貿易量は2017年から2035年に約3・4倍も拡大する。本試算はコロナ以前

＊為替レート 1 USD=6.69CHY、1 CHY=0.15USD（2020年10月9日時点）

【図表16】中国-ASEAN貿易総額

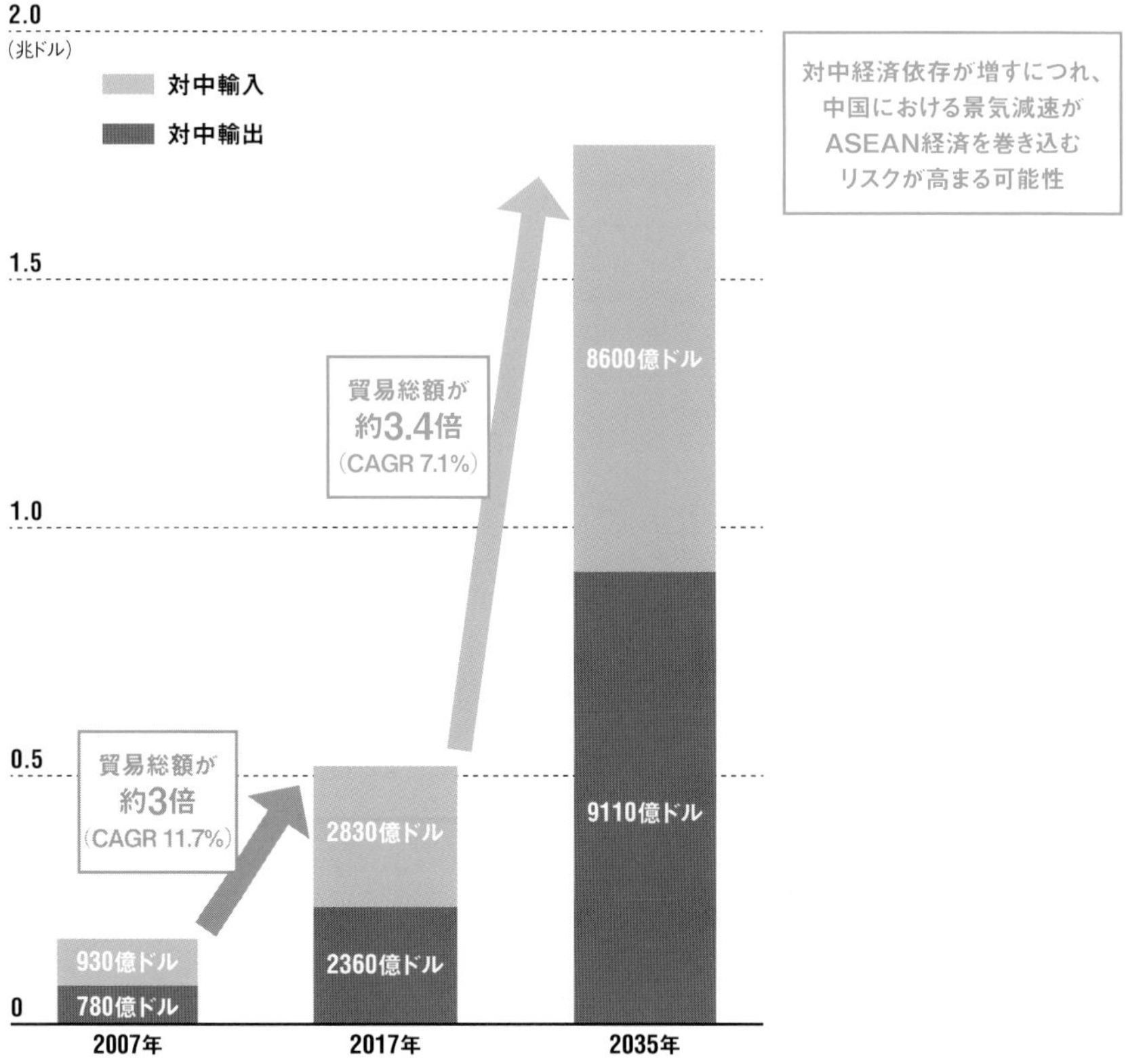

出所：AMRO, 2018, China's Reform and Opening-Up: Experiences, Prospects, and Implications for ASEAN
(2018年10月25日)

（2018年）のものだが、上記で議論したコロナ禍のチャイナ－アセアン経済関係拡大を踏まえると、方向性としては間違いないと言えるだろう。

B 地域間のマクロ経済構造の変化

もちろん、両地域の関係は量的な拡大ばかりではない。質的な変化が訪れている。その変化とは、中国対外投資におけるASEANの相対的比重の増加だ。中国の国際収支は経常黒字（輸出入による貿易とサービスによる儲け）が減少傾向にあり、結果として対外投資の選択と集中が起きる。その中でASEANが重要視されるのである。

中国の経常黒字はコロナ前から縮小傾向にあった。2018年（1～3月期）には17年ぶりに経常赤字に転落した（**図表17** 60ページ）。経常黒字の縮小は、中国における輸入の増加に伴う貿易黒字の減少が挙げられる。何を輸入しているのかと言えば、主に高付加価値品となる電気電子、自動車部品、航空機、光学医療機器、産業機械といった分野である。大半は、台湾、韓国、日本、欧州から輸入している（米国からの輸入もあるが、この分野での輸入先としては2019年時点で5番目）。中国のステップアップには不可欠な要素であり、苦手な領域だといってよい。半導体分野は2018年で、貿易収支上2270億ドル（1・5兆元）[38]の赤字である。

また、中国の海外旅行者が急増し外国での消費が増えたことによって、サービス収支自体も赤字が拡大した。これらは、中国が成長し豊かになったためだ。しかしながら、為替は事実上の固定相

【図表17】中国の国際収支＋投資の内訳

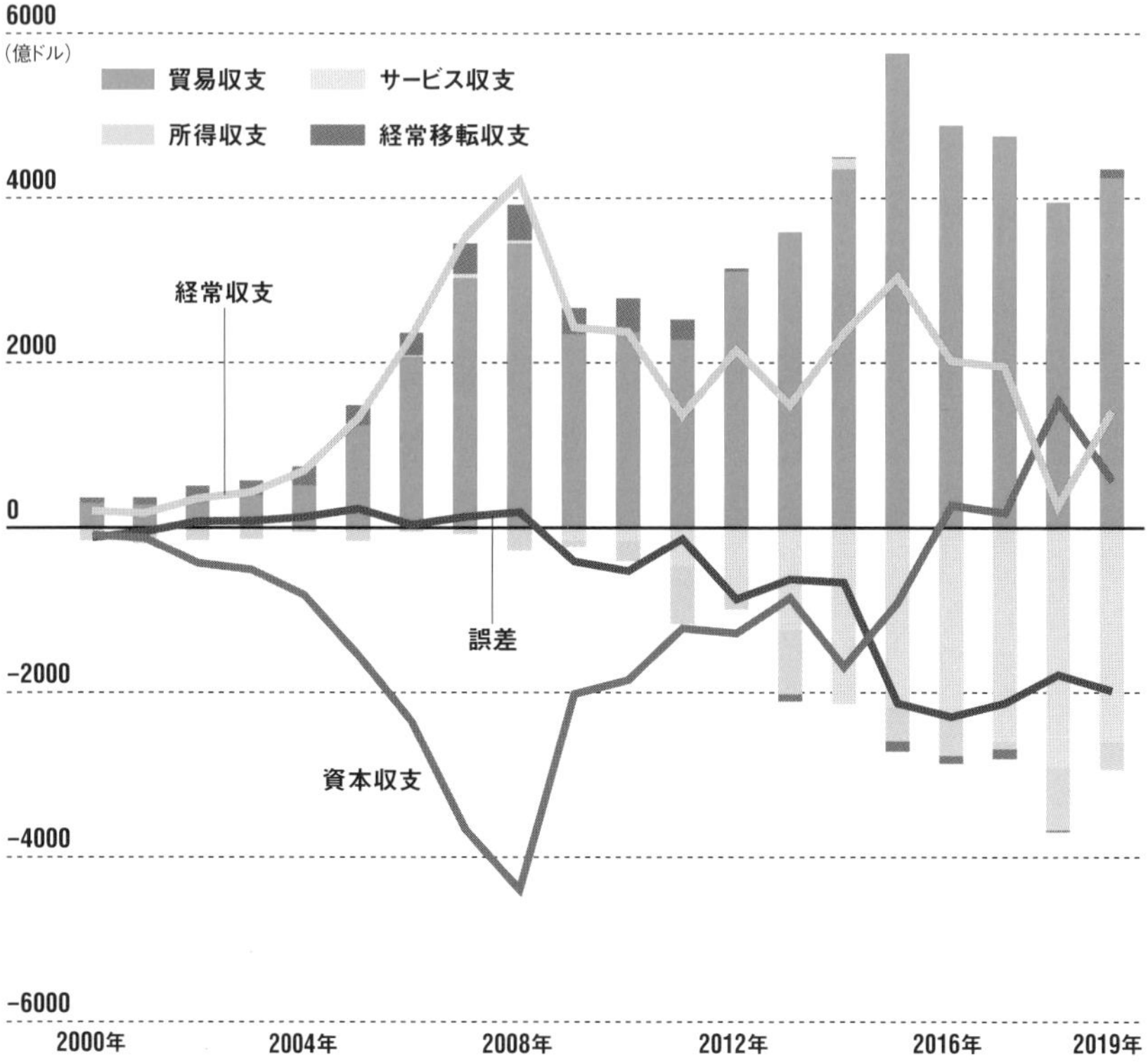

出所：中国国家外貨管理局「国際収支バランスシート」（2020年12月25日）

場制であり、コントロールされている状況にある。固定相場制を維持するには対外純資産を維持する必要がある。

ここに米中の経済対立とコロナの追い打ちがやってきた。輸出は減り、輸入は変わらなかった。外国に旅行というわけにはいかないので、サービス収支の悪化は減ったものの、トータルでの経常収支はかつてのような大幅黒字ではない。今後移動が回復すれば、外国旅行も増えサービス収支が悪化する。経常収支赤字化もあるかもしれない。

今後も、中国の貿易・サービス収支の黒字縮小は見込まれるが、所得収支が黒字化しなければ、資金の流出が避けられない。外国からの資金流入を促すには、国内の直接金融（証券）市場を開放するなどの金融の自由化をする必要があるが、それが難しい（例えば投資した資金を持ち出せない）となれば、本格的な資金流入は期待できないだろう。

国際収支の悪化を防止するには、為替・資本規制の自由化が避けて通れない。その萌芽はまだまだだと思われる。貿易の不均衡、自国企業の優遇政策、不透明とされる規制ルールに加え、長期的には中国の資本規制の自由化、変動相場制への移行などやるべきことが多くあるからだ。

貿易黒字の縮小により、収支が悪化すれば、人民元が下落する可能性すらある。その場合は日本へのインバウンド（訪日外国人旅行者）による収支、直接投資も影響を受ける可能性もある。

中国は巨額の外貨準備を米国債に投じ、人民元相場のバランスを図ってきた。しかし米中の経済覇権競争が激化する中、米国債投資への道も限定的となってくる。その場合は、他への投資となるわけだが、中国自体は中国企業による国外進出の拡大（対外直接投資を含めた、外国に向かう中国資本）に対し、厳格な規制を導入しており、対外直接投資残高は伸び悩んできた。原資にも限りが出てくる中、今後考えられるのが、対外投資の選択と集中だ。それは地域の選択であり、業種の選択であり、アジェンダの選択になるといってよい。

では、その地域がどこかといえば、東南アジアである可能性が高い。実際、中国が国内で高付加価値産業へのシフトを進める中、対外直接投資を維持している地域は東南アジアだ。[39] 中でも労働集約型のインフラからデジタル、ライフサイエンスといった分野の業種に投資をしている。

対するＡＳＥＡＮは世界からの投資を呼び寄せ、中国向けに輸出を増やしている。中国をうまく取り込み、着々と経済体力をつけている。これが、ＡＳＥＡＮ地域との経済交易（貿易投資）の活発化の背景である。

なお日本から見た場合の対中国の国際収支は、経常黒字維持である。[40] 対ＡＳＥＡＮについては、貿易収支赤字、投資黒字（すなわち貿易パートナーから投資パートナーへ）となっている（**図表18** 左ページ）。

このような背景で見ていくと日本が対中、対ＡＳＥＡＮとそれぞれ別地域で捉えた視点も変化が必要だ。日本にとってのＡＳＥＡＮは貿易パートナーより投資パートナー、ＡＳＥＡＮは中国にとって貿易＋投資のパートナー。ＡＳＥＡＮが両方を天秤にかけながら富を蓄積していることが分かる。経済外交は相手があって成立するものだ。データを見ていくだけで置かれた立場が分かる。相手の立ち位置を冷静に見極めながら打つ手を考える必要がある。両地域のバランスを知り、〝相手を知る〟ことが大切だ。

【図表18】日本の対ASEANの国際収支比較

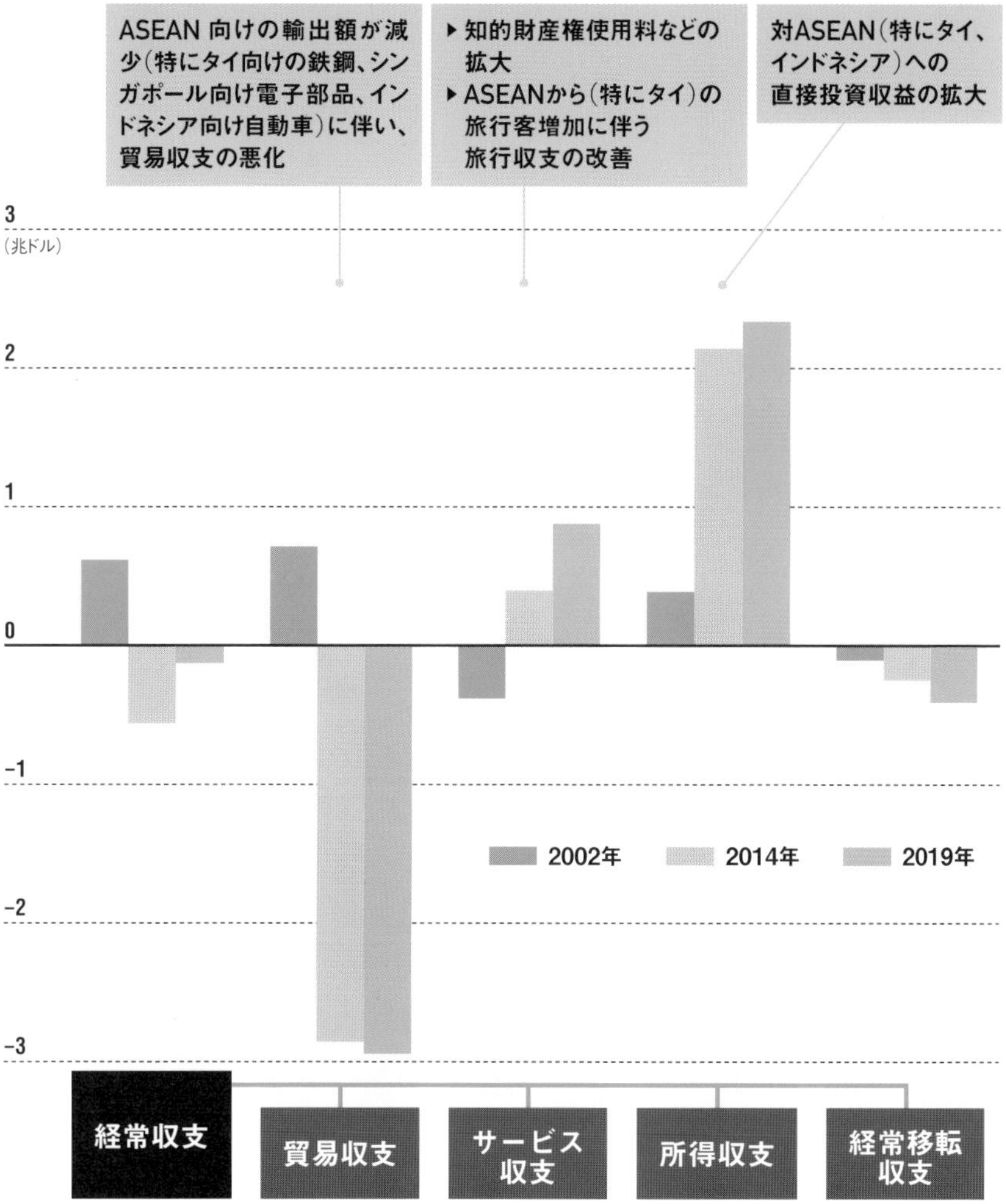

脚注：**経常移転収支**　実物資産(財貨・サービス)あるいは金融資産などの無償取引(経済的価値の一方的な受払)の収支
所得収支　居住者・非居住者間の「雇用者報酬」、「投資収益」の受取・支払の収支
サービス収支　輸送、通信、金融、旅行などのサービス取引の収支
貿易収支　国際間取引(輸出入)の収支
経常収支　上記全ての収支

出所：財務省のデータを基にデロイト トーマツ コンサルティング作成

かつて新興国の優等生として見られた両経済地域は、新型経済のショーケースになりつつある。隣国にいる日本が、その変化をどう捉えられるか。日本経済の将来はこの成長の波に乗り、アジアの世紀の繁栄を享受できるかにかかっている。

従来の中国、ＡＳＥＡＮを生産・輸出拠点として捉える考え方はもはや通用しない。キャッチアップ経済としての認識を改め、当該地域は、中間層が順調に育ち、世界経済において需要の中心地になったことを認めるべきだろう。この地域特有のイノベーションも起きていることを理解すべきだ。

また、中国とＡＳＥＡＮの両市場は今後重要性を増し、連結性も強まる。コロナ前には米中対立があったが、ＡＳＥＡＮ関係は深化した。コロナ禍でもそれが加速している。一方で、強い中国に対する警戒感もあり、日本に対してはバランサーとしての期待があり、日本企業は期待にこたえなければいけない。

アジアの世紀における主要市場として中国やＡＳＥＡＮを本章で見てきたが、今後同地域の経済圏がどのように変化するのか。それが日本企業に意味するものは何なのか。次章以降でこれを考察していく。

Chapter 1 >>> Take Away

- ポストコロナの世界経済では中国とASEANの重要性が高まり、アジアの世紀が実現する可能性が高い。
- コロナ禍における中国経済の回復は、国家資本主義・統制経済のみならず、都市間競争に起因する。国家戦略は「新常態」から「双循環」にシフトするが、各主要都市は独自の政策を打ち出し内需拡大・外需獲得に動いている。
- ASEAN経済でも都市の見極めが重要。2030年には日本の大都市をも上回る都市が出現。各富裕都市が結びつき地域経済圏が進化し、リージョナル・ジャイアンツ（地場地域巨大企業）が台頭していく。

Chapter

2

巨大経済圏
“China-ASEAN（チャイナ-アセアン）”
の誕生

1 チャイナ－アセアンという想定外のシナリオ

アジアの世紀の到来はＣｈｉｎａ－ＡＳＥＡＮ（チャイナ－アセアン）経済圏という大局的潮流の誕生を意味する。両地域はより接近し、日本企業は「現実思考」に根差した地域戦略を迫られる。大胆な言い方ではあるが、起こり得る未来として考えておいた方が良いシナリオだ。この経済圏誕生には大きく2つの背景がある。アジア経済を左右する軸は、①中国とＡＳＥＡＮの距離感、②ＡＳＥＡＮ統合の行く末だ。

アジアの世紀における主要市場として中国やＡＳＥＡＮを前章で見てきたが、今後、同地域の経済圏がどのように変化するのか。それが日本企業に意味するものは何なのか。本章以降でこれを考察していく。アジアの世紀の到来がなぜチャイナ－アセアン経済圏の誕生シナリオである可能性が高いのか。

そもそも、論点となるケースは、それぞれ2通りあるので、組み合わせを考えると2×2、つまり4パターンのシナリオが考えられることになる（図表19 左ページ）。

最初のシナリオは①両地域が密接に連携していくという考え方。次のシナリオは②2大経済圏は別々に並列するという考え方だ。ＡＳＥＡＮが団結し、中国の強硬姿勢に対抗するものだ。これは今まで取られてきた考え方だ。3番目のシナリオは、③一部の国が中国との連携を深めるという考え方。既にメコン地域の国ではこの動きが始まっている。結果、〝冊封（さくほう）体制〟の現代版がやってくるという話だ。最後は、④両地域の緊張が高まるという考え方であるが、有事の議論

【図表19】中国と東南アジアの4つの連携シナリオ

▶ 分岐点

		対中関係※1	
		接近	離反
東南アジア情勢※2	統合	1 チャイナ-アセアン経済圏誕生	2 ASEANが団結
	分裂	3 冊封体制	4 パワーバランスが崩れる

※1　対中接近/離反：対中経済・外交関係を基に判断
※2　ASEAN統合/分裂：経済統合・外交協調を基に判断

▶ シナリオの示唆と発生確率

	シナリオ		日本企業にとっての事業環境	確率
1	チャイナ-アセアン経済圏誕生 ASEAN諸国が協調し、中国と友好関係を発展	△	・ASEAN統合による域内貿易・生産機能上昇で商機が拡大 ・中国勢の進出加速で競争過激化	◎
2	ASEANが団結 ASEAN諸国が団結し、中国強硬姿勢に対抗	○	・ASEAN統合による域内貿易・生産機能上昇で商機が拡大 ・中国回避で日本企業に商機	△
3	冊封体制 中国がASEAN団結を崩し各国を勢力下に	×	・ASEAN統合失速により域内貿易・生産機能が上昇せず ・中国勢の進出加速で競争過激化	○
4	パワーバランスが崩れる ASEAN諸国が独自路線で中国と対抗	×	・対中関係悪化とASEAN分裂により、ASEAN経済が減速し、商機が縮小か	×

シナリオ予測：シナリオ1

2030年には、中国中心の東南アジア経済圏が形成する見通し

出所：デロイト トーマツ コンサルティング作成

として語られる。パワーバランスが崩れるためＡＳＥＡＮ諸国が独自路線で中国と対抗することになる。

日本の企業でよく見られる組織図では、中国を担当する部署とＡＳＥＡＮを担当する部署は異なっている。そのことを考えると、②の２大経済圏を分けて考える立場が基本のように見られる。

しかし、これまでのチャイナ－アセアン関係の発展やＡＳＥＡＮ統合の進捗を見ると、両地域の関係深化とＡＳＥＡＮ統合が同時並行し、チャイナ－アセアン経済圏ができることが予想される。実際の経済ボリュームの増加、政策連携の深まり等を考えていくと、①の両地域の密接連携の可能性が高いのだ。これを「チャイナ－アセアン（大中華経済圏）シナリオ」と呼ぶこととし、主に考えていきたい。

2

米中衝突とコロナ禍がチャイナ－アセアンを加速させる

外部の危機があるほど、中国とASEANは接近する

米中対立が進むほど、中国とＡＳＥＡＮは接近してしまう。皮肉だが、これが現実である。

米中覇権争いやデカップリングが危惧される中、このシナリオを疑問に思われるかもしれない。

「米中衝突やコロナはデカップリングを起こす」「東南アジアは真っ先にその影響を受け、経済的に甚大な被害を受ける。大変だ」。このような声をビジネスエグゼクティブから聞く。

意見は様々であるが、そもそも実態はどうだったのか。どうも事実関係に照らして検討されているケースは多くないようだ。

既に見てきた通り、米中対立の結果、チャイナ-アセアンは結びつきを深めた。当初ASEANは、米中のどちらにつけばよいのか、サプライチェーンの分断をはじめ、振り回される様子もあり、かなりの悲観論に覆われていた。コロナ禍でも、ASEANでは悲観論が先だっていた。しかし、結果は中国との経済関係を軸に、輸出を増加させ経済を回復軌道に乗せたのだった。

トランプ政権下の2016年からの4年で両地域の貿易は、30%以上増加した（年率では7%の増加）。この動きはコロナ禍で加速し、2020年には両地域はお互いが最大の貿易相手国になった。バイデン政権でもこの流れは変わらないだろう。米国の大統領が誰であれ、対中政策が厳しくなることは想定がつく。議会は上下両院・両党（共和・民主）ともに対中強硬の路線が続く。今後4年間も中国に対して厳しい締め付けが続いたとしても、中国は持久戦に持ち込む可能性が高い。習近平氏が2020年5月に発表した「双循環」では、まずは内需へのシフトが明確にうたわれていることが、その考えを表している。

米国のアジアへの関与が減っていくと、日本にとっては厳しい状況が待っている。米国に、アジア地域にどう関与してもらうか。日本はアジアにおけるバランサーとして自らの価値を高めてきた。米国のアジアへの関わり方は、日本の生き残りのカギでもある。

中国は米中関係がアウトなのでアジア（とその他の地域）で、と考えるのが自然だ。ＡＳＥＡＮが中国にとってのゲートウェイとしての役割を果たす等、国際情勢の動きを巧みに利用して経済連携を進めている。全体としてチャイナ－アセアンの対米輸出は減っているが、結果として域内統合は進み、域内経済はむしろ活性化し、ピンピンしている。

チャイナ－アセアンシナリオは、停滞するどころか、加速しているのだ。政治的には難しい関係にあるとされる中国とベトナム。ところが、コロナ禍では両国の交易は増加した。２０２０年１～9月における輸出入では前年同期比で７・７％増[1]であった。四川省で見れば東盟（中国ではＡＳＥＡＮを「東盟」と呼んでいる。詳しくは77ページを参照）からの輸入は26％増であった。[2]両国の鉄道輸送に至っては前年比２４０％と増加している。経済連携も10年以上にわたって進められており、両国の政策は「又愛又恨」と表現される。分かりやすく言えば、政治・軍事では厳しいが、経済・文化は友好という話だ。政冷経熱はこの地域で続く。他の国においては、関係性はよりオープンだ。外部の危機が起きるほど、チャイナ－アセアンシナリオは加速する。

コロナ禍を踏まえて、中国は２０２０年5月の「中－ＡＳＥＡＮ経済大臣声明」、7月には「運輸大臣声明」を打ち出している。中長期的には「中国・東盟戦略パートナーシップ２０３０ビジョン」があり、中国外交部は「中国東盟運命共同体」とまで呼ぶ熱心さだ。

一方、政治的には南シナ海や一帯一路の問題や米中デカップリングの流れがあり、ＡＳＥＡＮ諸国は中国と離反するかに見える。日本の有識者の中にも、政治的対立が中国企業のＡＳＥＡＮ進出に不利に働くのではと論じる者もいる。

日本の政策関係者やビジネスパーソンは、ASEAN各国が日本人の抱く対中脅威認識を共有しているとの前提に立っていることが多い。東シナ海や南シナ海などの安全保障領域や一帯一路の債務の罠などをめぐる経済領域、香港やウイグルなどをめぐる人権問題やイデオロギー領域における中国との対立のレンズから情勢を見ている節がある。

この見方は国際関係論の通説に沿った見方でもある。同論では、米中関係のように覇権国（米国）に対して挑戦国（中国）が台頭する権力移行期（パワートランジション）において、両国間で覇権争いが起こり、最悪の場合覇権戦争に至る（トゥキディデスの罠）と言われている。そんな中、第三国（日本やASEAN等）は、覇権国（米国）と組みして国際秩序を脅かす挑戦国（中国）に対し対抗（バランシング）するのが通常とされる。特に戦後米国中心で作られた国際秩序（リベラルインターナショナルオーダー）は自由で開かれた通商体制による経済成長や国際機関による協調、自由主義的価値観による人権保護など、第三国に対して多くのメリットをもたらすものであり、その秩序を守るため中国と対峙する、というわけである。

しかし、ASEAN諸国の事情はもっとニュアンスに富んでいる。例えば、南シナ海などをめぐる安全保障の対立はあるものの、同紛争の当事国（ベトナム、フィリピンなど）と非当事国（タイ、カンボジア、インドネシアなど）との間で対中脅威認識に温度差がある。当事国の中でも、対中経済依存を背景に同問題をめぐり中国と真正面で対抗しようとしている国は少ない。この最たる例がフィリピンで、アキノ前大統領時は南シナ海問題を国際調停裁判所で争うなど対中強硬姿勢を見せていたが、ドゥテルテ現大統領となり対中経済関係を重視する路線に転換した。また米中イデオロギー対立が激化しているが、ＡＳＥＡＮ諸国の多くはそもそも自由民主主義国家ではなく、この対立下で民主主義国家の陣営として中国に対抗をしようとしていない。

結果、日本が米豪印と打ち出している「自由で開かれたインド太平洋」戦略に対してもＡＳＥＡＮは絶妙な距離感を置いている。同戦略の対中トーンを弱めようとするＡＳＥＡＮの働きかけで、日本はＦＯＩＰ（Free and Open Indo-Pacific）を当初の戦略から構想へと格下げした。２０１９年にＡＳＥＡＮが発表した〝ASEAN Outlook on the Indo-Pacific〟[3]は、包摂性や中心性を強調し、中国を包括する形での同地域における平和・繁栄を標ぼうした文書となっている。[4]菅義偉首相は就任後初の外遊でベトナムとインドネシアに訪れた際、中国との対峙を避けたい現地の意向をくみ取り、戦略を連想させるビジョンという単語を使わず、自由で開かれたインド太平洋＝Free and Open Indo-Pacificとだけ言及している。

シンガポールのリー・シェンロン首相が２０２０年、フォーリン・アフェアーズ誌[5]で述べたように、ＡＳＥＡＮの国々は米中対立に巻き込まれ、自らの経済発展・アジアの世紀の実現に支障がでるのを何としてでも避けたい。政治的対立がある中でも、経済的実利を選び、中国とのつながりを強めていくのだ。この先にあるのがチャイナ－アセアン経済圏であるというわけだ。ＡＳＥＡＮの有識者からもバランスに配慮する姿勢が連日報道されていた。

こうして出来上がるチャイナ－アセアン経済圏は、日本がかつて恐れたChinamericaシナリオ（米中蜜月となり日本が外される）と同様なリスクをはらんでいる。同経済圏誕生により、日本企業の同市場シェアが徐々に減少するリスクである。このリスクに対処し、日本がチャイナ－アセアンシナリオをどうチャンスに変えていけるのか。そのためには同経済圏のインパクトを見極める視点が必要である。

コラム

Chinamerica（チャイナメリカ）・Chinindia（チャイニンディア）シナリオが意味する未来とは

Chinamericaとは、タイム誌「世界で最も影響力のある100人」選出経験のある米ハーバード大学のニーアル・ファーガソン教授と独ボン大学のモリッツ・シュラリック教授が提唱した概念だ。[6] 中国の輸出型経済と米国の消費型経済が相互補完する形で、両国を中心とした新経済秩序が構築されるという考え方である。これに呼応する流れで、オバマ政権当初はGroup of 2や「新型大国関係」など米中接近の試みがなされた。この流れでジャパンパッシングを懸念する声が日本国内で高まったというわけだ。そんな中、オバマ政権後期からトランプ政権にかけて米中関係が悪化し、米中新冷戦やデカップリングが議論されるようになったのは記憶に新しい。

一方で、Chinindiaはインドの政治家・エコノミストのジェイラム・ラメシュが、中国の胡錦濤国家主席とインドのマンモハン・シン首相時代に、中印の政治経済的連携を唱えた時に使ったフレーズである。[7] 当時の胡政権は「平和的台頭」を掲げインドを含む隣国との関係強化に努めており、その秋波にインド側が応えたのである。しかし、習近平氏とナレンドラ・モディ氏に政権が移ると、両国はナショナリズムに傾き、貿易赤字や国境紛争の問題をめぐり対立を強めていった。これを背景にインドが日米豪の掲げる「自由で開かれたインド太平洋」構想に積極的に参画することとなるのである。

ChinamericaとChinindiaシナリオが実現せず、むしろ中国との対立が深まっているのを踏まえると、中国とASEANも同じ運命を辿るのでは、と思われるかもしれない。しかし、前述したように、チャイナ－アセアン経済関係の深さやそれを背景にしたASEAN諸国の外交的振る舞いなどを鑑みると、チャイナ－アセアンシナリオはむしろ現実的に見えてくるのではないだろうか。

3 チャイナ－アセアンが突きつける新たな現実主義

この新しい経済圏は日本がこれまで想定していたアジア経済の在り方とは全く異なるものだ。以前から日本の政策決定者・経営者は中国とASEANを別々の地域として捉えていた。少なくとも経済活動を実施する上では、政府・民間企業ともに、中国ビジネス、ASEANビジネスは別部署であることがほとんどである。例えば、アジア部の下に、北東アジア課（中国)、東南アジア課（ASEAN)、南アジア課（インド）が配置されるといった具合である。東西冷戦の名残があるのか、今でも両地域でのビジネスを別物として扱うケースは多い。

確かに、中国は14億の人口を抱え政治体制も共産党独裁の国家資本主義である。ASEANはそれぞれの国の政治体制や経済レベルはバラバラであり、両地域を連携して考えることはできないという考えがある。

しかし、この認識と現実に起きている経済的ダイナミズムがある限り、日本企業はチャイナ－アセアン時代を生き抜くことは難しいかもしれない。チャイナ－アセアン経済圏の誕生により何が起き、どのような事業への示唆があるのか。

経済は相手あってのもの。中国、ASEANがお互いをどう考えているかはビジネスの視点では頭に入れておく価値がある。

日本が考えている以上に中国及びASEAN間では、連携が進んでいる。例えば、中国では「東南アジア向け投資報告書」[8]（88・89ページで解説）が中国政府（商務部）から毎年刊行されている。これは、中国版のASEAN白書といってよい。東南アジア全体や各国の特徴が分析され、取組方針が詳細に書かれている。ASEANは中国からは「東盟」と呼ばれているが、重要度が高いからこのような報告書が毎年発刊されるのだろう。英語版はサマリーで数ページあるだけ。日本語版はもちろんない。

中国が地域経済圏で括っているのは、ASEANの「東盟」とEUの「欧盟」の2つだけである。

日本には、中国が発行する地域経済を分析した報告書に相当する公式白書はない。地域経済圏をどう捉えていくのか、事業機会、リスクに応じた公式報告書はないのだ。日本の政府関係者や経営陣は、独自分析を行い、対策案を立案しているかもしれない。ただ、ビジネスという観点では専門家ばかりではない。ファクトをベースに、両地域の連携シナリオと示唆を考えるのは一定の意味があるのではないか。

日本にとっての示唆という観点を考えると、米中の経済覇権争いや中国の対外政策は対岸の火事では済まされない。副作用とでも言おうか、副次的な影響が起こるのが国際関係のゲームの原則である。

米中関係のような権力移行期における覇権争いを緩和するのが、経済相互依存による関係改善という協調主義の考え方である。お互いに経済発展をすることでプラスの関係を作り出せるという考えだ。実際、これまでの米国による対中関与政策の背景にはこの思考が見られ、中国との自由貿易を通じ同国が経済発展し、自由化・民主化することで友好関係が構築できるという構想だった。

しかし、実際は現実主義の理論に近い情勢となっている。同論は経済相互依存に悲観的な見方を示すものだ。経済交流によって中国のような潜在的挑戦国の経済発展・軍事台頭が早まってしまうという考え方である。加えて、安全保障上重要な戦略物資をめぐる他国との過度な交易は、他国の戦力強化や自国の戦略的脆弱性につながるため良くないとされる。結果、経済相互依存はゼロサムな関係を生み出し、平和醸成と逆の効果をもたらしてしまう。

実際、現在の米中デカップリング、テクノロジー冷戦が語られる背景には、中国の平和的台頭を願い行った自由貿易が同国の高圧的台頭を招いてしまったという反省と、戦略的に重要なハイテク技術を中国に輸出することが安全保障を害してしまう米国の事情（一方、重要なハイテク技術分野で米国に依存することが戦略的脆弱性を生んでしまう中国の事情）がある。

この超大国間の動きの中で日本やＡＳＥＡＮのような第三国は、経済的利益を優先し対中関係を深めるか、安全保障的懸念を優先し同関係を見直すかの選択を迫られている。ＡＳＥＡＮ諸国の多くが前者の選択をとっており、コロナ禍においてそれが強まっている。ポストコロナにおいても、欧米市場が減速する中で中国市場の相対的重要性が高まり、ＡＳＥＡＮの対中接近が強まることが予想される。加えて、トランプ政権下で分断化が進みコロナに苦しんでいた米国が、バイデン政権の下さらに内向きになるのではないかとも懸念され、ＡＳＥＡＮとしても経済的実利が得られる対中関係を深めていくことが考えられる。

このような国際情勢の中で日本はバランス感のある対応をしていかなくてはならない。米国の同盟国としてテクノロジー冷戦において対中強硬姿勢をとる必要がある一方で、自国の成長のためには中国との関係を強化しなくてはならない。ＡＳＥＡＮ諸国が中国寄りになる中で、取り残されないために積極的にＡＳＥＡＮ諸国へ働き掛けていく必要がある。

中国、ASEAN、米国との相互の連環関係

コロナ禍では、中国にどこまでコミットするのか、米中経済戦争等の不確実性を踏まえ、企業経営者の中には躊躇するケースもある。２０２０年11月の米国大統領選前に行われたロイター企業調

査[9]によると、日本企業の製造業で25％、非製造業で20％がトランプ政権再選の場合は対中投資を減らすと回答していたほどだ。一方で、バイデン陣営勝利の場合は製造業で18％、非製造業で10％が対中投資を増やすとも回答していた。地政学的リスクを考慮しつつも、日本企業は中国の巨大市場やデジタル化の勢いなどを無視することはできない。

しかし、中国市場は、日本企業が正面突破で戦うにはかなり厳しい市場になってきている。図表20（左ページ）の通り日本企業の加工組立型企業の利益率は中国の各産業のＥＢＩＴＤＡ（利払い前・税引き前・減価償却前利益）マージンと比べて決して高くはない。巨大市場の魅力はあるが、儲け、生き残り続けるのは容易ではない。

米国の関与も日本にとっては重要である。なぜなら安全なところでしか、ビジネスは出来ないからだ。日本がアジア太平洋の中でどのような役割を果たしていくのか。これは、政府や官僚に任せっぱなしというわけにはいかない。経済的利害の創出は民間セクターの重要な役割であり、民間経済外交という観点も不可欠になってくる。自分たちの利害なのだから、民間サイドにもオーナーシップやバランサーとしての役割が求められるだろう。

二国間や目の前の国際的取引に関し、日本を中心として捉えていると、背景理解が十分に進まない。相手がどういう思考でくるか、重層的な経済外交の視点が必要となってくる。

ＡＳＥＡＮは本当に日本の味方か？

ＩＳＥＡＳ（The ISEAS–Yusof Ishak Institute）というシンガポール国立大学の敷地内にある独

【図表20】中国の各産業のEBITDAマージン

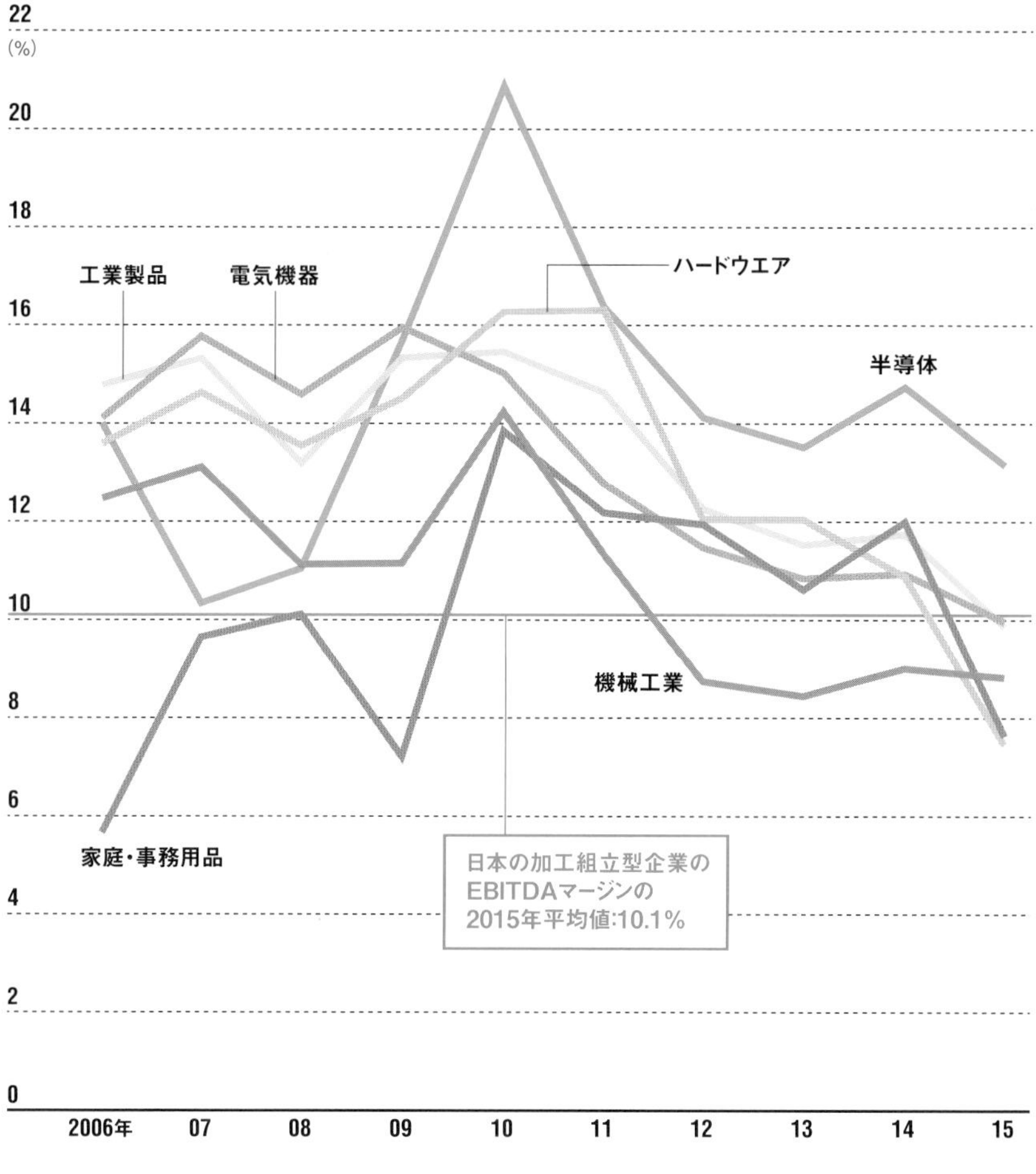

出所：Bloomberg

立系のシンクタンクが興味深い研究をしている。⑩本研究によると、ＡＳＥＡＮは、米中対立下において日本がバランサー的な役割を果たすことを望んでいるという。米国の対アジアリバランシング政策や国際的指導力が陰りを見せる中、全てのＡＳＥＡＮ諸国は、日本が世界秩序のために正しいことをしてくれると期待しているのだ。

同研究所が調査を実施したのは２０１９年11〜12月。同調査は、ＡＳＥＡＮのビジネスとファイナンス関係者、公共部門、社会活動、メディアの５分野に属する、ＡＳＥＡＮとアジアなどの地域について専門的知識を有する域内有識者を対象にして、ＡＳＥＡＮ10カ国で行った。その結果は「ＡＳＥＡＮ加盟国の政治経済に関連する地域政策に影響を有する立場にある専門家の有力な意見」と目されており、日本にとっても重要な情報だといえる。同調査でＡＳＥＡＮから見た「第三国」とされる対象国は中国、米国、日本、ＥＵ、インド、韓国、豪州、ニュージーランド、ロシアなどの国・地域だ。

次ページ以降の図表21から23は同調査の一部だ。

例えば、南シナ海等の対中対立や債務の罠といった対中不信感は日本への期待にもつながる（**図表21** 左ページ）。「米中覇権争い下で連携すべき信頼できる戦略的パートナーは」との質問に対し、「日本」との回答がトップで38・2％、ＥＵの31・7％を上回った。次いで、豪州8・8％、インド7・5％、ロシア6・1％、ニュージーランド4・7％、韓国3・0％だった。日本という回答が多い国はミャンマー53・3％、フィリピン44％、ベトナム40・1％などだ。示唆として、インフラ系の公

【図表21】ASEAN有識者が米中覇権争い下での第三国として評価する国・地域

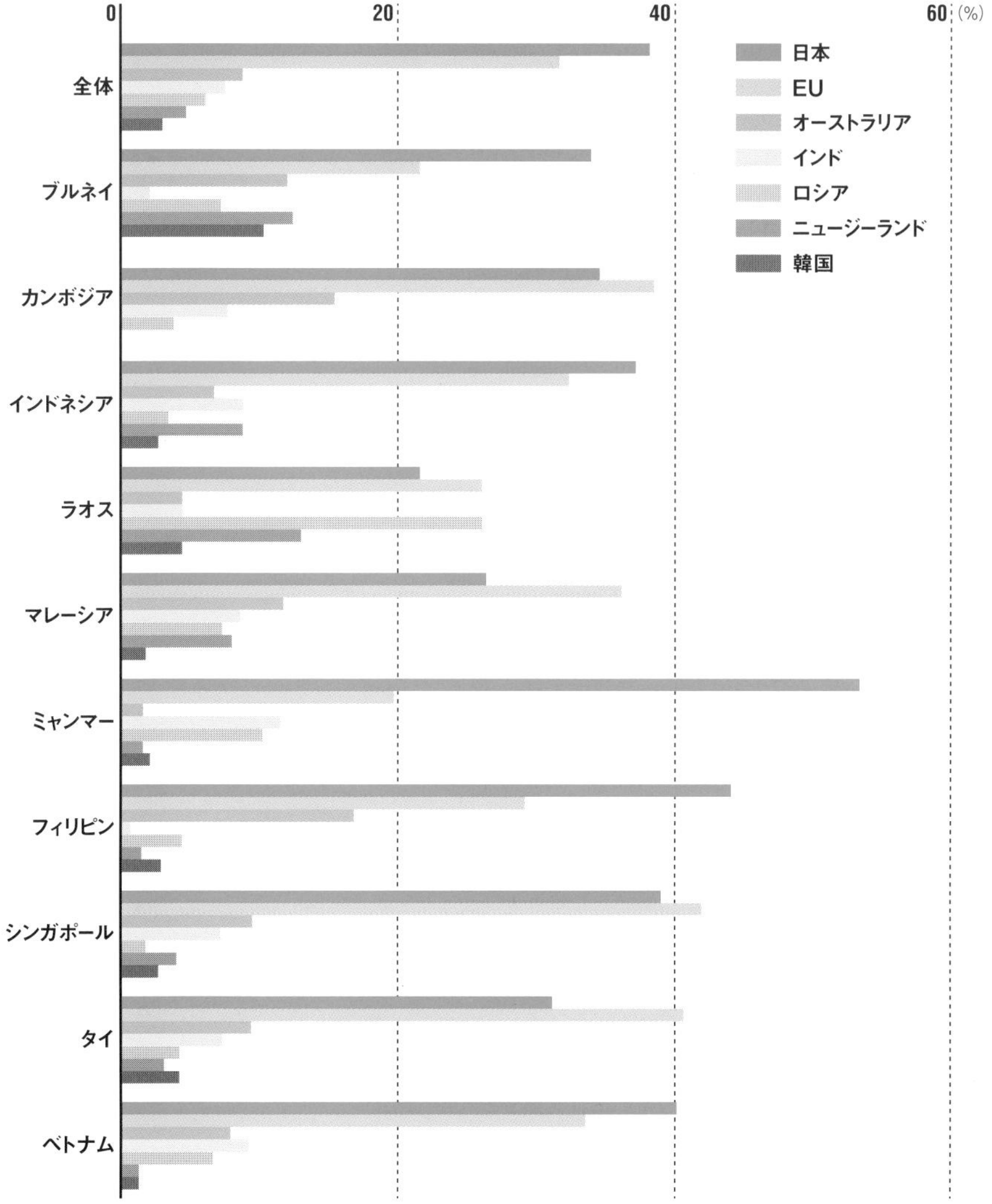

出所：ISEAS, 2020, “The State of Southeast Asia.”　同調査の回答者：東南アジアの政策・学会・財界・市民社会・メディア関係者計1308人

【図表22】米国リーダーシップ不在下での戦略的パートナーとして選択する国・地域

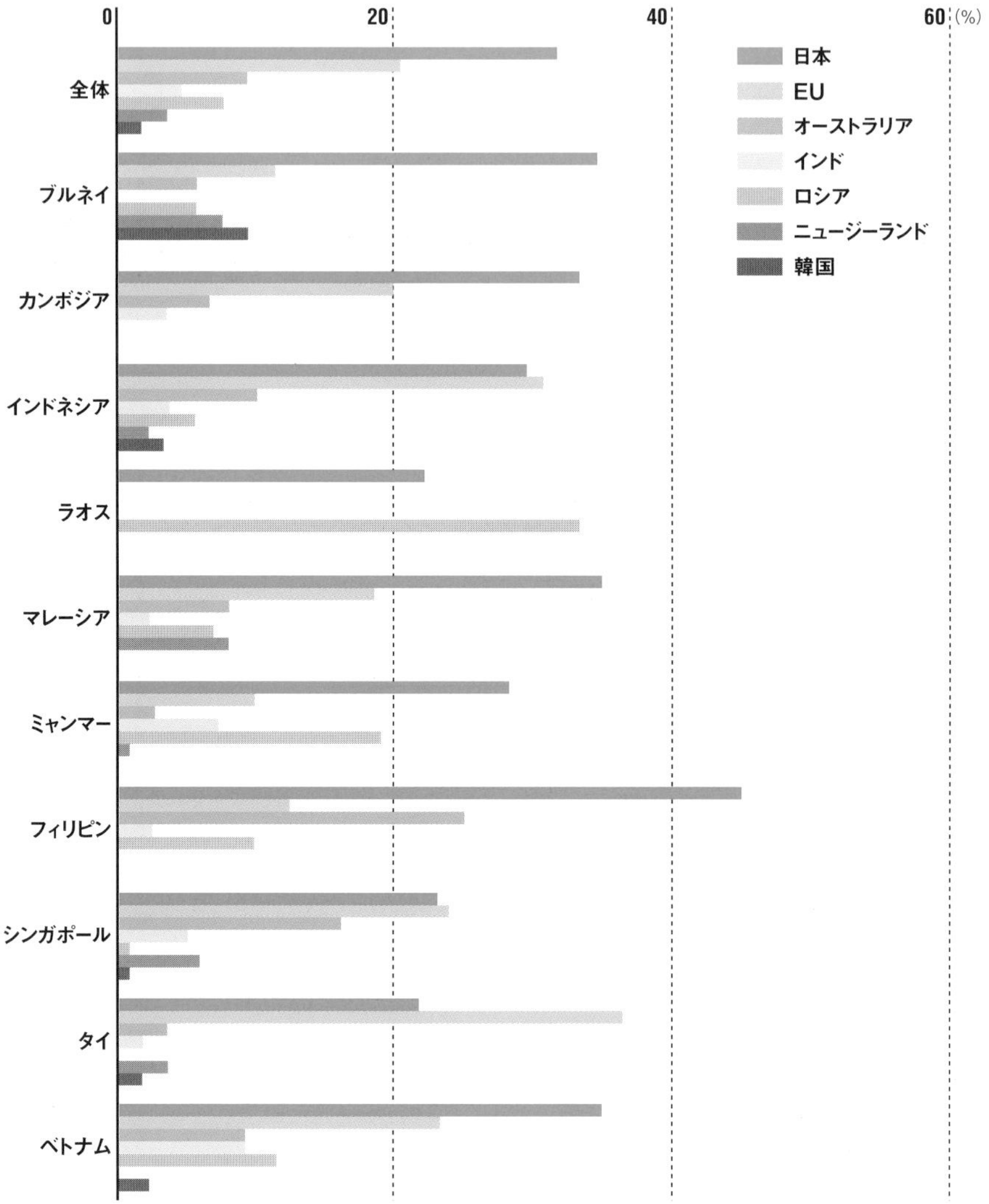

出所：ISEAS, 2020, “The State of Southeast Asia.” 同調査の回答者：東南アジアの政策・学会・財界・市民社会・メディア関係者計1308人

共事業等でバランサーとして日本企業を代替役として選択するといったこともあるだろう。

また、図表22（右ページ）のように、米国がアジア市場に対し、明確なコミットを示さない間は、戦略的パートナーとして日本への期待が高まる。「米国のリーダーシップ不在下で、どの国を自国の戦略的パートナーとして選ぶか」との質問に対し、日本31・7％でトップ。EU20・5％、中国20・3％、豪州9・5％……となっている。日本という回答が多い国はフィリピンの45・0％、ミャンマー28・2％、ベトナム34・9％と続いている。

図表23（86ページ）の設問内容は、「世界の平和、安全保障、繁栄、ガバナンスに貢献するために正しいことを実施する国であると信頼できる国は」であるが、日本との回答は61・2％と最も高く、次はEUで38・7％、米国30・2％、中国16・1％、インド16・1％……となっている。日本に対して極めて高い信頼感が寄せられている。日本が世界の秩序や繁栄に貢献してくれるとの期待は、日本への投資の背景ともなっている。これらの期待を日本として受け止められるかどうか、これらを商機として捉える発想も重要になってくるだろう。

ISEASが公表している調査の意味するところは、ASEAN各国内で政策や意見形成を主導する有識者の間で、日本への信頼感、期待感が非常に高いことを示すものであり、政治・外交・経済面などで日本としての積極的な連携・協力・関与を強く促すものであろう。

【図表23】ASEAN有識者による世界秩序と繁栄に貢献する国としての日本の評価

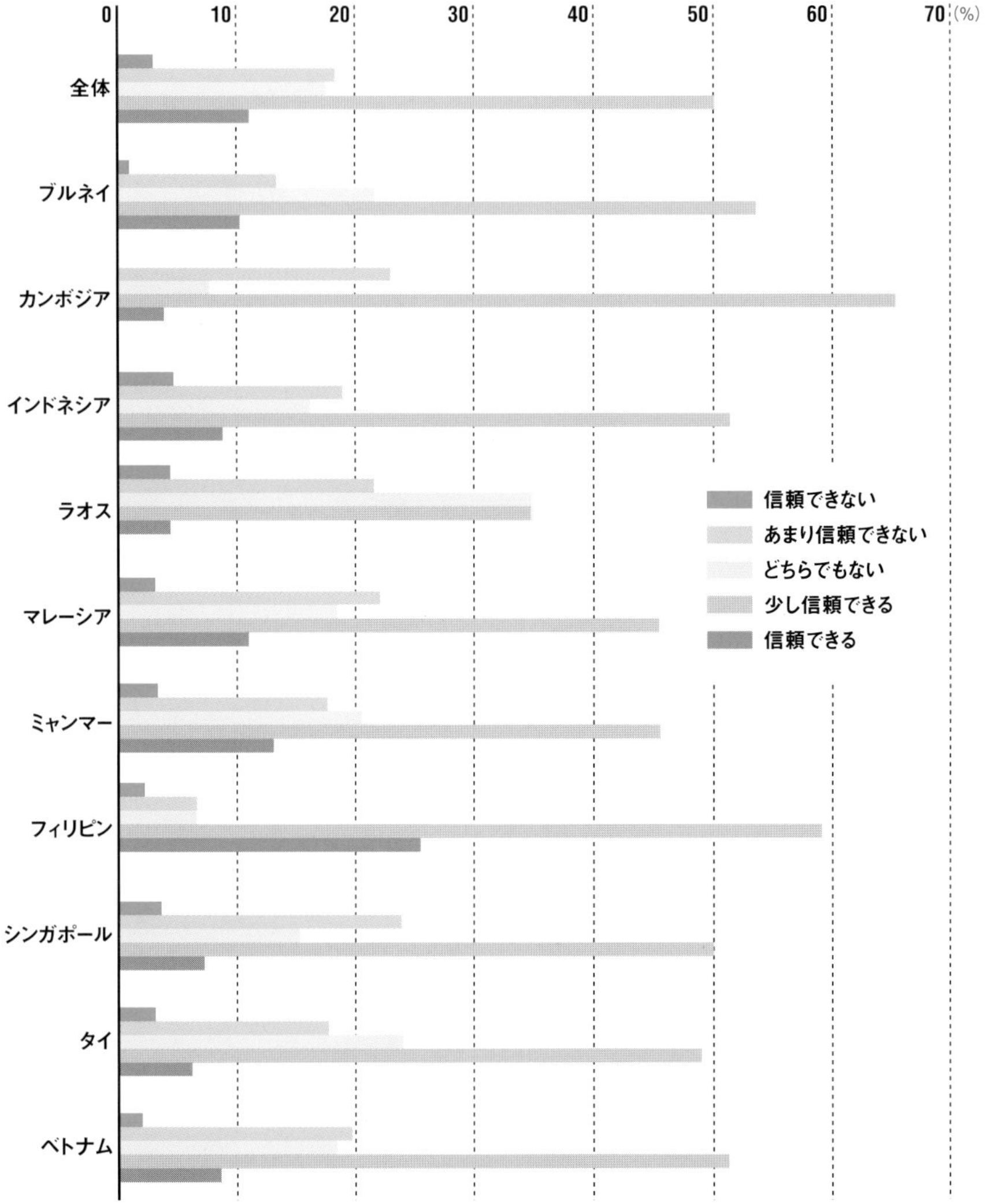

出所：ISEAS, 2020, "The State of Southeast Asia." 同調査の回答者：東南アジアの政策・学会・財界・市民社会・メディア関係者計1308人

なお、同調査で、ASEANに「経済的に最も影響力のある国」の問いでは、中国という回答が79・2%でトップ、次いでASEAN8・3%、米国7・9%、日本は4位で3・9%となっている。ただし、「経済的影響力を『心配するか』『歓迎するか』」との問いでは、中国を「心配する」が71・9%と高い。

また、「政治および戦略面で最も影響力のある国」では、やはり中国という回答が52・2%と高く、米国26・7%、ASEAN18・1%……で、日本はわずか1・8%であった。しかし、中国の影響力の拡大は「懸念する」との回答が85・4%と極めて高いことも示している。

つまり、政治・経済・外交・安全保障の各面で中国の影響力の強さを物語っているが、その一方で懸念や警戒心の強さも示している。ASEANの本音を率直に物語るものであろう。

それにしても、高い期待感や信頼感がありながら、それに応えられていない日本の存在感の低さ、関与や提携・協力関係の弱さも浮き彫りにするデータとなっている。

コラム

東南アジア向け投資報告書サマリー：（詳細項目はAPPENDIXを参照）

企業にタイムリーで効果的かつ信頼できる情報サービスを提供するために、2009年、中国商務部は初めて「ガイド」（2009年版）を発行し、世界172の国と地域をカバーした。特にASEAN諸国に対しては、各国別のガイドラインだけではなく、ASEANを一体と考えて、「東盟」向けのガイドラインも発行した。ボリュームも多く、東盟全体のガイドラインと各国別のガイドラインがそれぞれ100ページ超となっている。

この投資報告書のポイントは、ASEANを取り巻く内外のマクロ経済情報、ミクロレベルでのリーディング企業の紹介、業界分析と参入方法、資金アクセスの方法まで書いてある。さらに投資をする場合の相談窓口が8つ紹介され、参入時につきものの現地での労働争議、地元住民との関係構築、模倣品への対応やメディア対応策まで詳細に記載されている。

「ガイド」は、各国（地域）の政治・経済・社会・法務・税関等の投資協力情報を網羅し、各国（地域）の投資協力環境を客観的に紹介し、企業が外国投資を行う際に留意すべき課題を紹介している。複雑で変化しやすい国際市場で多国籍企業活動を行い、投資をするために必要な情報を提供し、様々なリスクを効果的に防止することで、企業にとって有益な役割を果たしている。

例えば、2017年の「ガイド」は、第19回中国共産党全国代表大会の精神に則り、国家の「生産能力と設備製造における国際協力の促進に関する指導意見」の実施に焦点を当て、各国（地域）の主要産業の開発計画、税関の円滑化、金融業界の投資規制、インフラ協力モデルなどの条件と協力のニーズを体系的に組み合わせていることは注目に値する。コンテンツは豊富で読みやすく、中国の外国投資事業体のマルチレベルのニーズを満たし、中国企業のニーズにタイムリーに応えている。外国投資協力に関する国及び地域の政策と環境の変化、海外投資協力に関する意思決定と効率的なリスク防止など、企業活動を前進させる上で価値あるものとなっている。

前向きな役割を果たしている。2018年、また2019年の「ガイド」は、特に「一帯一路」に関連する国々のインフラの現状と開発計画を体系的にまとめ、更新された情報が掲載されている。

Chapter 2 >>> Take Away

- 日本が向き合うアジアのマクロ経済環境シナリオは、China－ASEAN経済圏（大中華経済圏）誕生の可能性が大きい。

- ASEAN諸国は米中覇権争いに巻き込まれることを望まず、経済的視点から台頭する中国との関係を深めている。コロナ禍でも中国経済の比重は高まり、中国－ASEAN経済関係はさらに強化されている。

- ASEAN諸国は日本に対し米中対立下におけるバランサー（great mediator）としての役割を期待している。日本企業は第三国として信頼されるビジネスパートナーとなれるか、分かれ目にある。

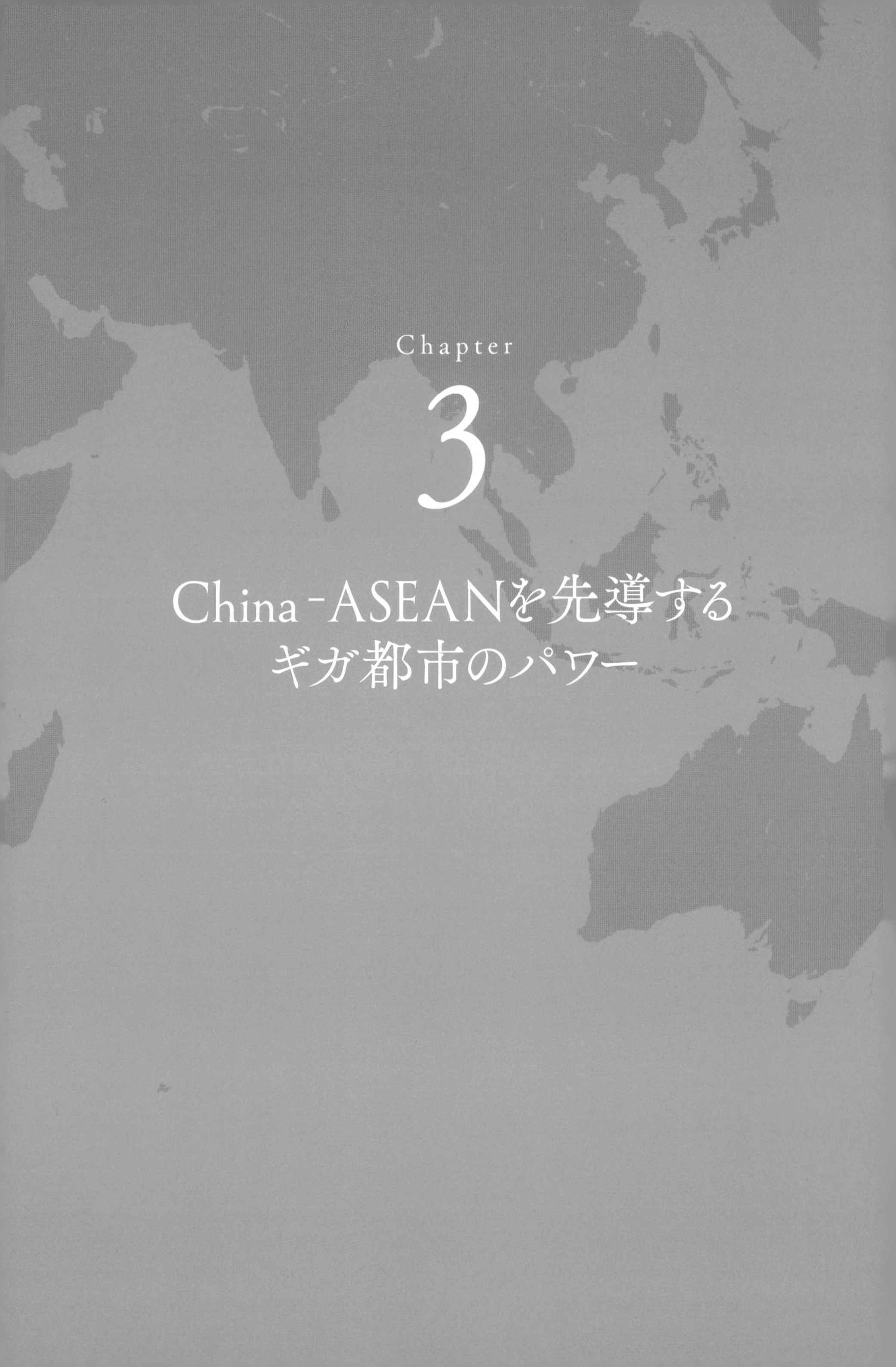

Chapter

3

China-ASEANを先導するギガ都市のパワー

1　鍵となるギガ・メガ都市群の見極め方

1章で触れたように、Ｃｈｉｎａ－ＡＳＥＡＮ（チャイナ－アセアン）経済圏は都市経済が牽引していくと予想される。その根拠として都市におけるＧＤＰや人口、所得の拡大を1章では取り上げた。本章では、こうした変化の裏側にあるトレンドとして中心となる大都市だけでなく、周辺都市も含めた都市群における経済連携の動向を見ていく。チャイナ－アセアン経済圏を実際の経済活動に近い都市（Sub-state）レベルで見たときに、都市群間連携が中心的な柱になっていく。このトレンドを見極められるかがチャイナ－アセアン市場攻略のカギといっても過言ではない（図表24 94・95ページ）。

都市群経済とは、中心都市とそれを支える衛星都市や他の大都市で構成されるグループを指す。中心都市から郊外化が進んだケースもあれば、元々独立した都市が連携を深め都市群となるパターン等様々である。この都市群単位を見ていくことで産業構造の変化が分かる。また都市群の成り立ちにもパターンがあるし、都市群同士の連携によっても発展の仕方が異なってくる。

都市群経済圏の観点を取り入れていくと、①産業構造転換の度合い、②周辺経済圏との産業クラスター的連携、③海外とのハブ機能の構築が見えてくる。これを実現するパターンとして、（Ａ）単線型、（Ｂ）放射状型、（Ｃ）ネットワーク型がある。（Ｃ）のネットワーク型では、①産業構造の転換が、②周辺経済圏と産業クラスターを構築することで進化している。しかも、③外国との連携によりこの進化がさらに加速している。

経済圏のパターンごとに産業構造がどう異なるのか、周辺経済圏との関係がどうなるかを都市群で見ていくことで、中国とASEANにおいて、都市から都市群への変化、それぞれ中心となる経済圏のシフト、都市群同士の国際連携と新しいビジネスの交流という示唆が得られる。新興国にある富裕都市（Rich cities in emerging countries）が続々登場する中、これらが競い合う「大都市群間競争・連携」がこれからのアジアの世紀の絵姿を読み解くポイントになる。

都市は国家よりも機動的に動きやすい。コロナ禍でもこの流れは変わらない。チャイナ－アセアンでは、都市群動向の見極めが必要なのだ。

メガ都市、ギガ都市が続々と誕生する中、どのような機会があるのか。例えば、①経済交流では、工業団地や越境EC、地域間インフラ建設などによる交易増加が成長につながっていく。また、②技術交流では、域内スマートシティ事業連携が都市発展ひいては都市経済の成長につながる。さらに③文化交流において、大学連携や文化振興（ハラルなど）で技術発展や交易増加につながっていくことだろう。

他方、2030年に向けさらに増加する都市の肥大化は環境汚染やサステナビリティ（持続可能性）などの挑戦を生み出す。肥大化する都市間の連携も強まり、挑戦と機会の両方において、都市レベルで地方政府や企業が連携、そこから事業機会や成長機会が生まれていく。この都市間連携はASEAN域内だけではなく、中国や日本などの近隣国を交えて行われ、そこにもさらなる事業機会が生まれるはずだ。

個別の都市だけでなく、都市群という観点で見ていくと意味合いがさらに変わってくるが、その

【図表24】中国各経済圏の概要

都市群	範囲	人口規模	主要都市	現在の主導産業	未来の主導産業	代表企業
北部 北京ー天津 (別称: 京津冀)	・北京 ・天津 ・河北省の石家庄、唐山、保定、廊坊、秦皇島、張家口、承徳、滄州、衡水、邢台、邯鄲など	1.1億	北京	金融、情報技術サービス、自動車、電力・熱エネルギー生産供給	金融、科学技術サービス、新エネルギー車、次世代情報、文化、総部経済	工商銀行、中国銀行、建設銀行、中国石油
			天津	国防工業、石油化学工業、設備製造/特殊機器製造、航空宇宙、電子情報	ハイエンド装備、情報技術、航空宇宙、新エネルギー、バイオ医薬、現代石化	中遠海控、中海油服、中科曙光、天士力
東部 上海ー江蘇ー浙江ー安徽 (別称: 長江デルタ)	・上海 ・江蘇省の南京、無錫、常州、蘇州、南通、揚州、鎮江、塩城、泰州 ・浙江省の杭州、寧波、温州、湖州、嘉興、紹興、金華、舟山、台州 ・安徽省の合肥、蕪湖、馬鞍山、銅陵、安慶、滁州、池州、宣城など	2.2億	上海	金融、貿易、自動車、不動産	次世代情報技術、金融、航運、博覧会、バイオ医薬、新エネルギー車、文化クリエイティブ	浦発銀行、交通銀行、上海銀行、上汽集団
			杭州	ソフトウェア、文化クリエイティブ、観光、金融、設備製造/特殊機器製造、電子商取引	電子商取引、クラウドコンピューティング・ビッグデータ、セキュリティ、量子技術、バイオ医薬、人工知能	アリババ、吉利控股、海康威視、浙商銀行
			南京	電子部品、石油化学、鉄鋼、自動車、金融、文化クリエイティブ	スマートカー、スマート設備、バイオ医薬、新材料、ソフトウェア・情報サービス	蘇寧易購、江蘇銀行、華泰証券、国電南瑞
			蘇州	電子情報、設備製造/特殊機器製造、冶金、紡績、新材料	次世代情報技術、バイオ医薬、自動車・部品、集積電路	亨通光、通鼎互聯、勝利精密、金螳螂
			寧波	電気機械・器材製造、石油加工、繊維製品製造	ハイエンド装備、新材料、スマート家電、バイオ医薬、ソフトウェア・情報サービス	遠大物産、奥克斯、雅戈尔、均勝電子
			合肥	自動車、家電、化学工業、建材	次世代情報技術、人工知能、スマート家電、新エネルギー車	科大迅飛、皖能電力、合肥百貨、国元証券

都市群	範囲	人口規模	主要都市	現在の主導産業	未来の主導産業	代表企業
南部 広東ー香港ーマカオ（別称:粤港澳、GBA）	・香港特別行政区 ・マカオ特別行政区 ・広東省の広州、深圳、珠海、佛山、恵州、東莞、中山、江門、肇慶など	7,000万	広州	自動車、石油化学、電子情報、不動産、鉄鋼、金属精錬、船舶	次世代情報技術、自動車、ハイエンド装備、バイオ医薬、新材料、新エネルギー	富力地産、広汽集団
			深圳	文化クリエイティブ、ハイエンド技術、物流、金融	次世代情報技術、ハイエンド装備、文化クリエイティブ、健康、人工知能、バイオ医薬	華為、騰迅、恒大、中興、金蝶、万科
西部 四川ー重慶（別称:成渝）	・重慶 ・四川省の成都、自貢、瀘州、徳陽、綿陽、遂寧、内江、楽山、南充、眉山、宜賓、広安、達州、雅安、資陽など	1.2億	成都	電子情報、設備製造/特殊機器製造、医薬健康、グリーン食品、新型材料	次世代電子情報、ハイエンド装備製造、航空宇宙、鉄道交通、省エネ・環境保護、現代物流	成都銀行、国金証券、科倫薬業、東方電気
			重慶	自動車、電子部品、設備製造/特殊機器製造、エネルギー工業	スマート産業、現代物流、国際商貿、金融、情報サービス、文化・観光	長安汽車、金科股份、智飛生物、西南証券
中部 湖北ー湖南（別称:長江中流）	・湖北省の武漢、黄石、鄂州、黄岡、孝感、咸寧、仙桃、潜江、天門、襄陽、宜昌、荊州、荊門 ・湖南省の長沙、株州、湘潭、岳陽、益陽、常徳、衡陽、娄底 ・江西省の南昌、九江、景徳鎮、鷹潭、新余、宜春、萍郷、上饒、撫州、吉安など	1.3億	武漢	自動車・部品、光電子、バイオ医薬・医療器械、設備製造/特殊機器製造	次世代情報技術、光電子、自動車・部品、バイオ医薬・医療器械	東風汽車、葛州壩、烽火科技、長飛光繊
			長沙	電子情報、新材料、自動車、タバコ製品、設備製造/特殊機器製造	次世代情報技術、新エネルギー、新材料、バイオ医薬、省エネ・環境保護、ハイテク物流、文化クリエイティブ	中聯重科、三一集団、九芝堂、大漢控股
			南昌	自動車、電子情報、グリーン食品、新材料、文化・観光、航空宇宙	新エネルギー車、バイオ医薬、航空装備、工業設計、新材料、機電装備製造	正邦科技、誠志股份、仁和薬業、洪都航空

出所：中国不動産大手恒大グループ傘下研究院レポート「中国都市群発展潜在力ランキング2019」（2019年7月23日）、中央政府公表「国家新型都市計画2014-2020」（2014年3月16日）、国務院・地方政府都市群各政策より、デロイト トーマツ コンサルティング作成

パターンを見分けることが重要になってくる。時折、聞いたことのない都市を目にするが、都市群という概念で見ていくと、なぜ重要性を増しているのかが理解できてくる。

例えば、2020年の五中全会の意見書で取り上げられた安徽省の合肥市。これは長江デルタの活性化を目指したイノベーション衛星都市という位置づけで見る必要がある。深圳市は世界的に知られるイノベーション都市だが、中国では合肥市も重要である。イノベーション主要拠点では、南の深圳、東の合肥、西の重慶、北の北京（雄安）というのが定説となっている。合肥市には、中国で2番目に大きい研究機構「合肥総合性国家科学センター」と中国大学TOP5に入る中国科学技術大学が設立されており、中国トップの学者と学生が殺到する。合肥では新エネ自動車（NIO）、音声認識（科大訊飛）、精密センサー（国儀量子）、半導体（力晶半導体）などのハイテク産業がクラスターを形成しており上海経済圏をイノベーションから支えるのが合肥市の役割となっているわけだ。

ASEANのインドネシアにおいてもジャカルタ郊外の名前はなかなかピンとこないかもしれないが、南ジャカルタのポンドック・インダーやクマンは高級住宅地として、ジャカルタ西部のタンゲランはイノベーションエリアとして注目が集まっている。このように都市群の拡大や他都市との連携で省市自身が生き残りを模索できたかどうかが、チャイナ－アセアンにおける生き残りのポイントだ。

残念ではあるが、このような示唆に対して、日本は対応ができていないようだ。日本では1000万人を超える都市群は東京経済圏と近畿経済圏だけである。100万都市でもわずか10だけ。

2030年でもこの数は増加しない。したがって、都市群経済のインパクトを感じにくいのかもしれない。中国やASEANから撤退という話も出るが、中国では北京や上海がある東北部や華東、ASEANではタイのバンコクを中心とする拠点配置であることから、目線が硬直化し、変化する情勢を捉えられていない可能性がある。

2 南と西に重心を移す中国の経済センター

チャイナ－アセアン経済圏は都市群が牽引する経済だが、中国における都市群の連携・競争の仕方が変化している。従来の都市から都市群へ、都市群も東北や東部から南部や西部へというトレンドの変化だ。

日本企業は、北京・天津・遼寧省（大連など）を中心とする北部か、上海を中心とする華東地域に集中しているが、このままだと、ピントがずれる可能性が高い（**図表25** 98ページ、**図表26** 100ページ）。

中国政府は公式に、政策上で都市群の重要性に言及している。2006年の第十一次五カ年計画で「都市群」の概念を提唱し、2010年の「全国主体機能区計画」から明確に19都市群を含む「重点開発計画」を制定している。2014年には、国家新型都市化計画（2014－2020年）を公開した。ここでは東部地域都市群の質の向上、中西部地域都市群の育成を通じて、都市群の一体化発展を促進させていくことが明らかにされている。さらに、2016年の第十三次五カ年計画で

【図表25】日本企業の中国への進出先マップ

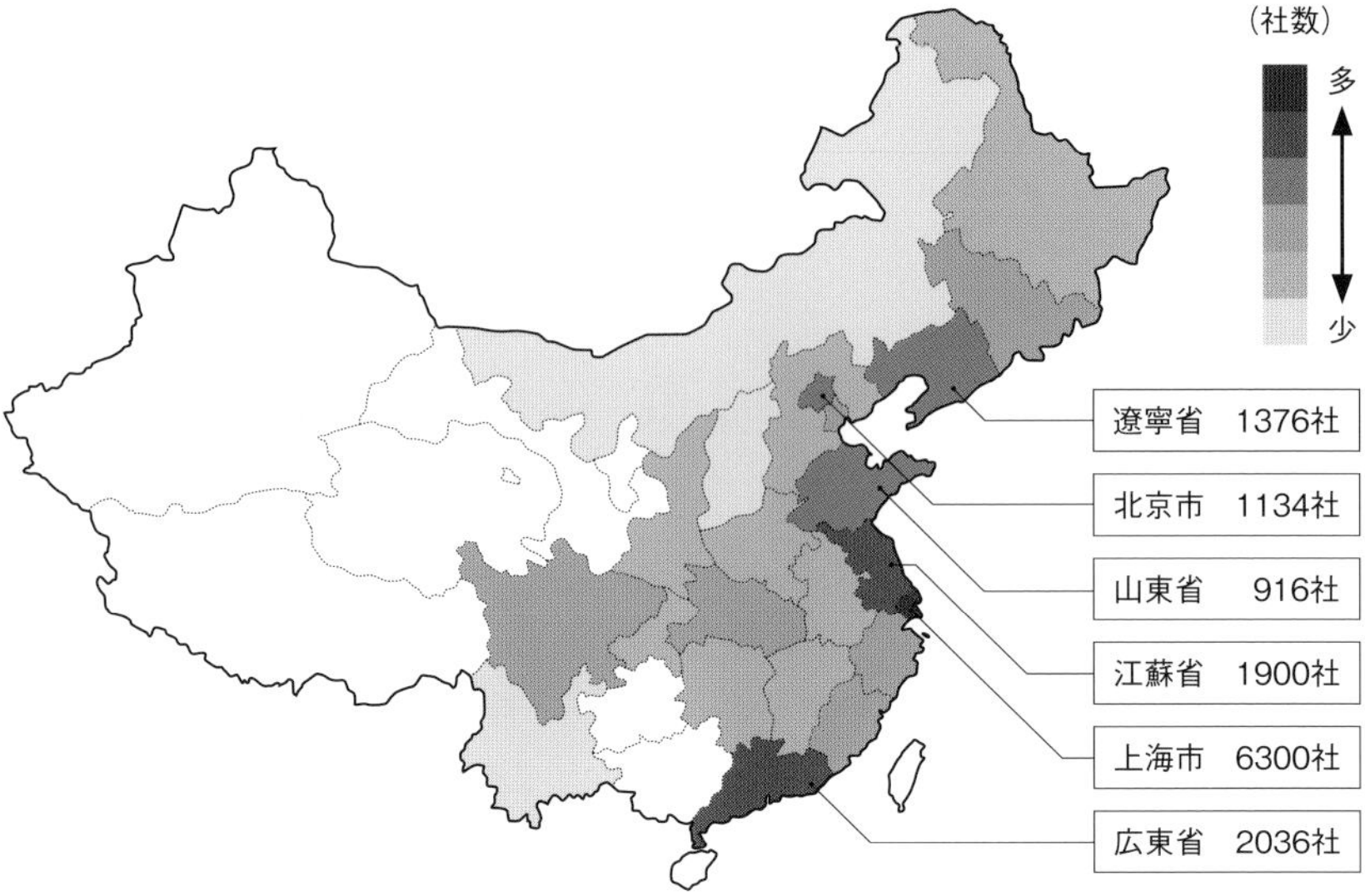

2020年中国国内地域・行政省別
日系企業進出社数（13646社）

地域・省	社数	構成比
東部	約8500社	62%
上海市	6300	46%
江蘇省	1900	14%
北部	約3300社	31%
遼寧省	1376	10%
北京市	1134	8%
山東省	916	7%
天津市	616	5%
南部	約2100社	15%
広東省	2036	15%
西部・内陸	約600社	4%
湖北省	242	2%

注：複数地域に進出する企業がある。香港・マカオを除いて統計する
出所：データは帝国データバンク、中国政府公表資料よりデロイト トーマツ コンサルティング作成

は19都市群の発展目標が明確に策定された。2020年では双循環政策が発表された。また、五中全会で「『第十四次五カ年計画』と『2035年の計画』に対する意見書」が発表されたが、中心となるのは都市であった。中でも従来の3つの都市群に加え、成都・重慶の都市群や合肥のようなイノベーション都市の育成を掲げている。この中で南部や西部へのシフトは鮮明である。

実際、2016年以降（2018年からは加速）、北京でも都市機能の絞り込みを宣言しており、金融、貿易都市としての発展は見直されている。政治都市、文化都市、イノベーション都市（清華大学や北京大学を軸としたエコシステムであり、新規イノベーションハブである雄安新区がその代表例のエリア）に舵を切っている。

北京の機能が絞り込まれる中で、2018年以降は、主に長江デルタ、珠江デルタ、成渝（せいゆ＝成都・重慶）の三極での牽引が明確だ。これらの都市が近接する都市を飲み込む形で拡大をしている。例えば、深圳市が汕尾市及び恵州市・東莞市の一部を、杭州市が蕭山市を飲み込む形でギガ都市が成長していく形を取っている。これら大規模な4都市を中核として、合計19の都市群を選抜する計画が2006年から始まっている。これが中国の都市群経済の現状である。

さて、本章（1）で見た都市群の分析である。北京・天津を中心とする経済圏は（A）型、上海を中心とする長江デルタは（B）型であり、双方ともに①産業構造転換の過渡期にあるか、②周辺経済圏とのクラスター構築に苦慮している。特に北京・天津エリアでは北京への一極集中化と肥大化が起きている。それが結果として天津の相対的地位低下を招き、大都市圏自体の競争力を低下させている。長江デルタも上海を中心とした巨大経済圏であるが、周辺衛星都市の特徴が似通ってお

【図表26】中国19都市群の分布と日系企業の主な進出地域の比較

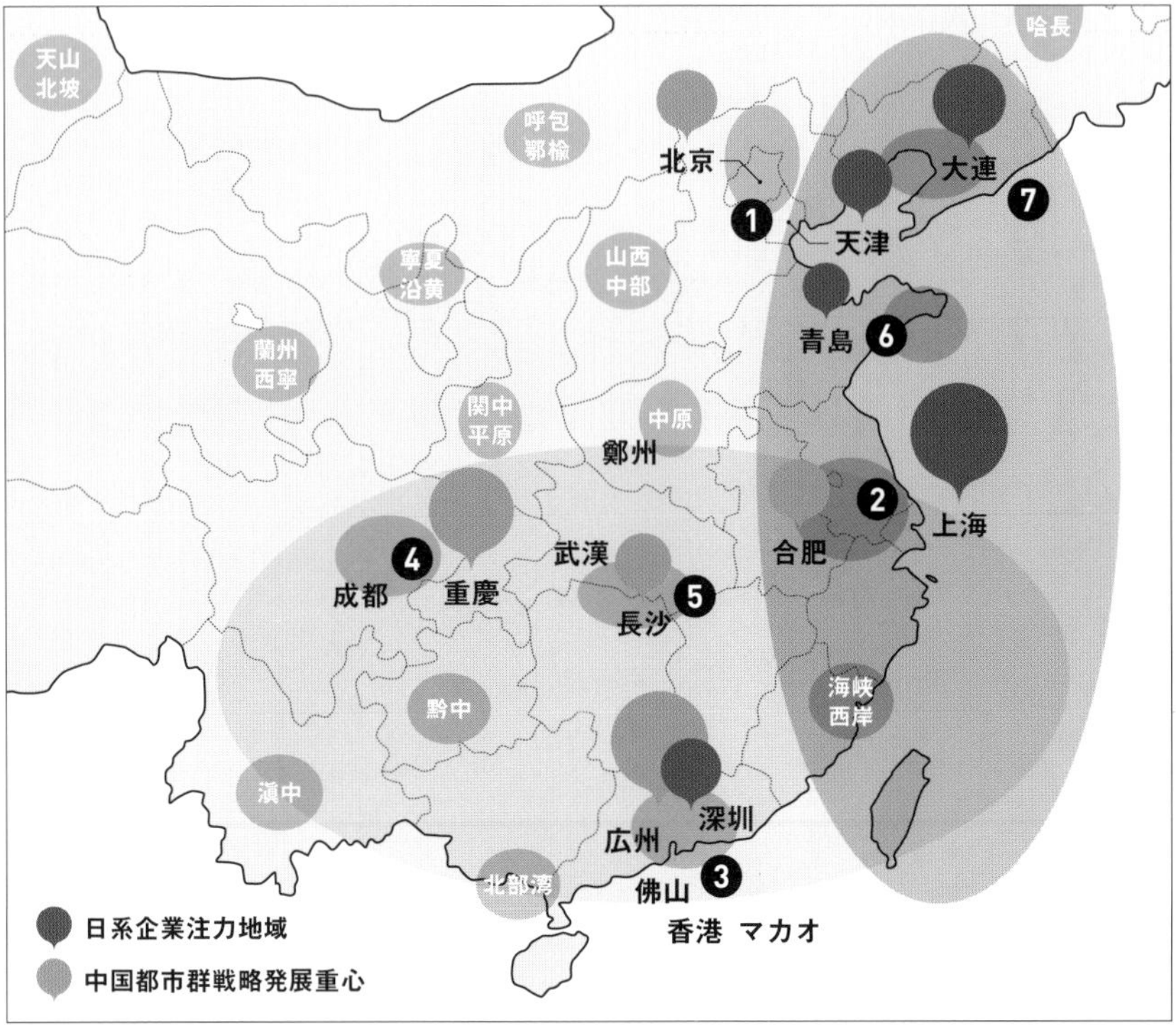

No.	都市群	主要都市
❶	京津冀	北京、天津
❷	長江デルタ	上海、蘇州、南京、杭州、寧波、合肥
❸	粤港澳大湾区	深圳、広州、佛山、東莞、恵州、香港、マカオ
❹	成渝	成都、重慶
❺	長江中流	武漢、長沙
❻	山東半島	青島、済南
❼	遼中南	大連、瀋陽

出所：帝国データバンク、中国政府公表資料のデータを基にデロイト トーマツ コンサルティング作成

り、相互補完や競争が起きず、行き詰まりを見せている。

図表25（98ページ）の通り日本企業は中国に1万3600社進出しているが、図表26（右ページ）で示すように、このB型長江デルタに8500社が集積している（進出企業数の65％以上）。[1] 北京を中心とする華北を合わせると80％が2地域に集中している状況だ。珠江デルタは2000社（全体の15％）、西部に至っては、わずか600社であり、全体の4％に過ぎない。中国で起きている変化の見極めができるかが課題である。もっとも、進出企業の4％しか西部に拠点を置いていないのに、変化を見極めるというのは無理な話かもしれない。アンテナの場所が違うとも言える。

他方で、（C）型とされる珠江デルタや成渝地域は①産業構造転換も、②周辺都市連携も、③外国とのハブ機能も急速に高まっているが、こちらも日本の拠点が少なく、アンテナが張れていない状況にある。

日系企業はここ5年で中国からの撤退が続く。大きな理由はコスト増だという。同時に、進出先の拠点がほとんど変わっていないのだ。中国において経済シフトが進んでいる華東から華南へ、西部地域へというトレンドが捉えられていない。中国か否かではなく、そもそも省市レベルでの展開余地を考えることが重要だ。これには都市群という概念を取り入れる必要がある。

エリアごとのシフトの特徴をもう少し詳しく見てみよう。

変化のカナメとして4つの都市群を見ていく必要がある。北部（華北：北京－天津－河北）、東部（華東：上海－江蘇－浙江・安徽）、南部（華南：広東－香港－マカオ）、西部（内陸：四川－重慶）である。この20年間に重点と機能も移り変わっており、それぞれの都市群の変遷特徴と役割が違う。双循環の観点を体現し、注目すべき場所は、南部と西部である。

地域的動向：2000年以前は、北部地域は伝統的な製造業と重工業が集中していた。南部は中小の民営企業が多数であった。国外からの資金調達能力も難しかったため、北部経済が強かった。ただし、北部は計画経済のモデルのため、過剰生産の傾向が徐々に現れ始めていた。

2000年に中国がWTO（世界貿易機関）に加盟した後は、外資の導入が増加した。2000年から2009年にかけて、外資の大半は東南沿岸部を進出場所として選定した。北部・内陸部の国有企業は過剰生産に陥り労働力も余剰となった。この余剰資源は東南沿岸部に移り、外資系が進める輸入加工製造業のリソースとなり、一大経済圏を形成した。これが「北守南進」「東南崛起《とうなんくっき》」と呼ばれる現象だ。

2010年から2014年にかけて、東南沿岸部の高成長は続いた。北部では、依然として生産性が改善せず、北京一極集中が強まり、「北低南高」が顕著になり始めていた。内陸部も沿岸部に学び、「西部発力」の段階に入った。

2015年から2019年には、南部は北部に対する優位性を維持し続けた。他方、東部沿岸部に資源が過度に集中し、競争環境が激化、生活の質が低下し始めた。西部内陸は産業革新とインフラ整備を進め、沿岸部よりも魅力的な生活環境と文化的ソフトパワーを形成した。結果、国の資源が内陸に移動し始め、「北弱南強」「西部崛起」の状況を形成するようになった。

このような地理的な経済圏のシフトは人口シフトとも重なっている。この20年を見るとその傾向

【図表27】中国都市群の発展の歴史と産業構造

<table>
<tr><th></th><th>2000-2009年</th><th>2010-2014年</th><th>2015-2019年</th><th>2020年
（COVID-19）</th></tr>
<tr><td>地理的動向</td><td>北守南※進
東南崛起</td><td>北低南※高
西部発力</td><td>北弱南※強
東部減速
西部崛起</td><td>南※北差異維持
一時的にシャッフル
西部喚起</td></tr>
<tr><td rowspan="8">都市群・ハブ</td><td colspan="4">北部:北京・天津→都市群建設→北京サイフォン効果→都市群崩れ→シナジー弱化→内需・イノベーションの役割のみ残し、産業と技術の融合がない、対外貿易機能弱化</td></tr>
<tr><td>線型連携</td><td>バランス崩れ</td><td>実質上一極・メガ北京</td><td>産業技術の連携が途絶え
内需機能のみ</td></tr>
<tr><td colspan="4">東部:上海一極→浙江、江蘇に放射状で影響→均質化で成長減速→延長線上の内陸の力を借りる外需ポジションを維持</td></tr>
<tr><td>放射状型連携</td><td>均質競争・
不当な資源割当</td><td>放射状型延長・
内陸と接続</td><td>産業改革が行き詰まり
内需メイン・外需鈍化</td></tr>
<tr><td colspan="4">南部:広州・深圳・東莞など→網状展開、産業補完→網状拡張で香港・マカオを巻き込み、多極形成→対外窓口、対内イノベーションの役割を明確</td></tr>
<tr><td>ネットワーク型連携</td><td>協働補完・
産業技術融合</td><td>ネットワーク型拡張</td><td>産業技術が連携
外需メイン・内需強化</td></tr>
<tr><td colspan="4">西部:他地域の成功モデルに学ぶ→ネットワーク型かつ補完モデルを選定・実行→プレゼンス向上による武漢・西安を巻き込む、網状で拡張し、多極が形成、華東の外需をサポート、EUとASEANの中継ハブ機能を発揮、産業輸出を強化</td></tr>
<tr><td>成功地域に学ぶ</td><td>線型からネットワーク型</td><td>ネットワーク型拡張</td><td>産業を大幅に改革
内需強化・外需機能追加</td></tr>
<tr><td>産業構造変遷</td><td>外資導入
OEM製造
対外貿易

3つのパターンが順調に初期産業を展開</td><td>イノベーション注力、高付加価値化、産業チェーン構築、テクノロジー台頭

単線:産業連携バランス崩れ
放射状:周辺均質拡散、単一産業チェーン
網:合理的棲み分け、多様化産業チェーン</td><td>ネット化・スマート化ハイテク製造主導、先端技術の台頭

単線:産業補完性が低く、ハイテク系産業が発展し難い
放射状:行き詰まり、構造改革困難
網:産業連携緊密、改革順調</td><td>テクノロジー検証
バイオ、宇宙、5Gなど先端技術の応用</td></tr>
</table>

※広い意味で南を示す（この南は通常概念の南部と東部を表している）
出所：中国不動産大手恒大グループ傘下研究院レポート

が分かる。北京や上海では、人口政策の影響もあるが、流出超だ。東北3省と呼ばれる地域では20年間人口流出が続く。他方で広東省を中心とする珠江三角エリアでは毎年数百万人規模の人口流入が続く。この地域においては、「老いる中国」という視点は当てはまらない。世界的なスタートアップやデジタル企業が生まれる深圳もこの経済圏だ。そのベースには、国内の人口移動によって形成された、若く活力溢れる人口動態がある。

今や中国の有力大学を卒業したエリートは南や西に向かうという。これには中国の複雑な戸籍制度も影響している。地元で生まれるか、清華大学、北京大学、上海交通大学、復旦大学、浙江大学といった有力大学を卒業し就業しない限り、大都市に居住するのが難しいわけだが、南の新興地域では「未来の仕事はある」「高収入である」「居住権もある」「環境問題も比較的マシ」となれば、若く有能な人材が殺到するのも理解できる。

医・職・住といった生活の質を求めて人材が殺到する現象は、シンガポールにおいても起きている。高度人材の要件はどんどんハードルが上がり、今や単に大学の学部を卒業したくらいでは外国人が就労することは極めて難しくなってきている。望ましいのは世界の大学ランキングでトップ100位以内、しかも修士号保持者以上のレベルで、そうでないと就労ビザが下りにくいという声もある。シンガポール人材開発省（MOM）のサイトには、シンガポールの労働許可取得に必要な学歴基準は「優れた大学の学位」と表記されている（具体的な大学名は挙げられていない）。年齢に応じて給与の額が設定されており、学歴が高く、年齢の低い人材ほど、労働許可を取得しやすいようだ。世界では高度人材の奪い合いが進んでいるのだ。日本でも高度人材の受け入れをめぐっては、選別の議論が進んだが、高学歴人材の世界の都市での争奪戦は過熱する一方である。

都市間連携・ハブ機能構築：北部地域：北部・東北部として知られる北京を中心とする都市経済圏。かつては天津も一大経済圏であったが近年は低迷している。２０００年時点で既に都市間インフラが整備され、初期の都市群モデルはこの地域から始まった。２０１０年以降になると、北京の一極集中が進み、天津の人材と資金は北京に吸い込まれることとなった。結果、二極型都市群の在り方は崩れた。期待されていた産業シナジー効果は発揮されず、むしろ天津の停滞を招くだけだった。国際港として知られた天津港の優位性は失われた。結果として、北京も対外貿易上の優位性を失い、現時点はイノベーションと内需牽引役に注力するようになった。

このエリアでは、国有企業がモノづくりと重工業などを独占したため、民間企業はR＆D（研究と開発）に注力するしかなかった。これを背景に、計画経済に基づく国有企業系の産業構成と民営主導の技術イノベーションの間にギャップが生じ、連携が進まなかった。現在、技術イノベーションの成果は他地域のモノづくりの力と結びつける形となっている。

企業レベルで見ても、他都市との連携が進んでいることが分かる。北京に本拠を置くバイドゥ(Baidu、百度)は、子会社であるアポロ（Apollo）の内陸本部を成都に設立し、自動運転などで産学連携を進めている。製造という観点でも、重慶にある長安汽車などの大手メーカーと量産の戦略提携を進めている。内陸部企業との協働が起き、北京のイノベーション成果が現地産業に還元されなくなっているのだ。

都市経済圏の作り方によって、周辺経済圏との連携の仕方とか外国との関係性も変わってきたと想定される。単線型の北京・天津エリアでは北京一極集中が進み、結果優位性を失うこととなっている。新たな技術を中国が先導、という報道は耳にするが、国内の実態では全てがうまくいっているわけではない。先端都市で研究が進んでもモノづくりは別の都市群に流れてしまう、という状況が起きている。

また、天津経済圏の低迷により、企業も去っていった。2016年時点では、中国国有海運大手トップ4である中国海運、中国遠洋、中国外運、中国船舶招商局は、本部機能を従来の北部から全て移管。拠点は上海、広州、香港に移っている。海運大手の撤退により、船、人員、港サービス、外国との連携が失われ、長江より北の沿岸地域にはティア1（Tier1）に分類される海運大手はいなくなってしまった。

東部地域：長江デルタで知られる上海を中心とした都市群経済圏。2000年代から、上海を中心とした放射線状での都市群が形成され、雁行型発展モデルが進んだ。浙江省の寧波・杭州、江蘇省の蘇州・無錫・常州が代表的な周辺都市であり、発展してきた。周辺都市は、上海との関係において発展をしたが、上海を先頭とする雁行型の発展モデルであり、都市間のネットワークが構築されることがなかった。周辺都市には、重複・相似した産業構造が構築されたため、均質競争となった。産業シナジー効果が十分に形成されることもなく、東部経済の先行きは、行き詰まり感がある。2010年以降は、「西部内陸崛起」と「長江通貫」の成果により、息を吹き返したこともあったが、根本的な生産性向上には至っていない。例えば、無錫、常州、嘉興（ジャーシン）は上海経済圏の衛星都市から脱却できず、いまだ経済的な低迷を続けている。他方、南京や杭州、合肥はイノベーション都市として発展、上海経済圏とは異なるスペシャリティを身につけ発展を遂げている。現在、長江デルタ都市群は、成長鈍化を乗り越えるために、長江デルタ一体化マスタープランが公表されており、各ハブ都市間の協働に注力している。

「天下第一村」の凋落：ミクロなレベルでは東部地域の衰退例を紹介したい。無錫の華西村である。ここはかつて中国の「天下第一村」と呼ばれた。上海が持つ、海外連携活発力と国内消費向上の恩恵を受け、2004年には繊維産業と金属製錬業を専業にし、全国トップレベルの富裕地域として知られた。当時村の人口は3万人であったが、1人当たりGDPは既に2万ドルを超え、1世帯平均貯金は1000万元（1・6億円）、最低でも600万元（1億円）[2]とされた。

長江デルタにある数多くの都市は華西村に学んで、繊維などのビジネスに参入した。結果として、過当競争が起き、華西村の成長モデルはあっけなく崩壊した。現在は、村全体が大きな債務を負う借金村となってしまった。多くの衛星都市も成長が鈍化しており、この地域では、産業構造の改革が急務となっている。

この放射状型都市群においては、都市ビジネスの考え方を根本から考え直さないと焼き畑農業のようになってしまう。外資系企業も都市の選定やタイミングを間違えば、衰退に巻き込まれてしまうことになる。

他方で、外資企業のうち東南アジアの華僑財閥は、都市の焼き畑モデルをうまく回避し、成長を続けているケースもある。中国の都市間の連携を見極め、都市群をユニットとして分析している。「点」の戦略ではなく、「面」の戦略で分析している。例えばインドネシアのシナルマス・グループ(Sinar Mas Group)やサリム・グループ(Salim Group)は過当競争の上海を避け、寧波での事業展開を進めた。上海の金融上の影響力も使いつつ、競争を回避し、寧波現地の優遇政策を存分に享受している。このような都市選定の目利き、差異化は日本にとっても学ぶべき視点といってもよいのではないだろうか。

南部地域：華南ないしは珠江デルタで知られる広州と深圳をはじめとする都市群経済圏。都市間連携が網状で展開されている都市群である。東莞、佛山、恵州などの9都市をそれぞれネットワーク強化し、緊密性が発揮されている。南部では、各都市それぞれの棲み分けが明確であり、都市間のインフラ建設も進む。産業同士の補完性を重視しながら、一斉に産業変革を行っている。今では、一般製造業から、高付加価値品製造、スマート産業構造に順調にシフトしている。異なる産業が棲み分け、都市間でもインフラネットワークを構築している。人員や技術のリソースも外部から積極的に吸収し、高付加価値品製造やイノベーションを生み出している。

2010年以降は、既存都市群で足りない部分を分析し、多極化を進める方針が取られている。湾区二極である香港とマカオを織り込んで、多極のGBA(Greater Bay Area)を形成する考えだ。従来の対外貿易ハブ機能をうまく承継できており、2020年の双循環の政策にも反応し、内需牽引役を担うことが期待されている。

ミクロで見れば、広東省の産学連携は最も進んでいるとされる。上場する情報通信・半導体関連企業数が2019年で123社にも上る。最高学府が集中する、首都北京エリアでは94社、経済の中心である長江デルタでもわずか74社である。高付加価値産業の中心地は南部に移っている。この地域では、頻繁に国際展示会等が開かれ、最新の技術が披露される。しかし、日本企業が出展ないし訪問するケースは少ないようだ。新たな変化を学ぶという意味では、この地域にもアンテナを張り、成長の機会を模索することも大切ではないだろうか。

西部地域：成都と重慶二極を代表とする成渝都市群経済圏。内陸は東南沿岸部と政治中心の北部より発展が遅かった。2000年の西部大開発戦略により、成長し始めたばかりだ。北部・東部・南部における都市間連携モデルの成功・失敗を参考にし、2010年前後から重慶・成都の二極方針による単線型の発展ではなく、南部地域の網状の都市群を目指した。西部地域では、西部大開発のイメージも残るが、インフラ建設だけでなく、産業構造改革も急速に展開している。いわゆるBAT（バイドゥ、アリババ、テンセント）やオッポ（OPPO）、ヴィーヴォ（Vivo）、シャオミ（Xiaomi、小米科技）といった電子デバイス業、自動車の長安汽車、バイオ医薬の智飛生物、科倫薬業等が開発拠点を置く。国内の他地域からの巨大企業が参入するだけでなく、西部地域でも、年間約1000億ドルの貨物輸送をマッチングし世界最大物流プラットフォームを自認するトラック配車アプリの満幇（貴州）や、50万人以上の認定医と2万人以上の契約医を抱えるドクタープラットフォーム・オンライン医療サービスを運営する医聯（成都）等のユニコーン企業が誕生する。[3]

近郊の周辺都市に加え、武漢、西安なども巻き込み、内陸での網状ネットワークを形成している。「一帯一路」政策の流れを踏まえ、国外都市間との連携も目指している。今や、重慶は、中国とEUとASEANをつなぐ一大拠点にもなっている。欧州との間では「中欧班列」（欧州と中国西部地域をつなぐ鉄道輸送。中国の重慶市とドイツのデュースブルクを結ぶもの）、メコン地域との間では「東盟越境高速道路」を続々完成させている。成都は、内陸最大のコンテナ集積センターを、重慶は東盟物流工業団地をそれぞれ建設し、EUとASEAN間の重要な中継ハブ機能となっている。産業輸出力を強化するとともに、国全体の双循環政策に沿うモデルを意識している。

重慶ではかつて長江が大きな障害であった。ネットワーク型の都市群を建設するために、重慶域内だけで32個もの長江大橋が建設された。これにより、長江南北の連携が進むようになった。重慶は、産業構造改革にも注力している。従来の重慶では国有の重工業が主力であったが、成都のIT産業優位性と強力な消費能力を結びつけている。自動車産業のみならず、パソコン・携帯製造、バイオ医薬、先端マテリアル、5G関連等のハイテク系への産業構造転換を進め、周辺都市を巻き込んで、急速な成長を遂げている。2007年時には、全く存在していなかった情報通信産業は今やこの地域の主要産業となった。世界中のノートパソコンの3分の1、中国製携帯の10分の1は成渝地域で生産されている。

この地域の進化を嗅ぎ取ったのは、都市国家シンガポールである。成渝地域のインフラ問題（横断大橋と三峡ダム完成）が解決できたのは2010年前後だが、シンガポールの都市輸出モデルが

重慶ラッフルズシティ。シンガポール資本やデベロッパーが開発を手掛けた。
Stanley Chen Xi, landscape and architecture photographer / Getty Images

動き始めた時点は2008年である。シンガポールの訪問団が現地視察を行い、重慶政府にアプローチしている。重慶の水路交差点といわれる「朝天門」地域では、ランドマークプロジェクトである重慶ラッフルズシティを建設する事も早急に決めていた（重慶の経済状況が芳しくない2000年代後半）。将来の交通インフラの活発化を読み取り、重慶ラッフルズシティに水路、地下鉄交通ハブ機能を足すだけでなく、先進的なヘルスケアシステム（ラッフルズホスピタル重慶）、観光施設などを呼び込み、付加価値をつけている。重慶ラッフルズシティだけではなく、「中国（重慶）―シンガポールコネクティビティ」などの締結もシンガポールが取った賢明な判断だとされている。（5章で詳細を解説）。

日本がシンガポールの動きから学べることは、苦境に陥ったときのためににパイプを作っておくことである。また、参入にあたっては最高のものを入れることだ。いつかはキャッチアップされるかもしれないが、付加価値をつけていくという点に焦点を絞ることが大事なのだ。土木などは現地に任せ、ソフト等で勝負し差別化することも重要だ。さらにコネクティビティとあるように、重慶だけでなく（欧州等）その先も見据えた手を打っておくことも重要である。

コロナ禍でも傾向は同じ。中国の地域経済は「北低南高」、「中西部の安定」

都市群のかたまりで中国を読む発想はコロナでの中国戦略の見極めにも影響している。コロナ禍においても、中国が即座に回復したと見るのは早計だ。

省市で見ればかなりのばらつきがあった。超大都市は人口の往来の減少の影響も大きかった。都市封鎖されたのだから当然だ。しかし丹念に見ていくと都市ごとの傾向はバラバラだった。例えば2020年4～6月の地域経済を見ると、下記の2点が目立った。

①全国的に改善に向かったが、東北、華北の伸びが相対的に低かった

東北、華北の改善の遅れは、成長率が元から低かったことに加えて、2020年5、6月に新型コロナの集団感染が発生し、経済活動の再開が他地域よりも遅れたことが指摘できる。しかし、この地域はコロナ禍前から経済活動が停滞していた。2000年以降の20年間でも衰退を続けていた地域である。

②地域の中心となっている北京、上海、広東の伸びが相対的に低かった

地域の中心となっている北京、上海、広東の遅れについては、これらは人口の往来の激しい地域であり、往来の減少が主力の第三次産業比率の成長を抑えたこと、北京と上海は特に第三次産業比率が高く、影響が大きく出たこと、広東は北京や上海と比べると第三次産業比率は低いが、繊維・雑貨など労働集約型の輸出製造業が占める比率が高いことが響いたとみられる。

他方、中西部、特に西部の経済輸出度は比較的低く、2020年1～3月期の外国貿易輸出の阻害は地域経済への影響が少ない。これらの地域の移民人口は比較的少なく、企業は主に地元または近隣の従業員を雇用しており、仕事と生産を再開するプロセスは沿岸地域よりも速かった。

都市群ベースで物事を見ていれば、経済再開の見極めの精度も上がったはずだ。コロナに限らず、今後外部の環境の変化が予想をしない形でやってくるだろうが、都市群という単位で見ることで、機動的に動ける可能性が高い。

3 ASEANのギガ・メガ都市が日本を凌駕する

ASEANでもメガ都市がギガ都市となり、これらがASEAN地域経済を結ぶ柱になっている。その過程で経済体力が若返り、成長するという正循環が働いている。

ASEANで起きている現象も都市群の人口シフトだ。都市の郊外への延伸も含め、巨大化している。新都心開発・衛星都市が加わって巨大化しているのが実情だ。しかもマクロで見る以上に人口ピラミッドが若い。農村を去って都市に向かうのは若者であり、このエネルギーが経済の活性化をさらに呼び込んでいる。巨大都市では、繁栄する地域が変化していく。重心がシフトする過程で経済にダイナミクスが生まれ、成長していくのだ。

インドネシアのセントラル ジャカルタ（ジャカルタ市の中心：人口100万人程度）では1人当たりのGDPが5万ドルとなっており、既に大阪市を超えている（ジャカルタ市全体は人口1000万人、1人当たりGDPは1万9000ドル、図表28 左ページ。グレータージャカルタ経済

【図表28】ASEAN主要都市・省・地域GDP/1人当たりGDP

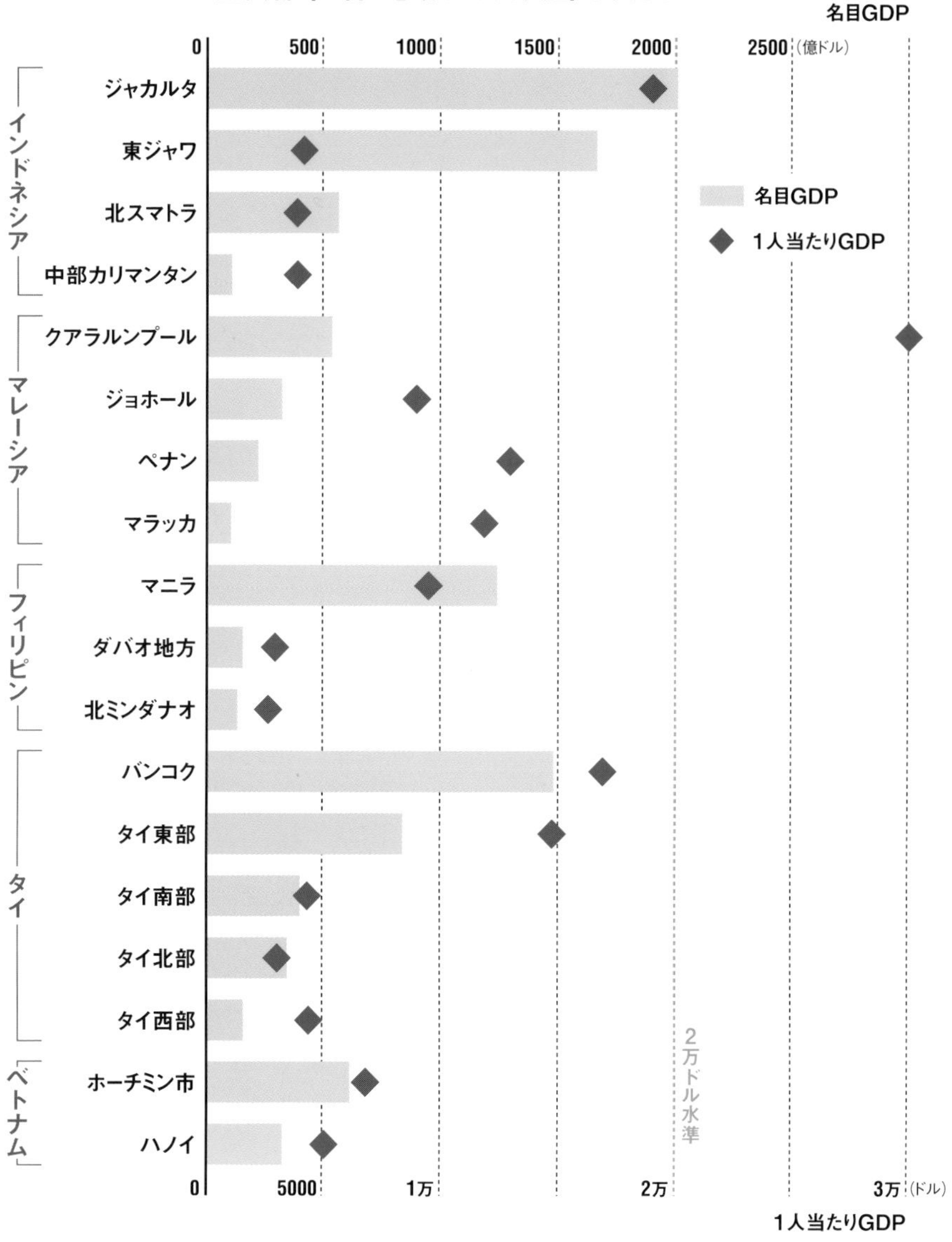

出所：ASEAN統計局のデータを基にデロイト トーマツ コンサルティング作成

圏は人口３４５４万人で１人当たりＧＤＰは８７８０ドルである）[4]。ＡＳＥＡＮの主要都市は右肩上がりで成長してきた（**図表29** 左ページ）。デロイト トーマツ コンサルティングの試算では、２０３０年には12万ドルを超えていく見込みで、シンガポールと並んで10万ドルマーケットが生まれると見られる。なおその時点での東京都の１人当たりＧＤＰは６万ドル弱と推定している。国の平均で見るとまだまだ中進国だが、経済を牽引する都市群は先進国のそれを上回る状況が普通になる。

都市の拡大は中国と同じロジックだ。ベトナムのハノイ市の郊外への機能移転や拡張は、形を変えれば都市の拡大戦略である。ＡＳＥＡＮスマートシティネットワーク（ＡＳＣＮ）[5]等が進められているが、これはＡＳＥＡＮ間の都市間連携を進めるだけではない。コアとなる都市がメガ化、ギガ化する形で進んでいる。周辺地域をいわばＭ＆Ａする形で、規模の経済を追っている。

中国と異なる点は、各国の中では都市の一極集中が進むが、地域で見れば往来が著しくなっていることだ。例えばバンコクは、経済発展のカギが観光・サービスにシフトしているが、これはアジア地域内でのネットワークによるものである。またベトナムのハノイ経済圏も中国の広西チワン族自治区南寧市や雲南省昆明市との連携が進む。シンガポールは都市国家であり、ビジネスモデルそのものを他地域に輸出している。インドネシアのジャカルタ経済圏も、ノウハウを各国から持ち寄り経済群を構成している。

都市間連携を進めるのが、ＡＳＣＮである。ＡＳＣＮでは、都市のレベルで米中日韓豪の政府・企業と連携しながら、スマートシティ事業を推進し、成功事例などを共有する。２０１８年発足のプログラムで、現在20のパートナーシップが立ち上がっており、日本の企業では日立製作所や富士

【図表29】ASEAN5カ国の首都における1人当たりGDPの推移

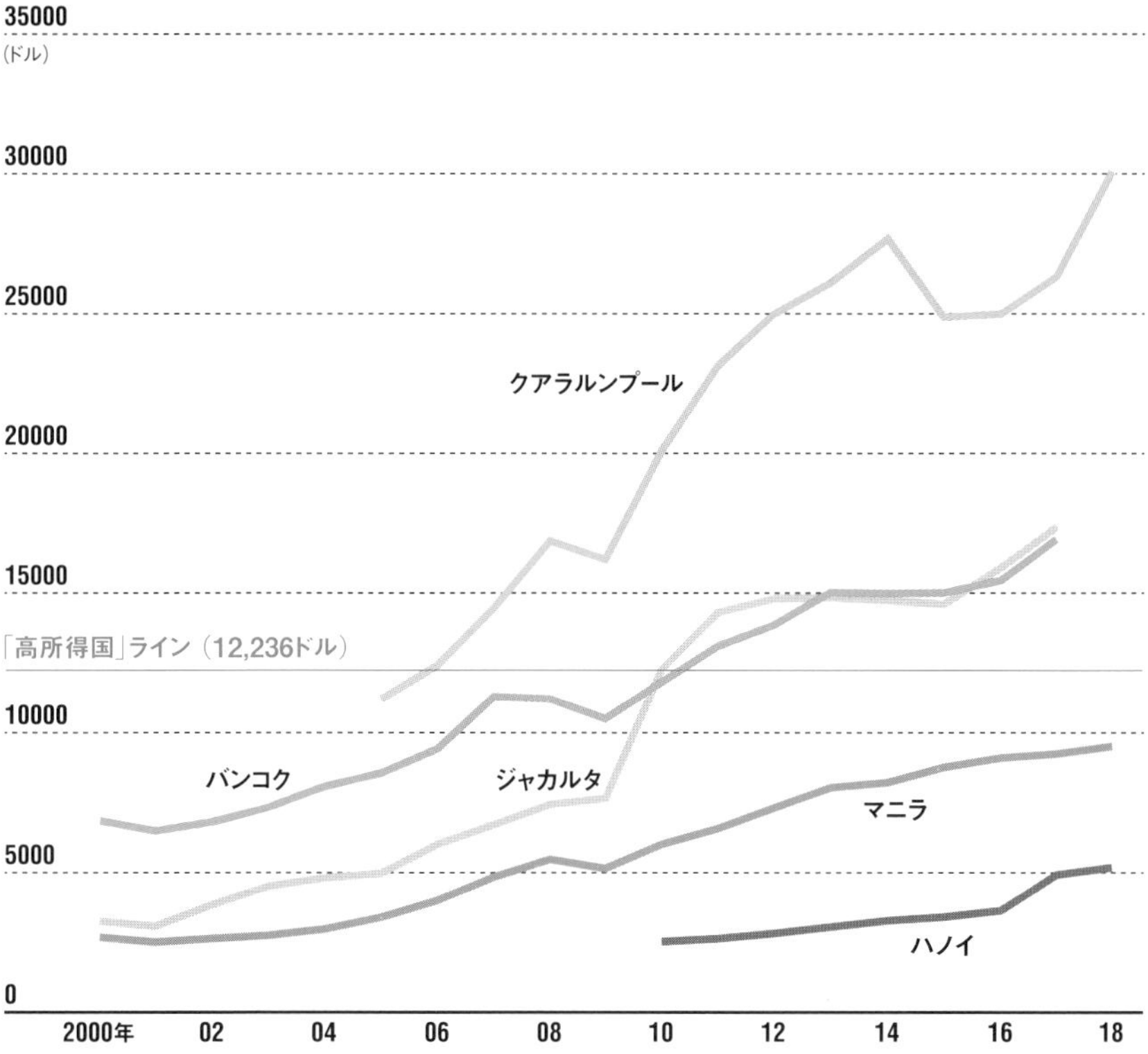

出所：CEICデータを基にデロイト トーマツ コンサルティング作成

通が入っている。これまでの国家レベルによる開発政策とは違い、ASEAN域内の都市が他国と連携してスマート化をしていくというのが肝心な部分だ。

ASEANの都市群を見てみよう。ASEANでは放射線型となるB型が多くを占める。B型の典型がジャカルタやマニラ、バンコクといったギガ都市である。C型がシンガポールやクアラルンプールである。しかしながら、B型も最近、地域間及び中国との関係で、C型にシフトしており、この過程で①産業構造転換、②周辺経済圏との連携、③外国とのハブ化が進んでいる。これを代表するのが地域間越境ECであり、①の高度化も、②と③により実現が加速する。

中国の大都市間には相互補完的な側面があったが、ASEANに誕生する大都市にも、競争だけでなく、補完的役割がある。この中で、中国とASEANの間では、都市間競争に加えて戦略的補完性が生まれている。需要の拡大という側面だけではなく、どのようなタイプの都市と都市が連携しているのか、見極めることが重要となっている。アジアの世紀の見極めは、都市経済圏のつながりを理解することでもある。

4 答えは公開されている

どのようにすれば都市群のシフトを見極められるようになるのか。アプローチとして即効性のある方法は、主に2つあると考えられる。①丹念に政策を見ているかどうか（政策文書の原典にあたる）、②複数の観点から定期的に調べる（情報を一定期間定点観測する・遡る、実態を確かめる・体感する）。

①は前にも触れたが、「投資報告書」などを読み込むことで、政策に関しては日本に居住していても確認することが出来る。中国における、都市のシフトは第十三次五カ年計画（2016年に公布）のカナメに据えられており、第十四次五カ年計画や双循環政策でも重要となってくる概念だ。政策文書の日本語版はないが、日本のシンクタンクが発表するレポートで確認することも可能だ。今は、グーグルやバイドゥ等の翻訳機能の精度も高いので、言語制約は著しく下がったと言えるだろう。意識してチェックをしていけばどのような中身が触れられているのかは理解できる。じっくり読めば15年前から、遅くとも、4年から5年前にはどの地域を主軸としていくのかは明らかになっていた。地域ごとに主要産業や代表企業も分かっており、どこにいけば誰と組むのかも想定しやすい形になっている。法規制についてのアドバイス等も載っている。秘匿主義で何も分からないという状態ではない。多くの情報から、価値ある情報を探り出す技術が求められている。

②の定点観測については、過去のデータに遡る癖をつけることだ。例えばニュースを得たとしよう。その際に必ず過去を振り返って検証することがポイントだ。さもないとキャッチーな情報に右往左往させられることになる。

体感については、展示会等に顔を出す方法も手早いアプローチだ。中国では年間1万回以上の展示会が開催される。なお2019年の国際展示会の開催は日本が219回、ASEANは148回となっている。[6] 全てに参加することは難しいが、どれかを試しにチェックすれば、どのような製品・

【図表30】中国の展覧会実施頻度と総面積

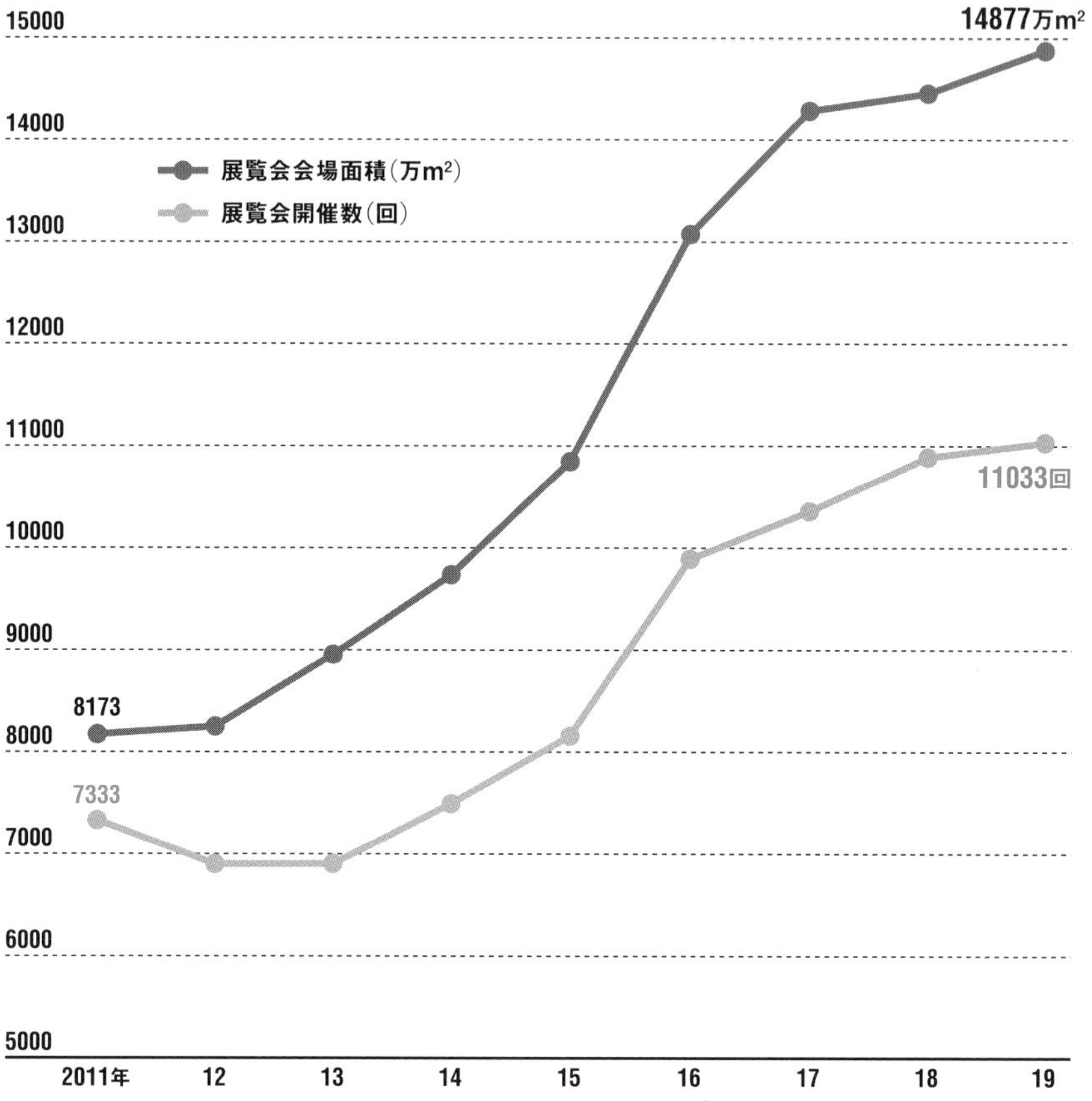

出所：2019年中国展覧会発展報告

サービスが展開されているのか、肌で実感することは十分可能だ。

２０１９年、中国では、経済貿易関連の展示会が１万１０３３回実施された（図表30 右ページ）。特に、10都市で全体の40％近くが開催されている（トップ10地域は、上海、広州、重慶、北京、南京、青島、成都、瀋陽、深圳、昆明であり、主催した展覧会が４３９７回、国全体の40％）。

例えば深圳で毎年開かれる、世界深圳ハイテクフェア。ここには中国企業含め世界から約４０００社が集う。ところが、公式案内で出ている企業は日本からはわずか10社（パナソニック、ソフトバンク、日立、ソニー、ＪＥＴＲＯ等）であった（２０１９年）。しかし、会場で実際には出展が見られなかった企業もあった。毎年50万人が集うが、実際に足を運んだ日本人も極めて少なかった。日本のビジネスパーソンは米国のＣＥＳ（コンシューマー・エレクトロニクス・ショー）等には積極的にツアーを組んで視察に訪れるが、中国のハイテクフェアには驚くほど足を向けない。中国のテックへゲモニーを警戒視しても、実際に目にする機会がどれだけあるのか。今後の生き残りに向けては、現実を知ることも重要ではないか。

ハイテクフェア等の国際展示会に行くと、省・市ごとの展示パネルがあり、各省・市が何に取り組んでいるのか体感できる。言語の壁があろうともとりあえず見てみることで、どの省や市が何に積極的か分かる。ファーウェイやＺＴＥという銘柄の企業も日本でなかなか目にすることがなく分かりづらいが、現状はどう違うのか分かる。例えば、都市モニタリングシステムの違いがどうなっているのか、精度や製品の特徴の差等、企業の傾向も理解できるのだ。

これだけではない。中国最大規模の輸出入向け展示会「第１２８回中国輸出入商品交易会（略称：

広交会)」が2020年10月24日、10日間の日程を終え閉幕した。前回の春季(第127回)に続き、成約額については明らかにされていないが、規模感は過去事例から見ると、2019年の第126回は成約額293億ドル(約3兆円)。そのうち、東盟向けの輸出は39・22%の大幅成長となっていた。チャイナ－アセアンのつながりの深化がよく分かる。

2020年はコロナ禍の影響によって国外から約20万人規模の参加者を受け入れることが難しいため、広交会のウェブサイト内にクロスボーダー電子商取引(越境EC)の特設プラットフォームが設置された。中国製品に興味がある海外のバイヤーがアクセスし、オンラインのライブビデオまたはチャットで商談などを行う仕組みが出来上がった。アクセス回数は5117万回。バイヤーが特設プラットフォームを通じて発行した電子名刺の枚数は18万6800枚だった。2019年は出展企業数が約2万5000社、出展商品数が約212万件だったが、今回はそれぞれ約2万6000社、約247万件に増えた。2020年は、ライブ配信型のインターネット通販「ライブコマース」の手法を導入した出展企業による実演販売が行われた。ライブ配信の回数は延べ28万4800回で、延べ189万3900人が視聴したとされている。

コロナ禍で現地になかなか直接行けないではないか、という声もあるが、むしろ逆だ。オンラインで数多くの展示会や講演会が開催されているのでアクセスがしやすくなっている。

チャイナ－アセアンを見極めるポイントはまず都市という点に目をつけることだ。また都市という点から都市群という面の視点で捉えることが重要だ。都市群同士の連携によって産業発展の仕方を見極めることができる。実際中国はこの都市群の発想を政策にも取り入れているが、ASEAN

を見る際も都市群の発想が重要だ。都市群の見極めは特別なことではない。丹念に政策をみたり、複数の観点から調べ、実態を確かめることも可能なのだ。次章では都市群視点でどのようなビジネス機会が生まれているのかみていきたい。

Chapter 3 >>> Take Away

● China－ASEAN時代では、都市経済という「点」の視点だけでなく、都市群という「面」の視点が重要。

● 北東部の北京や上海経済圏は停滞気味で、南部のグレーターベイエリア（深圳、東莞、佛山、恵州などの9都市）や西部の成渝エリア（重慶、成都の2都市）に成長エンジンがシフト。日本企業の進出拠点とはズレがある。このシフトをとらえ、拠点や現地戦略の見直しができるか、アンテナ力が問われている。

● ASEANも都市群思考が重要で、特に成都・重慶－シンガポールや南寧・昆明－ハノイといった国際的な都市群間連携にビジネスチャンスが存在する。

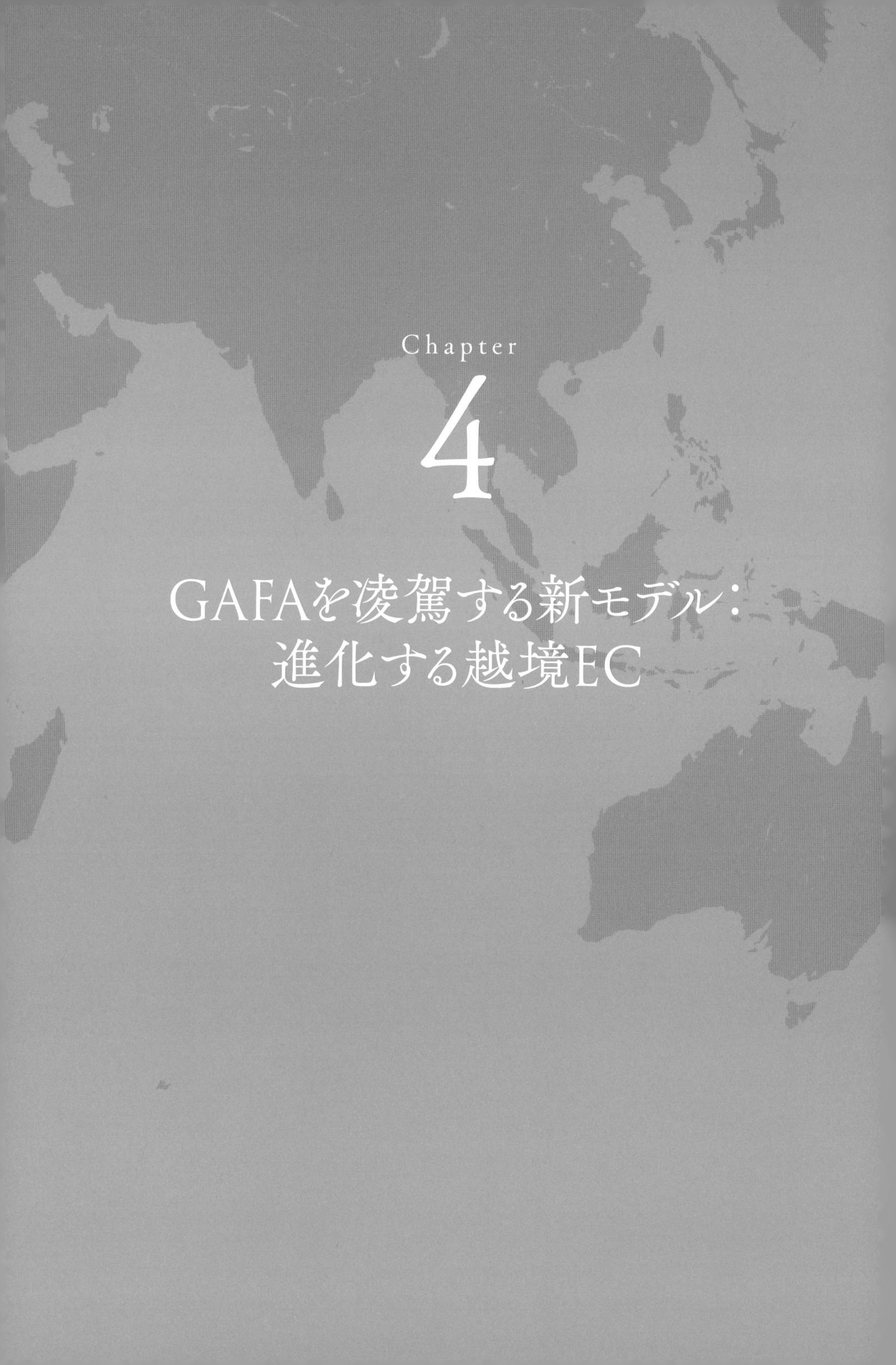

Chapter

4

GAFAを凌駕する新モデル：進化する越境EC

1 最先端を行く越境ライブコマース

China－ASEAN（チャイナ－アセアン）経済圏をさらに細かい事業（ビジネス）レベルで見ると、ボーダレス化が加速していることが分かる。チャイナ－アセアン市場で勝つためには、ここから生まれるビジネスチャンスを獲得しなくてはならない。

ボーダレスは地理的近さにまず起因する。ASEAN主要都市間は2時間以内で移動ができ、ASEAN各国内を移動するより他国の都市を移動した方が（ある層には）効率的となっている。中国から見て、ASEANを2時間経済圏、3時間経済圏として区分すると、チャイナ－アセアン間ではハブ空港が5つ挙げられる。シンガポールのチャンギ国際空港、マレーシアのクアラルンプール空港、インドネシアのジャカルタ スカルノ・ハッタ国際空港、タイのバンコク スワンナプーム空港、ベトナムのホーチミンにあるタンソンニャット空港である。[1] 空路だけでなく、海路、陸路でも連携が進む。かつて長江デルタを経由し、30日以上かかった物流も、高速道路の相次ぐ開設により、陸路で、中国からベトナムのハノイやタイのバンコクまで約96時間以内で商品を配送することも可能だ。

このような結びつきに加え、チャイナ－アセアン経済圏では、日本が学ぶような先端サービスや技術も生まれつつある。その最たる例が越境ECである。

中高所得の中間層（都市生活者）の台頭やデジタル化の進展もあるが、中国の大都市とASEANの大都市の連携も始まっている。越境貿易が盛んなのはこうした背景がある。これを取り込むのが、ECの京東集団（JDドットコム)、アリババ、ラザダ（Lazada)、物流の順豊エクスプレス（SF Express）といった企業や東南アジアの新興財閥である。日本ではインバウンドによる経済上昇があったが、今は越境物流で潤うのがチャイナ－アセアン市場である。日本はこの流れに乗って都市間交流を深めることができるかが今後のチャレンジである。

チャイナ－アセアン都市連携で起きている越境ECは、日本では想像できない形で進む。すなわち日本では一般的には浸透していないライブコマースなどの売り方や、大臣・外交官といった官を巻き込んだビジネス等、今までとは異なる売り方、ビジネス体験を創造しているのだ。

ASEAN地域連携やチャイナ－アセアン連携という国外連携で見たとき、このような観点でアジア戦略を捉えているケースは少ないように見える。実際にこれらの都市群を背景にした経済は、ビジネスにも変化をもたらしている。

チャイナ－アセアン経済圏の誕生が日本企業に意味するのは何か、経済的チャンスと競争環境の観点から考えてみたい。中国の都市の巨大さ、その数については見てきた通りだが、生産基地としてだけでなく消費地としてのASEAN都市も十分なポテンシャルがある。

都市経済圏のパターンを見分け、日本がどの都市圏を選択していくのか、考える必要があると言える。

例えば、EC産業を例にとってみよう。同産業は小売り、物流、金融の総合戦である。ECの発展に伴い、既存産業は変化を迫られた。欧米外資の小売りはアジアからほとんど撤退した。百貨店はおろか、モールやコンビニの在り方さえ問われるようになった。

1994年創業のアマゾン・ドット・コムを筆頭にアリババ、JDドットコム、ラザダ、楽天などは全て2000年前後に誕生したビジネスだ。各社とも誕生後の5年でそれぞれ1000万人以上のユーザーを獲得し、10年以内に全てが上場、各国内市場を制覇している。JDドットコム[2]（現在15兆円経済圏を握る）の創業は1998年。その後、2014年にはナスダック（NASDAQ）に上場する。無人倉庫等の運用を始めたのが2017年。2020年にはコロナの影響もありドローン配送やロボット配送といったステージに入った。アリババも1999年に創業。2005年には登録会員が1000万人を突破し、2014年にニューヨーク証券取引所に上場、2019年には香港証券取引所に上場している。2016年には世界最大の小売業として取り扱い流通総額は50兆円を超えウォルマート（Walmart）、カルフール（Carrefour）、コストコ（Costco）を上回っていた。このスピード感はチャイナ－アセアン市場ならではの現象だ。ほぼ5年おきでの非連続変化が起きた。確かに、米国でも桁違いのスタートアップが誕生、イノベーションが起き、変化のスピードも速いが、チャイナ－アセアンは規模を加味すると破壊力が圧倒的となっている。

両地域においては、資本による連携も急加速している。図表31（左ページ）にあるように、ASEANユニコーンと呼ばれる企業の銘柄には中国系企業の資本が並ぶ。サービス自体は中国とASEANによって分けられているものの、資本関係上ではつながりがあるのだ。

経済連携の実態でも、日本でようやく一般的になってきたECの領域で両地域の連携が進んでいるが、進化の形態は日本ではまだ企業の動きは手探りであり、なかなか見られないものだ。その例が、2020年の越境ECの状況だ。

【図表31】ASEANユニコーン企業

ASEANユニコーン企業への中国企業の出資状況

企業名	業種	企業価値	出資している中国企業
 グラブ（Grab）	モビリティ	120億ドル	・滴滴出行（ディディ） ・平安資本（ピンアンキャピタル） ・中国信達
 ラザダグループ（Lazada Group）	ECサイト	31.5億ドル	・アリババグループ
 ゴジェック（Go-Jek）	モビリティ	40億ドル	・騰訊控股（テンセントHD） ・京東集団（JDドットコム） ・美団点評（メイチュアン）
 トコペディア（Tokopedia）	ECサイト	12億ドル	・アリババグループ
 シー（Sea）	ECサイト、オンラインゲーム	49億ドル	・騰訊控股（テンセントHD） ・凱旋創技（キートーン・ベンチャーズ）
 トラベロカ（Traveloka）	トラベル	20億ドル	・京東集団（JDドットコム）
  レーザー（Razer）	ゲーム	49億ドル	・杭州互動信息科技（Hangzhou Liaison Interactive Information Technology

出所：Crunchbaseデータを基にデロイト トーマツ コンサルティング作成

例えば、タイの商務大臣（副総理を兼務）がライブコマースでドリアンを1万2000個売った。こんなニュースがコロナ禍で流れた。アリババ傘下のティーモール ドットコム（Tmall.com、天猫）主催で、各国が政府公式の店舗である「国家店」を出店したのだ。

越境ECによるライブ配信（3時間）では、中国側の視聴者が900万人に上った。当日3時間のライブで、ドリアンに加え、グリーンココナッツ3万個、タイ米20トンを成約した。最終的には、2020年6月1〜7日までの1週間で、14万個のドリアン、32万個のグリーンココナッツ、390万個のマンゴスチンをアリババのECチャネルを通じて売り切った。嗜好品／高級品とされるドリアンが爆売れするということも消費者市場の高度化を感じさせ、驚きであるが、タイの副総理がマンゴスチンの食べ方を丁寧に観客に教えてあげたことが大ヒットのポイントとされている。「そんな細かいことまで」となるが、ライブコマースでは、説明力が極めて重要だ。

ライブ・インフルエンサー（大きな影響力を持つ個人）になったのはタイの副総理だけではない。ロシア、韓国、アルゼンチン、ニュージーランドなど15カ国の大使もインフルエンサーとして自国の商品をライブで販売した。売上はタイが最多の40%を占め、韓国が2番、マレーシアが3番目。韓国の大使は、流暢な中国語を活かし、観客との掛け合いが注目された。

新型コロナウイルス感染が拡大中の2020年1〜3月期に、中国に販売されたドリアンは、タイのドリアン総輸出の60%以上を占め、前年同期比で成長率は30%であったという。同年5月にも中国とタイは共同で国境を越えた「果物専用列車」を開き、広西チワン族自治区の2つの港を経由して中国へタイの果物を輸送したのだ。これがチャイナ－アセアンで起きている現状だ。

日本でも越境ECが広まってきたが、チャイナ－アセアン間では以前から大規模に展開されていた。しかも、近年は日本ではまだサービスが始まったばかりのライブコマースというやり方に移っている。ASEAN諸国は中国の需要を取り込もうと、大臣まで投入して展開している。日本企業はかつて楽天が市場参入を試みたが撤退を余儀なくされた。日本は通常のECでも敗退し、その進化系であるライブコマースでも土俵に立てていない。チャイナ－アセアンにおいてまさに苦境に立たされている。

ここでポイントとなるのはアリババ傘下の企業がモノを大量に売りさばいたことではない。盛り上がっている市場の取引はまるでライブショーであり、ショーを見ている間に、商品があれよあれよという間に売れていったということだ。かつての築地市場での初売りのようなものをイメージすると分かりやすいかもしれない。初売り自体が見世物となり、物珍しさゆえにライブコマースを訪れていたが、その熱気と面白さに惹かれ、ついでに商品を買っていくというのがこのライブコマースで起きたというわけだ。リアルの世界で、元々買う気もなかったが、ついでにお買い物、という構図と同じである。共感性を重要視しており、DX（デジタルトランスフォーメーション）だけでは代替できない要素で勝負が始まっているのだ。この変化の構造を感じ取ることができるのかが、これからの日本企業の生き残りには必要だ。「これからこうなる」という未来予測ではなく、これが「今起こっている未来」である。

日本でも人気の中国のティックトック（TikTok）はソーシャルメディアの一環であり、「単なる15秒の動画版アプリだろう」という認識がほとんどだ。チャイナ－アセアンで何が起きているのか、その実態を理解するのは難しいかもしれない。2019年7月に発表された「ライブコマースに関する調査」[3]によると、ライブコマースについて「内容も含めてよく知っている」のは4・1％、「聞いたことはある」を含めた認知度は21・9％、知らない、よく分からないは78・1％との回答となっている。アマゾンや楽天といったECではまだまだライブコマースが普及していないから、イメージが湧きにくい。YouTubeのライブ配信でモノを売っていると捉えればよいかもしれない。現実では、新たな経済圏を創出し、コロナ禍を経てマクロ経済にも大きな影響を与えている。日本より先行する新しいサービスがチャイナ－アセアンで展開されている。知らないことを知らないとビジネスの変化を見極められない。せっかく新しいサービスが展開されているのだから、思い切って日本に持ち帰って試してみよう、という発想もあってよいだろう。ティックトックのようなライブコマースでは、「デジタル人材」といった特別な専門性があるわけではない。既にジャカルタやバンコクでは、このようなメディアを使ってビジネスが行われている。日本であっても可能なはずだ。わざわざ東京に出なくても、地方から世界へそのままつながる機会も十分にポテンシャルがあるのだ。

越境ECのような新しい領域に加え、リアルな経済でも両地域の連携が進んでいる。

2019年、チャイナ－アセアン間では、毎週4489便の航空便が飛び交った[4]（コロナ禍では便数は減少）。同タイミングで日本と中国の間が1288便、日－ASEANは874便だった。なお、世界で最も便数の多い国際路線のトップ20はアジアが席捲（15路線）し、15路線のうち日本は

4路線がランクインしている（2018年OAG調査）。日本と中国、日本とASEANに比べ、チャイナ－アセアンでは約2倍の便数が就航していることになる。ちなみにチャイナ－アセアン間の技術者・業務監督者（マネージャークラス）の移動は2018年までで累積約20万人であったが、2018年の1年間だけで10万人と激増した。経済、人、モノ全てにわたってチャイナ－アセアン市場の結びつきは強化されている。これを大きいと見るか、小さいと見るか。

連携を深める中で、ハブ空港もシフトしている。中国であれば中原の鄭州、中西部は成都・重慶・西安、南部は昆明といった具合だ。なお日本から鄭州への直行便はないから、イメージが湧きにくいかもしれない。国際便と言えば、上海や北京、広州あたりの大都市ばかりが思い浮かぶだろうが、実態は網の目のような結びつきが起きている。その中でハブとなる都市も20年の間で様変わりしており、競争環境も変わっている。

従来中国では3大国際窓口・総合系空港（上海、北京、広州）がある。中国経済の重心シフトと内陸発展に合わせて、中国交通運輸部は2016年に「民間航空改革に関する意見」を公表し、内陸8都市（重慶、成都、武漢、鄭州、西安、昆明、瀋陽、ウルムチ）の空港にハブ機能を追加した。その中でも成都は3大国際空港に迫る拡大を見せており、網の目のように張られた空港網で、中国内は約2時間で移動できる形となっている。国際連携、地理的優位性でハブとしても選択されるようになった。

広大な土地を持つアメリカでは、シカゴやダラスといった各都市にハブ空港が点在する。中国の場合、これが鄭州、成都、重慶、武漢、西安、昆明、瀋陽、ウルムチといった8都市になるわけだ。

これに網の目のように張りめぐらされた鉄道網と整備された高速道路が加わっており、ASEAN各国とも鉄道や道路網も連結がされていく見込みである。

例えば、中国とASEAN諸国は、昆明－シンガポール鉄道（SKRL）に注力している。同鉄道は2006年にプロジェクトが開始され、20年（2026年まで）かけて完成する予定だ。加えて、2011年発表の「ASEANコネクティビティ・マスタープラン」と2013年発表の「一帯一路」においても汎アジア鉄道（狭義では、中国とASEAN各国を結ぶ鉄道網と理解される。広義では国際機関がユーラシア大陸を横断し欧州と接続する鉄道網）が計画されている（**図表32** 136、137ページ**の青は狭義のものであり、その他の色は広義**）。5

高速道路計画

鉄道の他に、高速道路事業も急ピッチで進んでいる。その代表例が2006年から着工が始まったアジア高速道路網（Asian Highway Network, AH）である。国際連合主導のアジア陸上交通インフラプロジェクトである本事業は、アジア32カ国を横断する全長14・1万キロの高速道路で構成されている。その他に、2005年には全長170キロ、投資総額37億元の南寧－ベトナム高速道路が、2008年には全長1800キロ、総投資額260億ドルの昆明－バンコク高速道路が開通した。そして、2012年には雲南省の昆明と広西チワン族自治区の南寧を窓口とする形で、中国東南沿岸部主要都市とベトナム、タイ、ミャンマー、ラオスが高速道路網でつながるようになった。

この中でも特筆すべきは「重慶東盟高速道路シャトルトラック計画」であろう。中国内陸と東南アジアをつなげる南北通貫の高速道路建設計画である。2016年に重慶や南寧・昆明とベトナム・ミャンマー間をつなぐ高速道路が開通した。2020年までに重慶発のシャトルバス路線が6ルート開設され、タイ、ベトナム、ミャンマーを陸路でカバーしている。これにより、従来30日かかった水路輸送が、たった96時間（重慶からバンコク）の陸上輸送で済むようになった。

内陸産業ハブと物流ハブである重慶・成都では、東盟向けの高速道路の開通により、産業連携も進んでいる。重慶の中核産業である自動車・バイク分野では、部品を直接、ベトナムに輸出し、現地工場で完成車を製造、そしてASEAN域内や他地域へと販売している。また、上記にあったタイの大臣によるドリアンなどのライブコマース販売のように、東南アジアの果物、食用油、木材などを素早く中国内陸に届けるのだ。

こうしたモノの動きを支えるのが、小売大手のJDドットコム、物流大手の順豊エクスプレスをはじめとした中国新興企業だ。各社は重慶・成都で内陸本部を開設し、内陸崛起と東盟（ASEAN）陸上運輸の黄金期を実現するため急速な拡大を遂げている。特に2020年のコロナ禍においては、重慶東盟高速道路シャトルトラック計画がチャイナ－アセアン貿易に大きく貢献した。2020年1～6月において、前年同期比130％成長の約700編成が往来し、取り扱い貨物金額3・3億元超（約53億円超）となった。[6]

【図表32】中国-ASEANをつなぐ鉄道・高速道路事業の展開

	汎アジア高速鉄道計画 （青色ルート）	重慶—東盟高速道路計画 （灰色ルート）
建設時期	2006年着工～2026年完成予定	2005年着工～2020年竣工
距離	3ルートで全長計15,000キロ	6ルートで全長計18,000キロ
都市群連携	中国側：成渝（成都・重慶）、☒中（昆明・大理）、北部湾（南寧・憑祥）	
	ASEAN側：バンコク、ハノイ、ホーチミン、ヤンゴン、クアラルンプール、シンガポール、ビエンチャン、プノンペン	
重要性	・国家間貿易政策の実行フェーズであり、各地方政府主導で政策の実現ができている ・中国西部内陸中心の成渝都市群からメコン地域をフルカバーし、シンガポールまでの陸上物流ルートを通貫、EUにも連携 ・ASEANにとっては中国内陸の消費市場を開拓する機会、中国にとっては内陸の対外貿易を活発化させる効果が期待できる ・従来分断されていた地域間の産業が連携できる	
効果	・コロナ禍で防疫物資や、産業に必須の原材料の輸送 ・越境ECが、中国と東南アジア各国間のルートを活用 ※既に完成している3ルートについて適用	・物流企業、越境ECがこのルートを活用 ・物流時間を大幅に削減（従来航路の1カ月から1週間に）

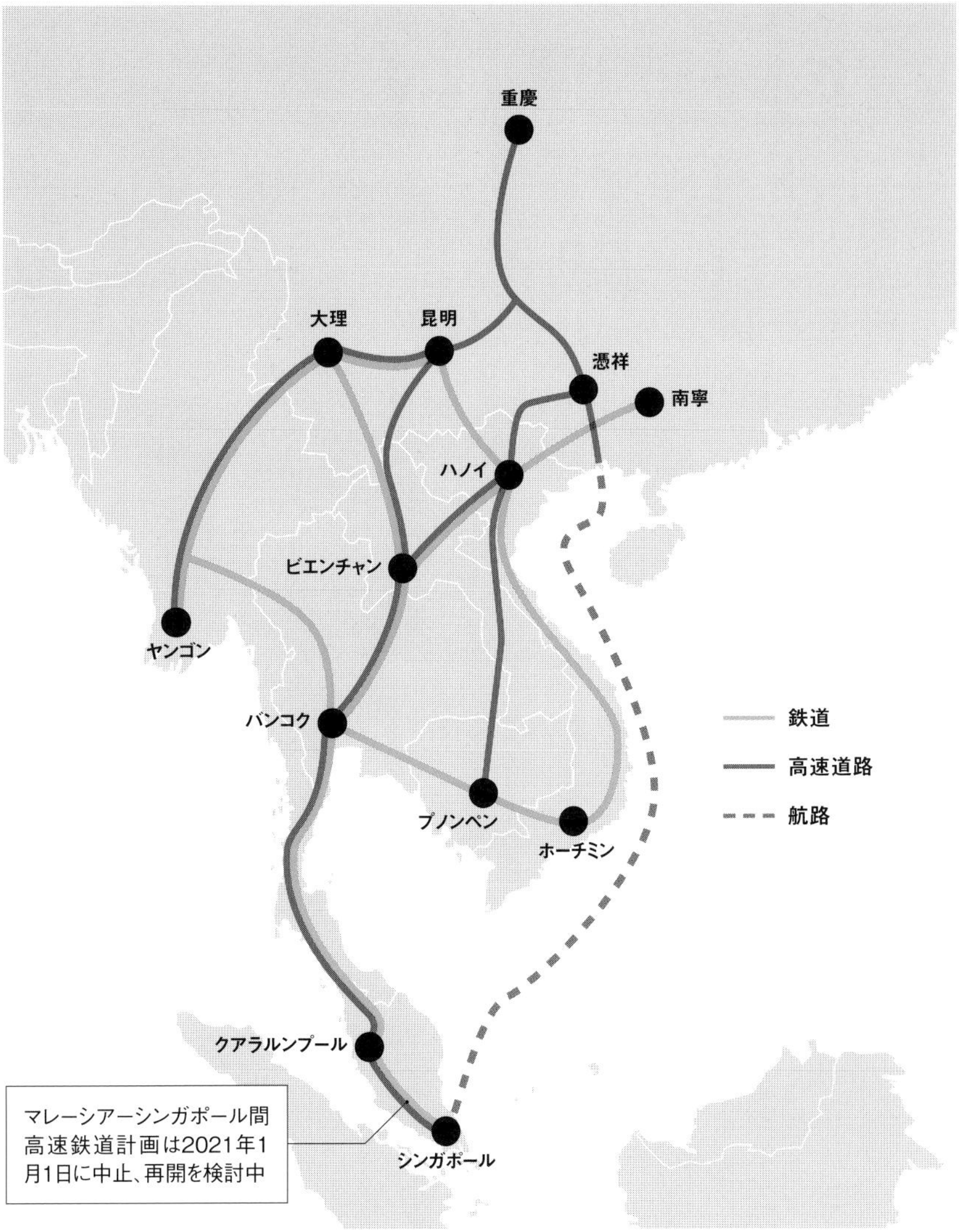

出所：各地方政府公式サイト、新華網記事、Bloomberg記事、保税区物流会社インタビューによりデロイト トーマツ コンサルティング整理

2 驚異的な進化を遂げる越境物流インフラ

前節で触れた重慶東盟高速道路シャトルトラック計画は、コロナ禍でも地域周辺に大きなインパクトを与えている。ここでは、本計画が物流業や商社、また製造業にどのような影響をもたらしているのかを紹介する。

中国西部の重慶都市群とＡＳＥＡＮ都市群を結ぶルートは、高速道路の整備によって、陸路での高速シャトル便が提供可能となった。開通は２０１６年だが、本格的な利用は、２０１８年ごろからである。コロナ禍を踏まえ２０１９年比で倍増している。（２０１９年は片道１２００便、２０２０年は11月末までで２５００便）。先述の通り大幅な時間短縮が可能になったが、ＧＰＳで越境物流が今どの位置にいるかも正確に把握されている。このようなプラットフォームをベースに、小口で大量に、スピーディな輸送が可能になっている。

高速シャトルトラック便は、中国の中央政府、省が方針を策定し、直轄市政府レベルは計画具体化、地方区政府レベルで執行・運営を実施する3レイヤーの構造となっている。[7] だから国だけ見ておけば十分という時代ではないのだ。中央、省、地方区（市）といった、それぞれの動きに注目する必要がある。

国対国の視点だけでは、自由貿易協定や関税、一帯一路政策といった施策に目がいってしまいがちだ。しかし、省市政府の動きや区政府の動きを見るとビジネスの解像度が上がってくる。誰が何をしているのか、話が具体的になるのだ。マクロの動向が、ミクロに繋がってくるというわけだ。

実際、重慶市政府は積極的に国内外の有力物流企業を物流団地に誘致し、ＤＨＬ、シンガポールのＹＣＨグループ、中国のＪＤドットコム、順豊エクスプレス、申通快逓（STO Express）と中通快逓（ZTO Express、アリババ系）などが入居している。今後重慶とＡＳＥＡＮの物流はさらに増えていくものと予想される。視点のポイントは都市群と都市群のビジネスをつなぐという点にある。このような観点で見れば、関連する政策当局や競合のビジネスの動きも見えてくる。

日本企業はこの新たに台頭する商流を事業機会として捉えきれていないようだ。

重慶で、日系の物流大手企業等は、中国の大手国有企業、重慶公路運輸（集団）有限公司（重慶東盟高速道路の運営会社の親会社）と戦略的提携・ジョイントベンチャーを締結した。これは重慶シフトという大きなトレンドをつかむ上で流れに乗っているので評価できよう。中国・ベトナムの越境オペレーションサービスも大々的にプロモーションされている。

しかしながら、日系の物流企業がアピールするチャイナ－アセアンの物流サービスをよく見てみると、中身は上海－ホーチミンであったりする。あくまで上海・華東地域起点の目線である。先に述べたように、中国経済が東→南→西とシフトしている中で、せっかく締結した中国中西部でのジョイントベンチャーをどこまで活かせていけるのかが今後のチャレンジだろう。もしサービスの対象が既存の日系顧客の物流を請け負うだけだとすると、これほどもったいないことはない。

中国や東南アジアという現場にいるからこそ、日系企業に対し、中国とＡＳＥＡＮで新たに進む中国西部から東南アジアへの物流ルートや商圏のポテンシャルをアピールする機会である。しかも、この商流は国対国の視点ではない。都市群と都市群を結ぶというのがポイントである。省・市やその中にある区政府（重慶市は3124万人と巨大な都市）は、区単位であっても人口が数百万人単位と規模が大きい。

物流に限らず、商社、金融なども現地の経済やトレンドのシフトをどう取り込むか、という視点が抜けてしまうと商機を逃してしまうだろう。もちろんグローカル（グローバル目線を持ちつつ、ローカルの対応をする）オペレーションを実現する上では、言語や異文化マネジメント等負担が大きいが、いつまでも手付かずというわけにはいかないだろう。

高速シャトル便を使い、重慶等の主要都市群からASEANの都市群に中国製品が続々と到着しているが、東南アジアで事業を展開する日本企業の脅威認識は十分でないようだ。陸路で見れば両地域はつながっているが、両地域の日系企業に与える影響は小さいという意見も多い。

特に自動車産業等においては、日本企業がタイを中心に圧倒的なシェアを占めていることもあり、中国製品は安かろう、悪かろう、アフターメンテナンスでまだまだといった認識だ。自動車のハンドルは中国とASEAN主要国は左右で異なるし、ASEANではローカルコンテンツ条項により40%の現地生産を義務づけ、(特にタイでは）母国の経済を担っている自動車産業を保護するために、高い関税をかけている。これらの背景もあり、日本企業の牙城は簡単に切り崩せないという視点もある。

中国とASEAN各国は、政治経済体制が違うので、別物という発想が影響しているのかもしれない。日本の本社側もアジアのオペレーションに関し、中国と東南アジアの連携性に目を向ける視点に至らない可能性もある。

しかし、東南アジア各国のローカル企業が中国製の自動車部品をメンテナンス用に爆買いし、現地では中国製の自動車のプロモーションが進み、ＥＣでは中古品が破格の値段で売られるなど、状況は変化している。いつまでも日本が優位性を保ち続けられる保証はない。タイなどは、環境や新産業育成という観点からＥＶ（電気自動車）へのシフトも進めており、その場合は中国からの輸入やむなしとして関税撤廃の議論も進む。未来を考えると、必ずしも日本が望むような経済環境だけではなさそうだ。タイをはじめとするＡＳＥＡＮ各国はしたたかだ。

これらの現状からの示唆は、国レベルや産業単位で議論を進めていくと、変曲点を見間違える可能性があるということだ。自動車産業界内の競争や、ガソリン対ＥＶという視点だけで競争環境は決まらない。中国は都市群競争に突入しており、その影響をＡＳＥＡＮも受ける。中国で発展する政策や企業群は、都市群に紐づいている。デジタルシフトも重要だが、都市政策という観点で見ていくとビジネスの仕方も異なってくる。

中国系企業は、ＡＳＥＡＮとの間で、越境市場を見ているが、日本企業はＡＳＥＡＮ各国内の市場展開を見ていた、というようにマーケットの見方が違うということもある。「タイ＋１」という発想で臨んでいたら、中国から見た「チャイナ＋１」のインパクトの方が大きかったということもある。

実際、中国は東南アジアをどう見ているのか。中国重慶市の政策を読んでいくと、都市輸出という観点での攻め方が見えてくる。バッテリー充電施設、都市インフラ、デジタル設備、そして端末としての自動車の輸出となっている。自動車単体で価格競争をしていたら、背後には都市も含めたインフラ輸出・運営でマネタイズしていた、というわけである。

これではゲームのルールが全く異なっている。タイ政府なども、自動車をはじめとする製造業は優遇しているが、同時にスマートシティ化や都市問題の解決も重要問題である。新しい産業の可能性や生活する都市住民の声を踏まえれば、モノづくりだけがいつまでも優先されるとは限らない。日本にとっては脅威認識の範囲をそれぞれの業界の枠に閉じることなく、鳥瞰していくことも重要となってくる。

コロナ禍であっても、チャイナ－アセアンでは越境ECをはじめ、ビジネスが陸続きに誕生する。ASEANに駐在するビジネスパーソンであっても、気が付けば中国製の製品をASEANのアプリで購入するということも珍しくないのではないか。

例えば、シンガポールに生活する日本人駐在員では、現地のECである、ラザダやショッピーでポチッと購入し、3日ほどで中国製の最新の冷蔵庫やテレビが届く。デザインも悪くなく、使い勝手も良い。気が付けば日本の製品は引っ越しの時に持ってきたものだけだった、という話も聞く。また独身の日である1111（11月11日）や「クリスマスの12日」という歌にちなんだ1212（12月12日）は大セールである。11月11日から始まって、ブラックフライデー、サイバーマンデー、1212、クリスマス、旧正月と約3カ月近くにわたってセール期間が続くわけだが、消費者は何を買おうか、スマホやスクリーンに釘付けである。現地駐在員からすれば当たり前の光景だが、このようなイベントをつかめているか。クリスマスシーズンや年末年始で在庫からセールという流れだけでなく、グローバルで余った在庫をこのタイミングでチャイナ－アセアンで売りさばくというのも十分にあり得る発想である。

日本企業がライブコマースに乗り遅れる中で、中国勢がＡＳＥＡＮを取り込んでいく、ないしはＡＳＥＡＮの現地企業が力をつけ、日本製の製品やサービスを必要としない日が近いうちに来るかもしれない。ＡＳＥＡＮは日本市場の独擅場という時代はとうに去っているかもしれない。現実を脅威として受け止められているだろうか。

本章では、チャイナ－アセアン経済圏におけるビジネスの例として越境ＥＣを取り上げたが、次章ではその他産業のケースを交えながら、変化を捉える見立て方を論じる。

Chapter 4 >>> Take Away

- China–ASEAN経済圏の現状を最も表しているのが越境EC。中国勢が資本を出す現地ECプラットフォーム上で、多くの東南アジアの人々は中国製品を購入し、現地商品を中国に販売している。中国人も東南アジアの商材を買う、双方向のビジネスが活性化。

- 越境ECや越境サプライチェーンを支えるインフラ網（高速道路、高速鉄道、航路、航空輸送）が近年急激に発展。同インフラ上で商品や部品を運ぶ物流業者は中国系で占められ、オン・オフ経済両方で中国勢のプレゼンスが高まっている。

- 日本企業の独壇場という時代は終わりつつある。この現実を脅威として受け止め、対抗策を打つか否かは、China–ASEAN経済圏での生き残りに影響する。

Episode

1. 関税手続きの簡単さ

中国雲南省との国境沿いに位置するラオス北部の町、ルアンナムタ県ボーデン。ここで、中国から国際高速道路を走ってきたトラックの車両が入れ替わる。車両交換にかかる時間はわずか30分程度。給油も兼ねた、ちょっとした休憩時間だ。重慶市を出発したトラックは既に、重慶の保税区で税関手続きを済ませており、ASEAN域内に入国しても、荷物の検査はあっさりしたものだ。ラオスからタイのバンコクまでは一直線。「ASEANシングルウィンドウ（ASEAN内の物流をスムースにするための協定）」がフルに発揮されるわけだ。このようにASEAN域内では一度手続きを済ませてしまうと、通行証があれば自由に行き来ができる。

蓋を開けてみれば、ラオスやタイ側のトラック会社も親会社は中国の物流会社。重慶からバンコクまでの高速道路開通はインフラ設備の開通だけではない。ソフトなオペレーションも一気通貫となっている。これが重慶とバンコクの陸路を96時間で結んでいる現状だ。このような光景は重慶－ハノイ間等でも同様に見られる。

2. 独身の日に続く商戦

「この前も独身の日（1111）で買ったばかりなんですけど、今度は1212（双十二）です。どんな商品が売り出されるか、気になってしょうがないです。ついついスマホを見てしまいます。またポチッて買ってしまうと思います」――シンガポールの日本人駐在員の言葉だ。「冷蔵庫やテレビのデザインも結構かっこいいんですよ。テレビなんかは、メディア（Media）が人気ですね。ハイセンス（Hisense）は日本でようやく売れ出したそうですが、LGやハイアール（Haier）のように昔からある旧いイメージのあるブランドです。注文して3日以内で確実に届くので便利です」。

独身の日におけるEコマースでのショッピングはようやく日本でも知られるようになったが、クリスマス商戦に相当する1212（双十二）商戦はあまり知られていない。1日で売り切れる商品数は独身の日で12兆円、1212で13兆円である。2020年は中国では前年比105％（2倍超）の伸びを示していた。

この中国における年末商戦の規模は、アメリカをも凌駕する。アメリカの年末商戦は、毎年11月第4木曜日の感謝祭（サンクスギビング）後にあるブラックフライデーとサイバーマンデーに加え、クリスマスシーズンのセールが代表的だ。前者に関しては、感謝祭翌日の金曜日は小売店が黒字になるというところから、ブラックフライデーと呼ばれる。また、翌週の月曜日はオンラインショッピングのセール合戦があるため、サイバーマンデーとされる。この期間はアメリカの小売業が一年で一番もうかる時期で、2020年の売上は約110億ドル（1兆1500億円）であった。その内、コロナ禍による巣ごもりもあり、オンラインでの売り上げは11月27日だけで9400億円（前年比33％増）にもなった。これにクリスマスシーズンのセールを足した2カ月の大型商戦（11月1日〜12月31日）では、売り上げが1890億ドル（19兆7千億円）にのぼった。米国が11〜12月の2カ月で20兆円弱であるのに対し、中国は独身の日と1212のたった2回のイベントで25兆円であり、中国Eコマース市場の巨大さが窺い知れる。

3. 深圳─香港の移動（近くて遠い世界）

香港の西九龍駅は中国本土へのゲートウェイであるが、高速鉄道に乗れば深圳福田駅まではわずか14分。一国二制度であるので、出国審査場を通り、高速鉄道に乗車。シンガポールで購入したオッポ社製のスマホを少しいじっていると、あっという間に到着する。フェイスブック等のソーシャルメディアが自動複製（クローン）されるのには驚いた。元のアプリとそっくりそのままのアイコンがFacebook（クローン）というように、もう一つ他のアプリでも自動複製されていた。「既読のありなしもあったものではないな」そんなことを考えていた。地下を通っての移動なので、日本でいえば東京メトロの快速線や急行で移動しているような感覚である。

深圳到着後、外に出るまでが長い。数キロはあろうかという地下街を通って外に出た。風景は超高層ビルがずらりと並び、青い空が広がる。整然とした街並みにガラリと変わる。筆者が訪れたのは新型コロナで世界が震撼する前の2019年末。深圳のハイテクフェア

深圳国際会議場

深圳の中心部

を訪れるためだった。当時香港ではデモもあり、市内は厳戒態勢。入国すら危ぶまれた。しかし、深圳に着けばまるで何もなかったかのような整然とした光景が広がっていた。

両地域の移動にはデュアルSIMフリー(国ごとの通信キャリアのチップが2つ搭載)のスマホが欠かせない。中国本土に入れば、スマホがなければタクシーに乗ることすら出来ない。現金を受け付けてもらえないのだ。交通アプリのディディでタクシーを呼び、テンセントのウィーチャットペイ(WeChat Pay)かアリババのアリペイ(Alipay)で支払いをするわけだが、そのどちらもスマホがなければ使えない。国際展示場の入場ももちろんチケットレスだ。この国際展示場は東京ビッグサイトの約5倍の40万㎡と世界最大級。

2019年は国内外から約3500社が出展し、57万人が来場した（2020年は新型コロナ禍の影響があり、4000社出展、45万人来場）。グライダーとほぼ同じ大きさの巨大ドローンや都市監視モニター等、近未来の技術が展示されている。台湾、香港の企業をはじめ、欧米からの商談もあちこちで目にしたが、日本人ビジネスマンの姿はほとんど見当たらない。普段は現場主義を謳うが、先端技術が披露される現場にいない。〝知らないことを知らない〟とは、このようなことから起きているのかもしれない。

4．ベトナムとカンボジア（農村地域で広がるデジタルとは）

ベトナムに接するカンボジアの国境の町バベットから100キロ離れた小さな国境の村、バンティチャケレイ。ここでは昔ながらのコメの輸出が行われている。筆者も現場に立ち会ったが、カンボジアで生産されたコメが、ベトナムへ向かう小舟に積み込まれていく。代金のやり取りはその場でなされるが、国境沿いの町には送金所が並ぶ。銀行はおろか郵便局さえない。その代わりになるのはウィングやトゥルーマネーという看板が並んだ店だ。ここで送金をするのだ。といっても高度なスマート送金ではない。使うのは3G時代のガラケー。バンティチャケレイからプノンペンまではようやく舗装された単車線等の道を通って片道約4時間。コメと引き換えに得た現金を持って帰る訳にはいかず、ここで電子送金をするというのだ。即座に発行される暗証番号を手に家族に電話し、送金完了というわけだ。アジアで進むデジタルとは設備のデジタルではない。素朴な町で行われているデジタルバンキングとはこういったレベルである。

聞くと「ずいぶん便利になった。銀行口座はもっていないけど、ウィングは絶対に必要だね」という。カンボジアでは金融インフラが整っておらず、口座保有率は低い。しかし、ガラケーであっても通信端末の普及率は増加している。このような現象は他の東南アジアでも見られる。通信速度はインフラの問題でばらついているが、それでもたくましくデジタル技術を使う。高度なデジタル人材の育成よりも、ありもののデジタル技術を使い、生活を便利にするのもデジタルリテラシーだ。銀行口座の普及率に目が行きがちだが、携帯電話の普及率が金融サービスの浸透にとって重要なのはこうした現実があるからだ。

メコン川沿いのコメ輸出。小型の旧式船舶でコメを輸送

金融サービスにおいては銀行ではなく、送金専業プレイヤーが台頭

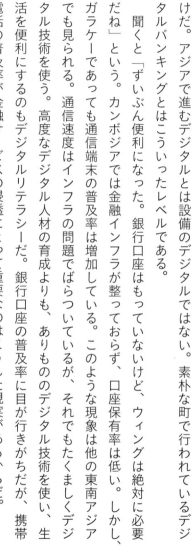

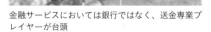

Chapter

5

変化を見通す3つの眼

2章から4章で述べたChina－ASEAN（チャイナ－アセアン）における国連携のシフト、都市群経済連携や事業展開を踏まえ、チャイナ－アセアン市場のダイナミズムを理解するためには、視点にひねりを入れていく必要がある。

2000年以降、グローバリゼーション全盛の中、ビジネスの現場では新興国参入戦略は重要なピースとして語られてきた。人口動態、1人当たりGDPをはじめとするマクロ経済の指標は、国家の成長度、ビジネス機会の見極めのモノサシとなってきた。

しかし、この見方だけでは事業機会を捉えるのは難しい。特に成長が止まらない巨大経済地域であるチャイナ－アセアンではそうだ。一般的な見方をすると、両地域は、いわゆる中進国の罠にはまり、成長が止まってしまうという議論に陥りがちだ。「成長をしていると言ってもまだまだこれからだ」「先進国入りにはハードルがある」といった高みの見物の姿勢が抜け切れていないビジネスパーソンもいる。

しかし、今まで見てきた通り、都市経済圏という単位で市場を見直していくと、これらの地域から新しいビジネスが生まれ、巨大資本が誕生している。実際に両地域の成長は止まらないどころか、日本を追い抜くケースも出ている。それでも「安かろう、悪かろうだ」「技術は日本だ」といった主張が止まらない。「あれ、なんだかおかしいぞ」といったトーンがようやく出てきたのは、テンセントやファーウェイ、グラブやゴジェックが注目されたこの2018年以降だろう。

このような変化を捉えていくには、今までの普通の視点「人の眼」だけではなかなか難しい。「鳥の眼」「魚の眼」「虫の眼」を養わなければならない。ビジネスの世界で重要な視点として、事業・

産業全体を見る「鳥の眼」、時代の流れを読む「魚の眼」、現場の動向を見る「虫の眼」が挙げられることがある。この考え方を応用しチャイナ－アセアン経済圏のダイナミズムを理解するのだ。

具体的には、国家対国家という枠組みを超え、地域間連携や新しい経済圏を見通す「鳥の眼」が必要だ。次に、都市群連携や省・市と国のグルーピングの流れを読む「魚の眼」を鍛えること。最後に、現地ならではの社会課題や文化事情など、実経済活動で起こっていることの背景に目を配っていく「虫の眼」を磨くことだ。本章では、ケースを用いながらこれらの視点を説明していく。

1 鳥の眼で、国境を超えたチャンスを捉える

まず取り上げるのは、都市群を中心に行われる「パラレル外交」(Parallel Diplomacy)を見極める「鳥の眼」だ。これまでチャイナ－アセアン経済圏における都市群の重要性に触れてきたが、こうした都市の地方自治体や企業が組んで国境を越えた経済外交や事業を展開している。チャイナ－アセアン市場を俯瞰する際は、この政策連携の重層化に目を凝らすことが必要だ。

そもそもパラレル外交と呼ばれる考え方とは何か。伝統的な国家間戦略に加え、超国家＋準国家間戦略を併用することを指す。国と国の政策連携だけではなく、国と省、地域経済と国、小さな地域経済連携(メコン)と中国、といった形で何層もの協定を進めていくのだ。中央政府の動きだけを見ていたら、実体経済が分からなくなっていた、知らぬ間にルールが形成されていた、そんなこ

とが起こる時代となっている。

チャイナ－アセアン市場ではこのパラレル外交が官民で進められているのだ。日本はメコン産業開発ビジョン（ＭＩＤＶ）等、小さな地域経済連携の取り組みに挑戦しているが、産業界の関心は追いついていない。市レベルでの外交となると存在感は薄い。逆に言えば、ここが狙い目のホワイトスペースということになる。

中国では、全人代や五カ年計画、習近平氏の言動にどうしても目がいきがちだが、実経済を理解するためには省・市の取り組みをきちんと見ていく必要がある。中央は方針を出し、具体案については省レベルに落ちていることも多い。

例えば、チャイナ－アセアン市場という単位で考えると、重点になってくるのは華南や華東地域の省市だ。具体的には、広東省や広西チワン族自治区といった地域が、ＡＳＥＡＮ地域及び各国との政策を積極的に進めている。東南アジアを見る上での基礎情報として、投資報告書の存在に触れたが、同報告書も中央政府（商務部）のサイトから探すのは一苦労だ。ところが、各省、例えば広西チワン族自治区なり江蘇省のサイトから探していくと簡単に見つけることができる。

重層構造の政策連携を見ていく上で重要なのは、国対国といった国際的な枠組みだけに囚われないようにしていくことだ。国家間連携は、重要なポイントではあるが、この見方だけでは、チャイナ－アセアン市場の実態がつかめてこない。

国対国の政策は、日中経済協定、日越（日本・ベトナム）、中越の投資協定、日シンガポールといったまさしく国と国の提携だ。これは、外務省や経済産業省等が条約や政策協定を締結する話なので比較的分かりやすい。また、国際機関を使った枠組み、地域連携協定もまだ分かりやすい。例えば、ＡＤＢ（アジア開発銀行）の取り組みや、国単位としての日本やＡＳＥＡＮ、中国を加えた経済連携、ＴＰＰ（環太平洋経済連携協定）、ＡＩＩＢ（アジアインフラ投資銀行）等は脚光を浴びる。

問題はここに落ちてこないような類の政策連携だ。主に２つある。１つは、サブリージョン（地域的枠組、詳細は後述）での協定だ。もう一つは省・市レベルの取り組みである。これが重層構造の政策連携である。

サブリージョンによる連携とは何か？

まず、サブリージョンでの協定を見てみよう。例えば、メコン産業開発ビジョン。これは日本と、ＡＳＥＡＮの中でも大陸側にあり、メコン川流域にある各国（タイ、ラオス、カンボジア、ベトナム）との間で結ばれた政策連携だ。ややこしいのはＡＳＥＡＮの大陸側でもシンガポールやマレーシアは入っていない点だ。ＡＳＥＡＮとは違い大きな事務局があるわけではないので、サブリージョンでの取り組みと言われる。

このような複数以上の国がまとまった連携はチャイナ－アセアン市場にはいくつかある。ＡＳＥＡＮで人口最大の国はインドネシアだが、地理的な距離感からもＡＳＥＡＮに対して一定の距離があり、イニシアチブを十分に発揮できないこともある。

ＡＳＥＡＮはそもそも全会一致主義であり、ＡＳＥＡＮ－ＷＡＹと呼ばれるコンセンサス方式を取っている。だから物事はゆっくり進む。しかしながら実際の経済は利害の調整であり、刻一刻と変化する。

そこで様々なサブリージョンが生まれる。例えば、メコン川の利水等利害調整が必要な国同士がASEANとは別の枠組みで集まり、一旦話し合いをしようというのがメコン経済圏と呼ぶサブリージョンの枠組みだ。

これらは利害関係のあるグループなので、ASEANのように全会一致方式を取る共同体よりも物事が進めやすいという利点がある。気づけばこのサブリージョンでルールや方針が決まっていた、というケースはざらにある。中国もこのサブリージョンへの取り組みは理解している。

このサブリージョンでは、(特に日本において)状況をモニタリングする専門部局が置かれていないケースが官民ともにほとんどである。ここが情報のアンテナが張れない弱点になる。

サブステート連携

サブステート連携というと聞き慣れない言葉かもしれない。端的に言えば省・市と国との連携である。チャイナ－アセアン市場ではこの枠組みが重要であり、見落とされやすい領域である。都市間連携であれば、友好都市、姉妹都市等でイメージがしやすいのだが、「省・市が国と連携」となると「県と国が連携する」と置き換えて考えてしまい、重要度を軽視してしまう。

中国では省・市の力は極めて大きい。経済の規模でも最大の広東省は人口1億人以上、GDP180兆ドルの経済規模であり、ベトナムの5倍以上の規模である。省が他の国よりも大きいのだ。

郵 便 は が き

料金受取人払

葛西局承認

2100

差出有効期間
2021年12月31日
まで（切手不要）

134-8740

日本郵便株式会社
葛西郵便局 私書箱20号
日経BP読者サービスセンター

『チャイナ・アセアンの衝撃』係 行

ご住所	〒□□□-□□□□ □自宅 □勤務先（いずれかに☑印を） （フリガナ） TEL（ ） —	
お名前	姓（フリガナ）	名（フリガナ）
Eメールアドレス		
お勤め先	（フリガナ） TEL（ ） —	
所属部課名	（フリガナ）	

※ご記入いただいた住所やE-mailアドレスなどに、DMやアンケートの送付、事務連絡を行う場合があります。
このほか「個人情報取得に関するご説明」（https://www.nikkeibp.co.jp/p8.html）をお読みいただき、ご同意のうえ、ご記入ください。

『チャイナ・アセアンの衝撃』

より良い作品作りのために皆さまのご意見を参考にさせていただいております。ご協力よろしくお願いします。(ご記入いただいた感想を、匿名で本書の宣伝等に使わせていただくことがあります)

A. あなたの年齢・性別・職業を教えて下さい。

年齢(　　　)歳　　　性別　男・女　　　職業(　　　　　　　　　　)

B. 本書を最初に知ったのは

1. テレビを見て(番組名　　　　　　　　　　)

2. 新聞・雑誌の広告を見て(新聞・雑誌名　　　　　　　　　　)

3. 新聞・雑誌の紹介記事を見て(新聞・雑誌名　　　　　　　　　　)

4. 書店で見て　5. 人にすすめられて　6. インターネット・SNSを見て

7. その他(　　　　　　　　　　)

C. お買い求めになった動機は(いくつでも可)

1. 内容が良さそうだったから　2. タイトルが良かったから　3. 表紙が良かったから

4. 著者が好きだから　5. 帯の内容にひかれて

6. その他(　　　　　　　　　　)

D. 本書の内容は

1. わかりやすかった　2. ややわかりやすかった　3. やや難しかった　4. 難しかった

E. 本書に対するご意見・ご感想、ご要望などありましたらお聞かせください。

ご協力ありがとうございました。

NB書籍

権限も大きい。

これは中国に限った話ではない。ASEAN各国では地域連邦のような国も多く、例えばマレーシアは州ごとに伝統的な首長（スルタン）がいる連邦制国家である。また社会主義国ベトナムであっても、北のハノイ、中部のダナン、南部のホーチミンは歴史的にも統治形態でさえも様相が異なっている。インドネシアも世界最大の島嶼国家であり、島ごとに秩序が違うのは普通の話である。日本は事実上の単一民族、同一言語であり、この多様性についてのアンテナが無意識のうちに欠けてしまい、利害のツボを見落としがちだ。

コラム

省・市の政策

1. 中国の省・市の政策

中国を見る上では、省・市の政策まで見極められるかが重要である。こと中国とASEAN関係においては、広西チワン族自治区と雲南省の政策動向を見ていくことが大切だ。両省は、ASEAN各国と国境を接する最前線の省である。ASEANとの経済取引も大きく、中国がASEANをどう見ているかを考える上で重要となる。両省は対ASEAN政策においても競争関係にある。

〈広西チワン族自治区の対ＡＳＥＡＮ政策〉

政策①「広西チワン族自治区自由貿易試験区条例」

ＡＳＥＡＮとの貿易の重要性を踏まえ、東盟（ＡＳＥＡＮ）各国向けの通関手続きのスマート化、手続きの簡素化、効率化を進めている。対ＡＳＥＡＮの通関手続きのスピードは全国水準をはるかに上回っている。例えば、輸入においては、全国平均の約６分の１、輸出では約半分の時間となっている。

【輸入】広西チワン族自治区の通関時間は全国平均と比べて84％短縮（２０２０年第１〜第３四半期）

広西税関所要時間は7・1時間。全国平均所要時間は43・４時間であり約6分の1。

【輸出】広西チワン族自治区の通関時間は全国平均と比べて47％短縮（２０２０年第１〜第３四半期）

広西税関所要時間は0・8時間。全国平均所要時間は1・5時間であり約半分。

※条例を読み進めると、明確に「東盟優先」と記載されており、ＡＳＥＡＮ企業による中国向け投資は、ＡＳＥＡＮ以外の国の企業による投資に比べ進めやすい状況となっている。

※条例ではＡＳＥＡＮの優位性が記載されている産業サプライチェーンに対して、試験区の一部を使って、中国・東盟経済貿易センターが設立されている。主要な入居企業は越境物流を進める企業や、電機・電子設備、自動車、グリーン化工、繊維、食品加工といったＡＳＥＡＮ企業が強みを持つ領域である。広西チワン族自治区自由貿易試験区は東盟専用のものと言ってもよい。

政策②広西チワン族自治区崇左区政府発行の「越境ＥＣ産業発展に対する優遇政策」

中国とＡＳＥＡＮの間では、越境ＥＣが急速に成長しているが、区政府は、中小越境Ｅ

C企業に対し、通関の効率化や税金優遇、決済の利便化などのメリットを提供している。[1]中国からベトナムまで、1～3日で安定的に貨物を輸送できる状況だ。

中央政府からのサポート：2017年には都市群計画の一環として、広西チワン族自治区、海南省、広東省西部の都市で構成される北部湾都市群（中核となる都市は広西チワン族自治区の南寧市）が正式に設立された。広西チワン族自治区は海南省と連携し、ASEAN向けのプレゼンスをさらに向上させた。

2019年には、国家発展改革委員会が「西部陸海新通路マスタープラン」を発表したが、これは広西チワン族自治区を支援するものである。陸上鉄道、高速道路と海上航路の聯運に注力し、広西チワン族自治区の東盟向けの港なども活発化することとなった。

雑談：中国のASEAN向け施策は、省政府間での競争が背景にある。具体的には、雲南省政府と広西チワン族自治区政府が競っている。例えば、広西チワン族自治区政府は2003年から毎年、「中国‐東盟博覧会」を開催している。一方、雲南省政府はASEAN各国向けの優遇政策案を中央政府に提案し、2011年国務院で承認された。東南アジア向けのハブ機能を強化し始めたのだ。2016年に雲南省政府が発行した「東南アジア向け金融サービスセンターの建設案」は、東南アジアとの間で同省が国際金融ハブになることを目指すものである。

2

魚の眼で、価値観の変化をグルーピングし直す

2つ目が都市群という観点と価値観や目的をベースに事業を展開することだ。経済の流れを読み取ったり、グルーピングをする等の関係性に着目したりする「魚の眼」の出番である。

ここでは、特徴的なエッセンスがある。まず（a）省・市や都市など、小さい単位からグルーピングをするという点、（b）ソフトパワーを十分に活用する点、（c）共通の利害関係を構築した点、最後が（d）ルールや標準化等で参入障壁を作っているケースが多い。いずれも従来の国という目線や、製品サービスでの訴求といった戦い方とは異なるアプローチである。

不動産投資、都市開発のニュースが出たときは、プレイヤーに目を配るとともに、（a）から（d）のエッセンスを中心に見ていくと、再グルーピングのヒントになることが多い。気が付いたら韓国製、中国製のものを買っていたということはザラである。ソフトパワーを活用することで政治問題化させずに経済での結びつきを強めている点に目を配ることが重要だ。ビジネスにおいては、事業環境が変わるのはこうした要素が大きい。

例えば、シンガポールは都市経済そのものを輸出するモデルで中国の各省・市と連携する。この流れは20年以上前から始まっていたが、関係性を築くまでにソフトパワーをフル活用した。元々は何もない国家であり、ソフトパワーもゼロから構築した。今やシンガポールを真似た都市国家は世界中に存在するが、形だけ真似てもその後が育たないというケースも少なくない。都市ビジネスの運営とそれの輸出には、エコシステムの整備が必要だからだ。

シンガポール以外では、マレーシアと中国の広西チワン族自治区が取り組むハラル分野での連携も経済圏の再グルーピング化の好例だ。相互協力で高付加価値の食品加工業を積極的に推進、イスラム経済圏へのアプローチを目指している。ベトナムでは、米中貿易戦争を背景に、広西チワン族自治区の南寧とハノイといった都市レベルで新たな経済連携が生まれている。

以下ではこれらの事例をパターンごとに見ていく。

A パターン①：都市輸出グループ

A・シンガポールモデル

「我々は隣国と同じやり方では生き残っていけないと考えていた。（略）隣国と差別化し、より良いものを生み出さないといけなかったのだ」

リー・クアンユー元首相が「シンガポール・モデル」と呼ばれる都市開発アプローチの成功を振り返り2007年のインタビュー[2]で語った言葉だ。

マレーシアから独立した都市国家であるシンガポールは、冷戦下で独自の成長モデルを開拓しなければならなかった。そして生まれたのが、現在世界から評価を受ける「シンガポール・モデル」だ。シンガポールの官民は、この自ら国内で実践した都市（国家）開発モデルを世界へ輸出し、海外の都市開発事業にあたっている。

B・エッセンス

シンガポールの都市輸出モデルのエッセンスは都市デザイン・オペレーションとファイナンスをパックにしたことにある。いわばOS（基本ソフト）そのものを輸出するので提供する中身はその都度変わる。しかし、常にアップデートをしていかなければいけない。一度シンガポールの都市モデルを輸出したらそれで終わりではない。次々に変化をしていかなければならず、その先頭をシンガポールが自ら見せていかなければならない。従って、変化を読み取る情報力が問われていく。一見高度に見えるが、シンガポールの勝ちパターンには、日本企業が学ぶべきエッセンスがある。

C・成功の背景

そもそもシンガポールが都市輸出路線に舵を切ったのは、20年前に遡る。中国が2001年にWTOに加盟し、国際社会への存在感を強めたタイミングだ。当時中国は高度成長期。成長に向けての資源をいかに調達していくかが課題となっていた。なぜなら、石油を代表とする資源の70％が国外から輸入され、そのうち80％がマラッカ海峡経由で調達されていたからだ。軍事紛争などで同海峡が封鎖されると、資源輸入ルートが断絶され、中国経済に大きな打撃を与えかねない。だからといって有効な代替ルートが存在しない。これがいわゆる「マラッカのジレンマ」と呼ばれる問題だ。同問題を克服するため、中国は代替路の開拓を始めた。

マラッカ海峡を運営し収益を得ているシンガポールにとって、この中国の動きは自らの経済権益を脅かし得る問題だ。対応策として、シンガポールの港湾運営会社のPSAインターナショナルは、

2007年にパキスタンのグワダル港の管理権40年分をリースした。同港は世界の石油給油をつかさどるホルムズ海峡から約400キロメートルに位置するため、そこを経由して東アジア諸国に石油資源を輸送することができるのだ。このルートはマラッカ海峡を通らないため、同海峡封鎖リスクを心配する必要がない。中国にとって有力な代替ルートの要である港をシンガポールが押さえたのだ。

しかし、同事業は失敗に終わる。当初合意されていた同港とつながる高速道路の建設や、港拡充のための土地移譲をパキスタン政府が行わず、事業が計画通り進まなかったのだ。PSAインターナショナルは2013年に同事業から撤退してしまう。

そんな中救いの手をさしのべたのが中国だ。中国政府は当時「一帯一路」政策を発表し、新たな陸海輸送ルート開拓を本格化させていた。同政策の一部として「中国・パキスタン経済回廊」構想が立ち上がり、グワダル港から中国西部のカシュガルをつなぐ陸路の開発に着手し始めた。同構想の下、中国国有企業の中国海外港口控股有限公司がグワダル港の権利買収にこぎつける。シンガポールからすると、代替輸送ルート開発の主導権を中国に奪われたことになる。

一見関係ないように見えるが、この一連の出来事がきっかけで、シンガポールは都市輸出路線に舵を切ることになる。重慶市の都市開発に狙いを定めたのだ。その頃、重慶は一帯一路の重要拠点とされ、中国–欧州鉄道の陸路や長江沿いの航路といった物流ハブ機能の構築が進められていた。シンガポールはこうした事業に参画し、中国の代替路開拓と産業発展に関与したのである。

とはいえシンガポールは都市国家であり、規模でみれば小国。国対国の直接交渉となると厳しく、不利な立場に立たされることになりかねない。安全保障上も重要な拠点となっており、軽率な判断は誤解を招き、国際政治上の立場も難しくなる。

様々な交渉相手を含めると、時間もかかってしまう。動きやすい単位で交渉相手を絞れないか。シンガポールが経済に論点を絞り込み、それにふさわしい交渉相手をテーブルに乗せたことが快進撃のきっかけとなった。

具体的には（a）重慶や吉林などの市単位との交流を積極的に推進したことだ。また、中華総商会参加のNPOである通商中国やシンガポール国立大等でのプログラムを次々に作ることで、文化交流の側面から、両国の交流を積極的に進め、情報のパイプラインを太くした点が挙げられる。いうなれば、（b）ソフトパワーを十分に活用した点だ。

また、都市輸出という手法は、中国とシンガポール以外の市場にも展開し得る。これは、都市化を進める場所に新都市開発で培ったノウハウを共に輸出するという仕組みである。既にアブダビでも、事業を展開している。いわば（c）共通の利害関係を構築した形である。最後に、省・市と連携することで都市オペレーションにあたっての規格を作り、（d）ルールや標準化等で参入障壁を作っていく可能性もある。現にシンガポール政府は重慶市に交通OSシステムを提供し、デファクトスタンダードを作り始めている。

これらのエッセンスを柔軟に担えるよう、シンガポールの企業は柔軟な仕組み（エコシステム）を導入している。複数の企業や団体がパートナーシップを組み、それぞれの技術や強みを活かしながら、業種・業界の垣根を越えて共存共栄する仕組みだ。シンガポール国内ではEDB（Economic

Development Board、経済開発庁）傘下のＵＲＡ(Urban Redevelopment Authority、都市再開発庁）があり、コンセプトプラン（ＣＰ：50年の都市計画）、マスタープラン（ＭＰ：10－15年の都市計画）で都市を発展させてきた。

海外ではＥＤＢ、ＭＩＴ（通産省）、ＩＥ（シンガポール国際企業庁）が音頭を取り、政府系企業と民間企業とが連携して世界への展開（主に新興国）を進めていくのだ。また、都市ビジネスではシンガポール政府投資公社（ＧＩＣ）や、政府系投資会社のテマセク（Temasek）がファイナンスの後押しをする。

さらに都市開発や物流はキャピタランド（CapitaLand）ウー（ＯＵＥ）やケッペル（Keppel）、チャンギエアポートグループ（チャンギ空港運営者）、チャンギ国際空港、港湾施設、インフラ等は浄水施設世界大手として知られるハイフラックス（Hyflux）が担う。これだけでなく、キャピタランドやラッフルズ・メディカル・グループ（Raffles Medical Group）は病院や街づくりを担っている。このようにして、エコシステムができあがっている。最後にこれらの活動を通じて取得したノウハウが再びテマセクやＧＩＣ等の投資会社に情報として集約されていく。集約されたノウハウを個々のエコシステムのパートに還流していく。このループがシンガポール都市輸出システムの強みである。

なお、重慶市の開発プロジェクトに携わったのは、シンガポールのデベロッパー大手ウーの社長リー・イーシャン（Lee Yi Shyan）氏である。同氏はＥＤＢなどシンガポール政府の要職を歴任、兼務しているが、ソフトパワーでは通商中国のトップを務め、華僑系や中国本土の政官財の要人とのネットワークを保っている。シンガポール国立大学のエンジニアリング学部を卒業後、清華大学やハーバードビジネススクールにも留学し、国際社会とのネットワークを構築してきた。

リー・クアンユーの右腕で、ＥＤＢのトップ（Chairman)を務めたフィリップ・ヨー（Philip Yeo)氏もシンガポール都市国家を育て上げてきた。ヨー氏も、カナダのトロント大、ハーバードビジネススクール留学など国際経験が豊富で、政府の要職のみならずキャピタランドなどのボードメンバーを務めている。国立科学研究所（ＮＳＴＢ）のボードやバイオメディカル研究所（ＢＭＲＣ）などシンガポールという都市の高付加価値化に貢献し、その進化を支えてきたのだ。

進化にあたってはシンガポールが持っている都市マネジメントシステムをアップデートし続ける必要がある。輸出先となるローカルパートナーや州・省市と組むことになるのでいずれノウハウは吸収されてしまう。だから必ず時限的な取り組みが不可欠になる。これに加え、ノウハウを他に転用させ続ける必要がある。すなわち第三国輸出の模索だ。

エコシステムを構築するにはノウハウが必要となり、かつ多面にわたるため、進出回数が増えるほどに知見が飛躍的にたまる。

B パターン②：第三国市場開拓グループ

「マレーシアは中進国の罠」に陥っており、成長の踊り場に来た。このような見方がマクロ経済的になされることがある。しかし、それは必ずしもマレーシアの取り組みを言い当ててはいない。

その代表例が、イスラム経済圏への橋頭堡としてのマレーシアの姿だ。中国の2500万人のハラル市場のみならず一帯一路沿線国でのニーズを模索する。国際連携の進め方もユニークだ。マレーシアといえば、巨大石油企業ペトロナスやプロトン等、国家総力を挙げてのプロジェクトや企業が目立った。アジア通貨危機後は、米国の金融が主導するグローバリゼーションに対して反発をしたのも国家としてのマレーシアだった。

成功のモデルは今までのナショナルプロジェクトとは様子が異なる。対中との連携においてその特徴が際立っている。ポイントは、トランスナショナル（省市等の地域単位での関係）の発想だ。カウンターパートは国家ではなく、中国の省である。実際、マレーシアに限って言えば、広西チワン族自治区との連携が際立って高い。ほとんど一点張りといっていいほどの連携である。

代表的なプロジェクトが「クアンタン工業団地（MCKIP）と広西チワン族自治区の欽州市PJ」だ。これは両国に巨大な工業団地を建設するものだが、狙っている市場は中国国内のハラル需要に加えて、第三国、つまりイスラム各国への展開だ。中国と共同で廉価かつ高品質なハラル食品を作り、世界に輸出するのだ。もちろんマレーシアが得意としてきた電子部品やタッチパネル等もあるが、これらも新エネ電池、機能性プラスチック等と中国のモノづくり力が組み合わさることでグレードアップしている。

マレーシアもシンガポール同様、ソフトパワー外交をフル活用している。まずは文化交流として、中国民族貿易促進会に目を付けた。ここで、中国が抱える民族問題を文化交流の形で捉え、政治問題化させなかった。そもそも中国では反イスラムの動きが強まっており、食の安全などの懸念とも重なり、ハラル食品製造は難しいのでは、というのが大方の見方だった。その中で、中国がハラル食品のノウハウを持つマレーシアと組むことで、その弱点を克服した。マレーシアとしても中国の労働力を利用でき、輸出のローンチパッド（発射台）として工業団地を使える。このようなウィン–ウィン関係ができている。

そもそもこのようなビジネスの情報交流ができる場をどのように作り上げてきたのか。ポイントはソフトパワーの活用にある。最近では厦門（アモイ）大学のマレーシア分校の開設が挙げられる。マレーシア分校であったとしても、分校を卒業しさえすれば、中国でも名門厦門大学を卒業したことと同等とみなされる。中国においてもマレーシアでの就労機会に門が開かれる。ウィン–ウィンの仕組みを作ったのだ。広西大学における中国–東盟研究院でも、寧夏省との連携があり、食品安全、品質面の認証などマレーシアの技術とノウハウを導入している。中国とマレーシアがハラル食品認証センターを設立する予定となっており、マレーシアにとっては市場開拓と位置付けている。

また成功要因として省・市のポイント攻めが挙げられる。中国の受け皿は広西チワン族自治区（特に南寧）、マレーシアの受け皿はペナンである。米国の半導体や集積回路の大手メーカーが、米中摩擦の影響により中国から生産を移動する際、ペナンでの生産を拡張する動きが活発となった（JETRO2020年3月17日レポート）。

さらに参入障壁を作ったことも大きい。ハラルによる認証基準の設定である。原材料から厳しい基準を設けることで、他のハラル食品との品質差別化、材料→加工→製品化→パッケージというバリューチェーンにおいて参入障壁を築き上げたのだった。

これに、イスラム金融、人民元決済の整備などの資金面でのバックアップも整備した。シンガポールでは都市を基軸としたが、マレーシアはイスラムに基づくハラルやイスラム金融をレバレッジし、「尖った」存在となったのだった。

C パターン③：地経学レバレッジグループ

最後に、地政学と経済の動きを合わせた地経学の動向をレバレッジするパターンがある。まずは政治的動向に巻き込まれる当事国の視点から流れを読む「魚の眼」が重要になってくる。

例えば、米中経済戦争が激化し、中国から生産拠点を移す企業が出てきている中で、それを誘致して経済成長をするパターンだ。米中貿易戦争以前から、中国では賃金増加や環境規制強化などを理由に「チャイナ＋1」としてＡＳＥＡＮに生産拠点を移設する動きがあった。この流れが米国の対中関税によって加速している。

移設先の代表例がベトナムだ。中国と隣接し比較的賃金も安いベトナムに工場が移転している。中でも広西チワン族自治区の南寧が中国－ベトナム貿易の拠点となっており、同市のベトナムへの輸出比率は90％と高い。輸出は完全にベトナム依存である。しかも広西チワン族自治区は一帯一路では重要な役割を担う。チャイナ－アセアン時代のハブとなっているのだ。

こうした経済動向は政治的観点からすると意外に映るかもしれない。ベトナムは中国と南シナ海の問題で対立しており、ファーウェイの5Ｇ機器の導入を避けるなど、安全保障領域で距離を置いているからだ。しかし、経済的利益を鑑み、ベトナム企業は上記のサプライチェーン移設の動きを歓迎している。ベトナムの視点から見る必要があるのだ。

しかも、ベトナムにとってこれは単なる生産拠点設立による雇用創出以上の意味を持っている。1つが外資パートナーの多角化だ。電子産業分野において、ベトナムは長年、韓国のサムスンとの連携を強めてきた。ベトナムは、総力戦だと自動車を抱えるタイやインドネシア、電機電子や金融を懐抱するマレーシアやシンガポールには及ばないため、ニッチ戦略として韓国との連携を選択したのだ。

しかし韓国勢の競争力が弱体化したとき、ベトナム経済も打撃を受けるリスクがある。トップ企業のサムスンさえもファーウェイ、オッポ、シャオミなどからの挑戦に直面している。例えば2011年以降サムスンはスマートフォン市場の世界シェア1位を誇っていたが、2020年第2半期にファーウェイに抜かれてしまった。同期データによると、世界シェアトップ5はファーウェイ（22・7％）、サムスン（19・5％）、アップル（13・5％）、シャオミ（10・2％）、オッポ（8・6％）と、中国勢の台頭を表している。[3] 10年前、これら中国企業はランキング圏外であったことを考えると、ベトナムとしてもサムスン一辺倒では危ういであろう。

これを背景にベトナムは中国企業を誘致し、その成長を取り込もうとしている。しかも、これには中国勢の技術を学ぶという意図がある。中国技術を学ぶという視点は一見奇妙に見えるかもしれない。中国自身が欧米企業や日本企業から技術を〝模倣して〟きたという過去があるためだ。しかし中国企業がこれほどまでに成功する中で、中国が技術を〝模倣される〟側に立場が変わっている。

これをよく物語っているのが2章で説明した「投資報告書」だ。本報告書にはベトナムに参入する際の中国企業の技術漏洩や知財保護に関する対策法がびっしりと書かれている。例えば、中国の有名な商標や高品質の製品がベトナム市場に参入する場合、事前にベトナム知的財産局で商標・特許登録を行わないと模倣品の被害に遭う危険性がある、と同報告書は解説している。実例として取り上げられているのは、ベトナム市場に参入したとある中国のEVブランドだ。参入するとまもなく、とある現地メーカーが同ブランドの模倣品を製造し、ベトナム知的財産局に特許登録をしてしまった。この中国企業が当局に形状特許を申請した時は既に時遅しで、申請を拒否されてしまい、結果的に毎年数億元を失うことになったという。中国に進出した日本企業がこのような被害に遭ったという話はよく耳にするが、チャイナ－アセアンでは中国企業が同様な立場に立たされている。

2030年に向けてこうした傾向は加速していくだろう。中国が技術先進国となり、他国から追いかけられる側に回るのだ。現にライブコマースの活況、オッポやヴィーヴォという低価格だが高機能なスマートフォンの急速な普及、シェアリングビジネスの現地化（ゴジェックやグラブ）等は、中国が先端を走っていたものをASEANが新たな形で消化し、昇華している。チャイナ－アセアン市場はこの師弟関係を軸に動いていくのだ。

こうした流れを日本企業は「魚の眼」でつかまなくてはいけない。中国脅威論や米中貿易戦争といったハイレベルの話から深掘りをし、南寧－ハノイの産業連携の動向や、ベトナム現地企業による中国技術の吸収など、新たな潮流を見抜くのだ。ここから新しい機会などが見えてくる。

例えば、米中対立が深まるほど、ベトナムは迂回地としての機能を発揮していく。既に述べた通

【図表33】広西チワン族自治区、雲南省とASEAN各国を結ぶ鉄道ルート

始発地	出国地 途径国	目的地	所要時間	価格
重慶	広西チワン族自治区憑祥市➡ベトナム	ハノイ	45h	約2万元
重慶	広西チワン族自治区憑祥市➡ベトナム➡カンボジア	プノンペン	148h	未開示
重慶	広西チワン族自治区憑祥市➡ベトナム➡ラオス➡タイ	バンコク	98h	約3〜4万元
重慶	雲南省モーハン鎮➡ラオス➡タイ	バンコク	120h	未開示
重慶	雲南省瑞麗市➡ミャンマー	ヤンゴン	79h	未開示
重慶	広西チワン族自治区憑祥市➡ベトナム➡ラオス➡タイ➡マレーシア➡シンガポール	シンガポール	168h	未開示

出所：重慶市バナン区政府、保税区物流会社インタビュー

り、広西チワン族自治区南寧市が中越貿易で重要な役割を果たしているが、広西チワン族自治区はシンガポールやマレーシアとも高速道路や鉄道などでつながっており、一帯一路政策で重要な役割を担う。ここに物流や工業団地といった事業機会が生まれている（**図表33 右ページ**）。

また、広西チワン族自治区は重慶・成都とも連結している。重慶は鉄道などで欧州とつながっている。つまり、ASEAN－広西－重慶－欧州というルートが一帯一路の中で生まれているのだ。日本のアンテナにはなかなか入ってこないルートだが、米中対立が深まるほど、このユーラシアルートは深まっていくかもしれない。

一方、日本企業はベトナムの第三国パートナーとして役割を果たせる。ベトナムは海外パートナー多角化の目的で韓国に加え中国と連携を強めている。しかし単純に組むだけでは付加価値が取れない。総合的なモノづくりのノウハウが必要だ。ここで日本の出番があるというわけだ。ベトナムではスマートシティや工業団地、鉄道開発を通した街づくりなどの需要が高まっている。ここで日本企業が中韓と差別化する形で現地パートナーに価値を提供していかなくてはいけない。

3　虫の眼で、現地課題を読み解く

3つ目に、都市群で起きている課題やその理由を読み解く「虫の眼」が重要だ。すなわち、文脈を読むことだ。いかに科学的分析を試み、大量の資本を投下しても、現地の文脈（コンテクスト）

からずれると外す。

かつてはウォルマートやカルフールという小売り大手が、最近では米国のデジタル巨人であるウーバーがＡＳＥＡＮ市場から撤退した。中国の滴滴出行（ＤｉＤｉ、ディディ）も文脈を考慮しきれず撤退した。結果はＡＳＥＡＮの文脈を知り抜き、コミュニティビジネスを展開したグラブやゴジェックの圧勝だった。スマートフォンもアップルはおろかサムスンでさえもＡＳＥＡＮでは苦戦する。ファーウェイに続き、オッポやヴィーヴォといった格安高機能スマホがシェアを占める。これらのスマホを土台としたプレイヤーが経済圏を作る。金融サービスを展開するにもそもそも信用システムがない。これではクレジットカードは作れない。口座さえ持っていない人が多い中で、送金専門のトゥルーマネーやウィングが誕生した。これが他の金融機能を追加して成長している。また、ゴジェックは元々オジェック（Ｏｊｅｋ）というバイクタクシーサービスから始まった。スタートはコールセンターであった。隙間時間やタクシーサービスの効率化・品質向上を狙ったウーバーやディディとは異なっている。ポイントは元からあったサービスを新たに構築し直したという点だ。全て文脈の理解があるかどうかが大切である。

文脈、すなわちコンテクストを理解するということは、ユーザーの目線に立つということ。それもユーザーが朝起きてから寝るまでといってよいほど、じっくりと寄り添って課題に向き合うのだ。生活者の日常生活をなぞってみることで、負となっている要素を見つけていく。現在、チャイナ－アセアンで成功を収めている企業が既に展開しているサービスとは一見関係ないような領域を見つけられたのも、このような過程を通じて文脈を理解しているからだ。

デジタルや新興国参入戦略という分かりやすさも重要だが、その根底に流れる現地の文脈を読み解く「虫の眼」も重要だ。米国のデジタル巨人も、中国のデジタル巨人も文脈を考慮しきれずASEAN市場で敗退した。だが、文脈を読み解いた企業はユーザーの支持を得た。その典型がコミュニティビジネスで圧勝したグラブやゴジェックだ。

今までの参入戦略では、まず、経済レベルの検討から始めた。1人当たりの所得等のデータをベースに、対象となるターゲットを絞り込んでいくといったやり方だ。その上で、自社の経験値に合わせて、持っているサービスの展開レベルを見極めていった。この手法は、レベル感の違いはあれど、今でも多くの業界で取られるアプローチだろう。

シンガポールの1人当たりGDPはアジア最高レベルの約5万8000ドル（2018年IMFデータ）。都市経済が発達し、可処分所得も高く、サービス経済への理解度もある。ウーバーが、シンガポールを起点とし、東南アジアへの展開を進めようとしたのは分かる。

しかし、この方法では、ユーザーニーズを捉えられなかった。市場としては十分条件が整っていても、課題に直結していなければ使ってもらえない。

ウーバーは先進国でタクシーがつかまらないことを事業の起点とした。だから、正式なタクシーでなくても、ライドシェアという形をとって業界を創造的に破壊することができた。業界破壊を錦の御旗に、タクシーサービスに課題がある国、ましてや新興国でも同じアプローチが当てはまるように思われた。

そこで、東南アジア市場へ向かったのだろう。ここではタクシーがつかまらない、ということは確かに起きていた。しかし、つかまらないといっても質が違っていた。スコール（一時的な豪雨）時などに「走っているのにタクシーがつかまらない」「乗車拒否をされた」といった点が課題だった。この問題を解決するには、供給台数以上に、需給の最適化、多様化を図らなければならない。業界破壊よりも現地のタクシーとの協調が必要だった。

さらに、重要な点がある。ウーバーはユーザーにクレジットカード情報を登録させ、使い勝手を向上させてきた。しかし、東南アジアの多くの国ではクレジットカードを持っている者は少数派だった。多くのユーザーは、デビットカードないしは現金で支払うのが一般的だった。この現地で生活していれば当たり前のことに、ウーバーは気づかなかった。商習慣を本国と同様に捉えていたのである。

「移動手段の進化、支払いの簡素化」が課題ではなく、「移動手段の多様化、支払い方法の多様化」への対応がカギだったのだ。デジタルといっても千差万別。デジタルで何の課題を解決するのか、デジタルのどの領域を訴求するのか。また、オンライン／オフラインの垣根が消滅する中、アフターデジタルの生き残りを考えても、テクノロジーに一喜一憂し、本質的な市場理解に目が向いていなければ、勝ち残れないだろう。具体例を通じグラブやゴジェックが取った「虫の眼」視点を見てみる。

A グラブのケース：地域の文脈を理解する

マレーシアで展開されているグラブは、一般的にウーバーのアジア版と言われ、Regional adjusted（地場に適合した）プラットフォームとも呼ばれる。確かに、アジアでのビジネス展開におけるエッセンスが詰まっている。

スマートフォン一つあれば、東南アジアのほとんどの地域でサービスが利用でき、アプリのインターフェースも域内共通。決済通貨は現地の通貨で表示がされ、現地のタクシー会社との連携も進んでいる。サービスも多様で、車種も既存のタクシーだけでなく、大型車、三輪バイクなどが選択でき、域内横断で使えるインフラとなっている。国次第ではあるが、フードデリバリー、送金（グラブペイ、Grab Pay）、保険、ペットの輸送といったサービスまで利用可能だ。

東南アジアを回るのであれば、財布はなくても、グラブがないと困る、といった声も多い。なぜここまで展開できたのか。同社のスローガンは、〝Forward together〟（日本語に訳すと〝一緒に進もう〟というところか）であり、ひも解いていくと、ウーバーとは異なるサービスであることに気がつく。

既存の事業や市場の破壊ではなく、協調という点で、ウーバーと異なっているのだ。ポイントとして以下の3点がある。

1）地域コンテクスト（文脈）の理解：各国の違いに目を向けるのではなく、地域で協調できる点はないか、という目線を大事にしている。既存タクシー会社の取り込みはその一面だ。対立するのではなく協調する。だから、他の移動手段も柔軟に取り込む。タクシーや乗用車だけでなく、バイク、トゥクトゥク、乗り合いトラック（ソンテウ）も対象だ。また、利用者の決済手段も文脈を理解することがカギとなる。カードどころか銀行口座をそもそも保有していない、小銭が手間、支払いに交渉が必要等、状況に応じた対応が必要だ。

２）地域・国々でのカスタマイズによる最適化：地域を絞っていくことで、かゆいところに手が届くサービスを実現する。東南アジア各国の空港に降り立つと、アプリの画面の中身が変わる。現地の言語だけでなく、乗り物の種類も変化していくのだ。地域に合わせたグラブならではのサービスといってよい。サービスを利用した中で貯まったポイントも、他のグラブサービスに限らず、レストランや買い物で使うことができる。

３）集中投資とコラボレーションにより差異化を目指す：グラブのビジネスを見ていくと、必ず現地の大手異業種プレイヤーと協働している。タクシーサービスしかり、金融サービスしかりだ。現地のリージョナル・ジャイアンツと協働することで、スピーディかつ圧倒的な食い込みを実現し、経済圏を構築している。

グラブのサービスをめぐっては金融機関との組み方も特徴的だ。ここでもローカルとの協調を前面に打ち出している。地域のことがよく分かっているプレイヤーと積極的に組むという姿勢だ。パートナーとして組む相手も、金融業界では地場大手プレイヤーが中心だ。例えば、シンガポールの銀行のＤＢＳやＯＣＢＣなど、地域や各国におけるナンバーワン企業である。業界は異なるが、地域を熟知した存在と連携することで、シナジーを最大化しようと努めている。

B ゴジェックのケース：生活者に寄り添う

インドネシアのゴジェックは、一見グラブと似ているが、よく見ると異なっている。新しいデジタル、モビリティビジネスと一概にくくることはできない。サービス内容を見ると、クリーニングから書類の受け渡し等、多岐にわたる。送金サービスも可能だし、タクシーやバイクにATMの機能まで持たせている。ゴジェックドライバーにお金を渡し、ドライバーに入金してもらい、アカウントにお金を貯めるという仕組みだ。この仕組みが発展すると、金融機関はおろか、コンビニのATM機能すらも使わなくて済むようになる。あまりにも広いサービス領域は、まるで現代版の町内会や商店街のようなコミュニティとして、生活者に寄り添うインフラとなっているのだ。グラブが地域という面での広がりを捉えたとすれば、ゴジェックは生活者を軸にサービスを掘り下げていくことで、必要不可欠な存在になった。

ゴジェックが展開しているサービスは、米国や中国、シンガポールで発展した事業を新興地域であるインドネシアに持ってきた、というだけでは説明がつかない。タイムマシン方式での思考では出てこないビジネス形態が誕生しているのだ。

ゴジェックの成功の裏には、インドネシア社会の文脈をより深く理解し、その上にビジネスを構築したという点がある。それは、ゴジェックというネーミングそのものにもよく表れている。元来インドネシアでバイクタクシーの意味で呼ばれていたオジェックは、市民の主要な足であり、単なる移動手段というよりは、もはや欠かせない日常生活の一部であった。オジェックにあやかってつけられた名前そのものが、インドネシアの人々には親しみが湧くもので、よく刺さるものだった。

ゴジェックが成功した背景にある3つのポイントとは

最新テクノロジーの活用有無や領域にかかわらず、時として外資プレイヤーを凌ぐ強さを誇る地場プレイヤーの成功の背景には、現地のコンテクスト理解があると考えてもよいだろう。

ゴジェックがベトナムに進出するにあたり取った戦略、すなわちゴジェックからゴーヴィエット（ＧｏＶｉｅｔ）に名前を変え、マネジメントを現地のベトナム人に任せた点も、この現地の文脈、つまりコンテクストを理解するという試みとして捉えることができよう。経済の発展水準においてはおおよそ同じであっても、また、バイクタクシーの存在など表面的には類似するものが存在していても、それぞれの社会の根底に存在する文脈は大きく異なる可能性がある。そのような意味で、ベトナムではセーオム（Xe om）という名前で現地の人々に親しまれてきたバイクタクシーのサービスをゴヴィエットとしたネーミングがどれだけベトナム人の心に刺さるのかは未知数だ。

一方で、ベトナムの国旗を模したロゴや、国のカラーでもある赤いヘルメットを気に入っているという市民の声も聞かれる。ベトナム進出は２０１８年の動きであるため、現地のコンテクストをどのように読み、それをどのように今後のビジネス展開につなげられるか、評価はまさにこれからだ。

日本ではライドシェア業界が発展していないため、報じられることがほとんどないが、同じライドシェア事業を展開していても、事業の考え方が違う。文脈の捉え方、ユーザーニーズの捉え方が違うのだ。なぜその事業が社会で必要とされたのか。元々あった社会の文脈と連結させて考える必要がある。

ゴジェック成功のポイントは3つだ。

1）旧来ビジネスのリニューアル：ゴジェックは元々〝オジェック〟というバイクタクシーサービスから始まった。また、当初から隙間時間を埋めるためのライドシェアサービスを実施したわけではない。スタートはコールセンターだ。フードデリバリーや配送サービスもデジタルという形態を取っているが、元々インドネシアにあった文化を踏襲している。ゼロからのスタートではないのだ。

2）既存事業の先を見る：ライドシェアであれば、ドライバーの稼働率向上やユーザーアプリの使い勝手向上で済んだ。しかし、本当に使ってもらえるインフラになるためには、既存事業の〝カイゼン〟だけでは不十分だ。ドライバーの付加価値向上や、決済領域への参入は社会システムが持つ課題に対する思考が変化していなければ出てこなかった事業だ。ゴーペイ（ＧｏＰａｙ）は、銀行システムが未発達な社会で、ライドシェアサービス領域から、金融サービスユーザーを増やした。

3）生活者に寄り添う社会課題解決：

ゴジェックが提供しているサービスは、ユーザーの生活時間に合わせて、引っかかっている社会課題を解決していくインフラ、と言い換えてもよい。ただ、やみくもに新しい事業を展開するのではない。

グラブのケースの場合は、ドライバーを起点にしつつも、稼働率の上昇、付加価値の追求という観点からサービスが拡大、社会のインフラに変化していった。

ゴジェックとグラブではビジネスモデルが異なるため、当然組む相手も異なってくる。ゴジェックの場合、金融パートナーは、①自社による買収が軸。ただ、②自社文化の展開にあたっては、地場のスペシャルプレイヤーと連携、③自社ブランドに固執せずという点が重要だ。グラブとは異なり、地域のナンバーワンと組むことにはこだわらない。どのような事業形態であっても、地域の文脈に根差しているか、がモノサシとなっている。

デジタルやライドシェアというビジネスを見ると、一見先端的なものに乗り遅れてはいけない、と思いがちだ。しかし、元々文化としてあった商形態をデジタルで顕在化・掘り起こしした点がポイント。単なる流行りもののニュービジネスとは異なる。

元からあるものへの価値再考という視点は、〝フロンティア喪失〟に悩む日本企業が学ぶ視点になるのではないか。パートナー戦略を見ても、日本からやってきたのは良いが、〝何が相手にとってスペシャリティなのか〟がポイントになってきている。金で事業を買う、だけではダメだ。

なぜプラットフォーマーという視点だけでは不十分なのか？

アジアで台頭している新たなビジネスは、ウーバーに代表されるプラットフォーム・ビジネスの理解だけでは説明がつかない。リージョンやローカルへの特化という視点が不可欠であり、その背後には文脈への理解が欠かせない。ゴジェックに見られるように、地域のユーザーの生活を考慮することで、一見異なる事業を連続的に創造しているのだ。

「文脈」の一つの経済事変として「時間」が含まれている。時間に沿って、事業機会を連続的に創造するのがポイントだ。

ゴジェックがライドシェアだけでなく、デリバリーやクリーニングサービスまで一見関係ないように見える領域に展開ができたのも、文脈を理解していたからだ。

ウーバーではないが、一つひとつ積み上げてきたサービスの品質も場所が変われば色あせてしまう。または意味を失ってしまう。他の場所や地域にサービスを展開するとき、どのようにすればよいのか。これをつなぐ概念が文脈だ。

経済レベルが近いからといって、同様のサービスが受け入れられるとは限らない。重要なのは、文脈を理解し、課題を解決していくことだ。

4 3つの眼で多面的に変化を見通す

最後が、これまで議論した「鳥の眼」「魚の眼」「虫の眼」全てを総動員するやり方だ。都市群で台頭する新たなプレイヤーの動向、業界動向の変化に注意を払うことだ。今までの常識の眼にとらわれていると新たな変化を捉えられなくなる。大きく俯瞰したり、流れを読み直したり、細かく見たりしていくことで変化の背景が分かってくる。

このような観点で目を向けると、気が付けば、思っていた業界とは全く違った競争ルールが展開されていることがよくある。

業務の標準化が進み、属人性、属社性が不要になっているにもかかわらず、企業の集中度の高くない業界において「気が付けば思っていたのとは違う」競争環境が出現する。通常であれば、企業を統合・集中させ規模の経済を取ることが、経済合理性に沿った行動だ。しかし、それでも企業が集中しない場合には何らかの理由がある。多くの場合、規制や慣習によって守られているケースだ。その代表例が金融業と物流業である。この2つの業界は経済の血液であり、実態の流れを反映している。特に都市経済圏という観点から見てみたい。

A 金融業における質の変化

そもそも金融業は、先進国、新興国にかかわらず規制産業である。金融業は、経済の「信用情報」

を扱い経済界に多大な影響を与えるため、活動に対して制限が課されてきた。かつて銀行では、貸出金利や調達金利が規制で決められていた。規模が大きければビジネスが儲かるという仕組みだった。その後、大規模金融機関には資本規制や業務規制を受ける等、規模の不経済が言われたものの、資本力が大きいほど情報も集まり、影響力を行使していた。「信用情報」を背景にした巨大情報産業であった。

そんな金融業界も、特有の課題に特化し、専業として、市場を新たに創造したことがある。ノンバンク（リース、消費者金融）やアセットマネジメント、アドバイザリー専業の投資銀行、ネット保険等である。

今までは、総合的に金融を扱うか、専業としてのプレイヤーの道を歩むか、大きく分けて2つが金融業での生きる道だった。

ここに風穴を開けたのが、「生活情報」を取り込んだプレイヤーである。生活情報とは、消費者の行動や購買履歴等に関する情報である。今までの金融機関が扱ってきた信用情報とは異なる情報だ。

生活情報をもとに、社会の不便を解消し、口座を持っていなくてもお金のやり取りができる「送金専業」プレイヤーが誕生した。また、タクシーの乗り降りに現金を使わずに支払いができるシェアリング（ディディ等）プレイヤーも生まれた。またECでもオンライン上では現金を使わずにやり取りをするが、クレジットカードや銀行口座を持っていなくても金融取引ができるようになった。「信用情報」重視ではなく、「生活情報」から新たな市場を創造したのだ。通常の発想ではこのような転換はできなかっただろう。信用情報がない代わりに生活情報が活かせるという地域独自の社会課題を見抜く「虫の眼」と、ビッグデータ自体を資産として価値を創造するデジタル化の流れを見抜く「魚の眼」、規制で守られている業界だからこそ常識を覆すようなビジネスモデルの再編成が起こるという大局を俯瞰する「鳥の目」を掛け合わすことで、質の変化が見抜ける。

例として中国の金融業を挙げてみよう。この5年における中国の金融業での勝ち組は伝統的な4大国有商業銀行ではない。代表的なプレイヤーの顔ぶれも変化した。2020年株式市場を驚かせたのがアリババ系のアント フィナンシャル（Ant Financial）のIPO（新規株式公開）のアナウンスであった（3・7兆円と試算されたが、IPOは取り下げとなった）。また躍進が著しい例として挙げられるのが中国平安保険グループ（Ping An、ピンアン）。元々は中国の保険業でも上位企業ではなかった。これらの企業の成功のカギは金融商品の優劣ではない。強みは生活者の視点に立った情報を吸い上げ、価値を創造することにある（のちのケースで平安の特性に触れる）。

中国では、金融の中で取引頻度が低い業種、ないしは金融以外のライフスタイルの接点が最も多いところからイノベーターが現れた。すなわちサービス産業と保険業であった。「アント フィナンシャル」や「平安保険」の台頭にはこのような背景があった。

ASEANでも同様の傾向がある。財閥やASEAN地域の金融機関だけが金融を担う時代は終わった。今や金融の送金や決済機能を握るのはスーパーアプリを握るグラブやゴジェックである。独立系の決済大手トゥルーマネー（タイ）も新興勢力として力を増す。既存プレイヤーでは先進的な地域金融機関として知られるDBSやOCBCでさえも新しい変化への対応に必死だ。

市場が変化する中でプレイヤーは4パターンに分類される。チャイナ－アセアンでの金融プレイヤーは規制下で「総合的に金融サービスを提供するか、特定課題を解く専業プレイヤーか」か「信用情報を軸とするか、生活情報を活かすか」の組み合わせである。

①総合的な金融サービス×信用情報を軸：従来の金融（トラディショナル）
②特定課題を解く専業プレイヤー×信用情報を軸：従来のノンバンク系（スペシャリスト）
③総合的に金融サービス×生活情報を活かす：イノベーター
④特定課題を解く専業プレイヤー×生活情報：ディスラプター（異業種からの破壊者）

①総合的な金融サービス×信用情報：この分類は、従来型の既存の金融が対象となる。中国の4大国有商業銀行、4大国有保険、ASEANの国有銀行、財閥系の銀行・保険、証券大手である。中国では、現金をやり取りする際の煩雑さや不手際リスク等から紙幣に対する不信感があった。ASEANでは、中間層の台頭が遅れたことから、クレジットカードどころかそもそも銀行口座を持っていないという人も多かった（**図表34** 188ページ）

生活者により密着したところに十分な金融が行き届いていなかった。ゴジェックやグラブ、トゥルーマネーやウィング[4]による金融サービスの提供はこのような背景があった。

経済発展のステージが遅れているので、金融ニーズがないとされ、金融業全体の発展が遅れていると理解されていた。しかし、チャイナ－アセアンでは新たなプレイヤーの台頭によって既存銀行

【図表34】銀行口座の開設率

	2011年	2017年
中国	64%	80%
シンガポール	98%	98%
マレーシア	66%	85%
タイ	73%	82%
インドネシア	20%	49%
フィリピン	27%	54%
ラオス	27%	29%
ミャンマー	データなし	26%
カンボジア	4%	22%
ASEAN平均	29%	50%

出所：世界銀行　Findex：WorldBank Findex2011&2017

の影響力が低下している。

④特定課題を解く専業プレイヤー×生活情報：生活情報を軸とする新たな業態の誕生によって、金融は規制産業しかできない、高度な専門性が発揮できない、とする常識が覆されることになる。人々は、自由で簡単なサービスを喜んで受け入れた。ボタン一つで利用できる多様な金融サービス（気づかないものも含め）は、熱狂的な支持をもって受け入れられた。多様な商品に対する関心もあった。

③と④に代表される新しいプレイヤーは、顧客の生活スタイルを見極め、不便を一つひとつ解消していった。クレジットカードを持っていなければ、ポイントを買ってやり取りができるようになった。金融は最初からサービスの一環であった。従来型の金融業のようにお金を安く調達し、高く貸すことや、金融サービスそのもので手数料を取る必要もなかった。保険契約の数と支払い確率だけに目を凝らすよりは、事故を未然に防ぐための知恵、健康管理の情報提供といった生活者情報に価値をおいている。

これらの新しい業界では従来の金融機関が重視した、「過去の信用」や「経験則から導かれた固定的なモノサシ」から生み出される信用情報・分析よりも、「今の評価」や「自己や他者が取る変化する行動パターン」から予測される情報を重視している。しかも情報量は行動情報の方が、信用情報よりも多くなっている。

金融機関が審査をする際には段階を踏んだ信用情報・分析がある。規制された業界でシェアする信用データと各金融機関が個別に持つ審査データである。これらはユーザーに開示されることはなく、金融機関が独占している。

他方、新たな業界は、生活者情報を重視しており、個人がどう行動し、活動しているのか、であるから、個人には分かっていた。問題なのはまとめて見やすいか、どうかだけであった。これらをまとめたものがECやシェアリングにおける個人レーティングであった。

有名なアリババの芝麻信用スコアは、自分の行動がスコアの上下にかかわるので、ユーザーが信用力を高めようと努力をする。タクシーのディディ、グラブ、ゴジェックも評点が付く。悪質なユーザーはタクシーや宿泊施設から回避され、不便を被ることになる。このようにして蓄積された情報から金融の信用データを補完・強化していくのがチャイナ－アセアンで起きている新たな信用モデルである。なお信用データベースができたのは、中国では2018年（百行征信有限公司）、ASEANでも2010年代後半（ないしは存在しない）。全て2020年近くの出来事である。

既存の金融機関がこれらの新たなプレイヤーの台頭に気づき、その手法を観察し、取り入れ始めたのは2015年以降の動きである。特に中国では保険業がイノベーションを起こし、生活情報の領域へビジネスをシフトしている。

保険業界でのイノベーションは、他の金融業界に比べ、参入障壁が低く、商品の複雑性が限られていることも理由にあった。また規制自体も銀行や証券と比べると比較的緩いという特徴もあった。さらに（最も重要だが）顧客との接点の頻度が他の金融サービスに比べて圧倒的に少なかった。これらの状況が外部・異業種からの参入を容易にした原因だ。

銀行は日常の生活で支払い、送金、決済等、顧客との接点を持っていた。証券会社は銀行ほどではないにせよ、顧客が積極的になればデータのやり取りは多く、法人向けのトレーディングとなれば秒単位での高速取引が行われている。保険会社では、アクシデントが起きない限り、フリクション（顧客接点との摩擦）が生じなかった。保険という業態は元々データポイントが限られる。事故や病気といったアクシデントのコントロールができないからだ。

結果として、銀行業は変化が遅れた。持っているサービスで十分に対応ができると考えてしまった。ここに変革を起こし、急成長をしたのがチャイナ－アセアンの保険業であった。現在、保険会社は他業態の買収等を積極的に進めているが、これは信用システムの構築の仕方が変化し、生活者からデータポイントを取ってメカニズムをつくることを意識したものだ。顧客の生活に合わせデータポイントをつなぎ合わせ、付加価値を創造するビジネスとなった。言い換えれば、生活情報から社会課題を読み解く「虫の眼」と、規制に縛られた業界を俯瞰し、打破していく「鳥の眼」を駆使したことで新しいビジネスを創造したのだった。

CASE：平安保険の進化に見る金融業界の変遷：何が変化したのか？

「金融業を統合する」。平安保険創業者であるピーター・マー（Peter Ma）氏が1988年に同社を設立した際に掲げた言葉だ。中国では天安門事件が起きる前の話だった。改革開放は進められていたが、冷戦も終結しておらず、グローバルバンキングも誕生する前であった。

【図表35】中国-ASEANにおける金融プレイヤーは4パターンに分類される

2×2のシナリオ	信用情報	生活情報 消費者の行動や購買履歴等に関する情報
総合プレイヤー （金融サービス全般）	**従来の金融** **（トラディショナル）** ● 商業銀行：中国銀行、DBS、UOB ● 国有保険：中国人寿、中国太平 ● 証券会社：中信証券、国泰君安	**イノベーター** **（消費者金融）** ● アント フィナンシャル ● ゴジェック ● 中国平安保険 ● グラブ
総合プレイヤー （金融サービス全般）	**従来のノンバンク系** **（スペシャリスト）** ● 投資銀行：ゴールドマン・サックス	**ディスラプター** **（異業種からの破壊者）** ● 送金サービス：アリペイ、トゥルーマネー ● シェアリング：ディディ ● Eコマース：JDドットコム、ラザダ、ショッピー

出所：デロイト トーマツ コンサルティング作成

元々中国の保険業界は国有企業による寡占であった。銀行業が4大国有商業銀行で寡占されていたのと同様、保険業界も4大国有保険によって独占されていた。平安保険は民営企業であるが、それを武器に保険業界の常識を打ち破り、銀行・証券も含む変革の芽となった。中国の金融業界では最も影響力のある金融コングロマリットになったが、そのエッセンスはデータ企業への変貌だった。平安保険は中国でデータサイエンティストを最も多く雇用する金融機関である（2600人以上[5]）。この数字は他の金融業の約13倍にも及んでいる。

同社はM&Aを繰り返して急激な成長を遂げてきた。掲げている投資方針は5つある。そのうち最も注目すべき投資方針はエコシステム（生態系）の構築だ。これは2007年から2008年におけるアリババやテンセントの急速な台頭を観察し、質の変化を見極めたものだった。つまり（1）市場を再定義する、（2）データを価値とする、（3）ユーザー体験を高める、（4）革新的な自動化をする、（5）エコシステムを構築する。これらは既存の金融機関が重視してこなかった視点である。

同社が保有するピンアン フィナンシャル クラウド（Ping An Financial Cloud）は中国で営業する金融機関向けにノウハウを提供するシステムである。ルファックス（Lufax、陸金所）は1280万人の顧客を相手に、預かり資産561億ドル超の中国最大のノンバンクであり、デジタル資産管理プラットフォームである。[6] ピンアン グッドドクター（Ping An Good doctor）は世界最大の遠隔医療プラットフォームであり、2・5億人のユーザーを抱えている。ピンアン ヘルスコネクト（Ping An Health Connect）は中国の50％の個人クリニックをサポートするプラットフォームである。これらはそれぞれが「安心」をテーマに、保険サービスを受ける人、保険に関する医療従事者、自動車サービス（シェアリング等）、健康管理サービス等、全く別の会社がつながり、ピンアンユーザーとなれば、使いやすいサービスを受けることができる。その結果、2億人弱の金融サービス業の客、1兆ドル超のバランスシート、5億人と言われるエコシステムの中心にある金融コングロマリットとなっている。

ピンアン グッドドクターはグラブと組んでグラブ ヘルス（Grab Health）というサービスを開発し、現在ASEAN諸国にも参入している。新型コロナ禍のオンライン診断などの需要増加を受けて、参入が早まっている。チャイナ－アセアン内で業態変化が起こり、それが域内で横展開しているのだ。日本の金融機関などがグラブに投資しているが、本来であれば平安のようにシナジーが利くような事業展開（オンライン診療×スーパーアプリ）ができなくてはいけないのではないか。

B 物流業における質の変化

質的変化については、リアル経済の代名詞となる物流業でも起きている。

そもそも、中国、ASEANともに物流市場は非効率だった。例えば米国、EU、日本での物流コストはGDPの7%から8%である。中国と東南アジアは物流コストがGDPの12%から15%となっている。中国では2019年に15%[7]、2025年の国家目標として12%を目指している。アリババとJDドットコムは最終的には5%にするとしている。

物流は、単に運ぶだけの時代には、帰りの荷台を空にせず、何かを積んで帰ることが重要だった。だから拠点の最適化が必要だった。最適な点を探すことで無駄を減らしたのだ。次に改善が求められたのは時間であった。待機する時間を減らし、送る側、受け取る側の時間を最適化する必要があった。最後が付加価値化である、冷凍や安全という機能が切り出された。

これを一体化したのがＥＣだった。ＥＣの普及を起点として大量の貨物需要が創出され、物流市場が拡大。単にモノを拠点から拠点へ運ぶ中での効率化を狙っていく従来型の物流とは戦い方が異なる市場・プレイヤーが生まれた。

中国の物流市場は直近ＥＣの普及とともに成長しており、２００８年から２０１９年の12年間でＥＣ関連物流の貨物件数は１００倍にまで拡大している。ＢtoＣ物流の貨物取扱量の80％はＥＣが占めているのだ（２０１９年貨物取扱総数６３５億件のうちＥＣが５００億件を占めたのに対し、２００８年においてＥＣは15億件だった）[8]。その中で、主要なプレイヤーは顔ぶれを変えており、全体ではアリババ系が65％、専業の順豊エクスプレスが11％、ＪＤドットコムが７％、その他が17％である[9]。圧倒的な寡占構造にある。また、ＢtoＢになると国有企業が10％、中小民営企業が90％となっており、効率が悪く、産業の集中度が低く、変化が起きている最中である。

その市場拡大期のプレイヤーは４パターンに類型化することができる。チャイナ－アセアンでの物流プレイヤーは「ＥＣを起点とした既存の物流外の領域との価値連携の有無」と「各地域・セグメントへのニッチ課題への対応の有無」で大きく以下の４パターンに分けられる。

【図表36】中国-ASEANでの物流プレイヤーは4パターンに分類される

2×2のシナリオ	ローカル課題対応なし	ローカル課題対応あり
既存の物流ルールに則って戦う	**従来の物流（トラディショナル）** ● 中国郵政	**尖る物流（高いサービス品質と技術力）** ● 順豊エクスプレス（SF）
物流外の分野で戦う	**EC産業×物流（他業種との価値連携）** ● 京東物流（JD ロジスティクス） ● アリババ（ツァイニァオ）	**アプリ×物流（ニッチ課題への対応・解決）** ● ニンジャバン ● ララムーブ

出所：デロイト トーマツ コンサルティング作成

①：既存の物流のルールに則って戦う×ローカル課題対応なし
②：既存の物流のルールに則って戦う×ローカル課題対応あり
③：物流外×ローカル課題なし
④：物流外×ローカル課題あり

①に関しては従来型の既存の物流であり、中国郵政などが該当する。EC以前の時代には覇権を握っていたが、この10年で既存の戦い方とは異なる戦略を取るプレイヤーたちに覇権を奪われていく。

10年以上前のチャイナ−アセアンはまだ新興国であり、現在ほどのインフラは整っていなかった。特に物流では、遅配、紛失や住所不明の返送など、時間内の配達完遂率が低かった。しかし、そのような問題はBtoB向けの配送においては許されない。そこで、②のパターンを代表する順豊エクスプレスのようなプレイヤーが出てきた。順豊エクスプレスは事業者向け配送における課題にフォーカスし、高価格ではあるが、遅配、紛失をなくし、「1時間以内の集荷、2時間以内の発送」「中国国内は3日以内に配達」といった事業者向けの高品質なサービスを提供し成長してきた。また、その水準を担保するために自前で空港を持つなどアセットやノウハウを積み上げている。既に順豊エクスプレスの取扱量は、中国郵政を2012年に上回っている（図37 202ページ）。

そしてECという物流にとっての変曲点を迎え、③のパターンにあたるアリババやJDドットコムを中心とした物流事業者が現れ、市場のシェアを取っていく。彼らはECを起点とした配送に特化しており、徹底的なＥＣ向けの効率化を行っていく。

例えば、アリババは世界で5大物流ハブを作っている。国内では杭州に、国外ではクアラルンプール、ドバイ、モスクワ、リエージュに拠点を有している。ジャック・マー（馬雲）氏が２０１８年、グローバル・スマート・ロジスティクス・サミットで中国国内は24時間以内、一帯一路参加国は72時間以内で配達する物流ネットワークの構築を打ち出している。

同社の拠点となるクアラルンプールのハブは国際空港近くにあり、アリババ初の国外ｅＷＴＰ（Electronic World Trade Platform）対応ハブだ。ジャック・マー氏とマレーシアの元首相ナジブ・ラザク（Najib Razak）氏が締結したデジタル・フリー・トレード・ゾーンの一環として作られている。具体的には、税関手続きの電子化などで、かかる時間が24時間から3時間に短縮される。また、中国から物流のロボットを導入し、倉庫の効率化を図っている。倉庫はクアラルンプール国際空港に隣接されるため、越境物流に最適だ。倉庫の広さは１１０万平方フィートに及ぶ。クアラルンプール国際空港の航空貨物量は10年間で年間１４０万トンへと倍増したが、アリババ単体でこの3割を占める。これらによって、マレーシア国内の中小企業などが簡単にアリババのＥＣプラットフォーム（タオバオ、ティーモール ドットコム、ラザダ）などに商品を流せるようになるのだ。

ただし、彼らが既存の①のタイプの物流業者と大きく異なるのは、物流事業単体での収益性だけを見るわけではないことである。ＥＣで儲けが出ていれば良く、そのＥＣのユーザー体験全体を高めるための一施策としての物流の位置づけとなっている。そのため、物流事業単体では成立しない配送単価、ピーク時の人件費であったとしてもよいという、既存の物流事業者からするとこれまでの戦いの土俵をひっくり返すような戦い方をすることが可能となってくる。

さらにASEANでは一国の規模が小さいために国内ECではなく、ASEAN全体をサービス提供範囲としたラザダやショッピーを代表とする越境ECが主体となる。ASEANでは都市と地方の格差が顕著である。ECにより配達ニーズが急増しているが、配達人員の供給が追い付いておらず、人手不足である。地理的にも分布が複雑で細分化され、物流コストが高い。しかも銀行口座の普及率は低く、代金引換（着払い）を選択する人が増えているため、返品リスクも高い。

そこで、④のパターンのようなニンジャバン（Ninja Van）やララムーブ（Lalamove）といった物流企業が成長を見せる。ニンジャバンは各国でのローカル課題に寄り添い、細かく対応し成長した。例えば、マレーシアへの進出時には、インフラやシステムが整っていない地域では住所情報だけではグーグルマップやGPSシステムで配送先の特定ができない、という問題に直面した。脆弱な通信インフラのせいで、物流・配送会社のデータと顧客のアプリ上のデータがうまく作動しないという問題も発生した。こうした各国ごとに異なるローカル課題を解決しながら、越境物流プラットフォーム事業を構築したのである。

ララムーブは順豊エクスプレスと同様の戦略を取った。価格以外の購買要因を重視する事業者を対象とし、都市を中心にユーザーを増やしていった。例えば、都市に多い高層ビルの上の階まで荷物を届けるサービスが人気を博している。他社の場合、配達員がより多くの配達先に回ろうと、ビルの入り口に荷物を置いて次の配達に向かってしまう。その結果、ユーザーが10分以上かけ、高層ビル1階の入り口まで降りて荷物を受け取らなくてはならない。ララムーブはこの不便さを解消することで顧客から支持を得ているのだ。

②〜④の各パターンの要点は「既存の事業領域の外側との連携」と「ターゲットセグメントへの適切な課題解決のアプローチ」である。ECやシェアリング型サービスの台頭という時代の流れを「魚の眼」で読み、ローカルにおける固有課題とそれの解決策を「虫の眼」で考察し、それらをレバレッジして物流業界全体を変える「鳥の眼」が重要である。この視点を持つことで、自社の事業領域の中で常識、KSF（Key Success Factors）と言われている戦い方に疑いの目を向け、事業外の領域との可能性を見定めることが可能になる。その上で、ターゲットセグメントへの愚直なまでに具体的な課題解決の施策を積み重ねなければならない。もし競合がこの実践を続けたらどうなるか。蟻だと思っていた存在は、こちらが知らぬ間に象に変わっているだろう。

CASE：順豊エクスプレスの進化に見る物流業界の変遷：順豊エクスプレスはどのように生き残れたのか？

順豊エクスプレスの創業者は王衛氏。1993年に設立された企業だ。まだ香港が中国に返還される前の時代だ。香港と広東（順徳）の間を往復するBtoBの小口での急配サービス（小口商業貨物）を開始した。設立時はリュックサックで荷物を運んでいたという。今や順豊エクスプレスは中国最大の華南地域発祥の専業物流業者に育った。コロナ禍でも順豊エクスプレスはサプライチェーンを守った。コロナ禍を経てアリババのエコシステムにぶら下がる四通一達（主要物流会社5社の総称。4社は社名に「通」の漢字が入り、1社は「達」の字が入る）と呼ばれる韻達快遞（YUNDA Express）、圓通速遞（YTO Express）、中通快遞、申通快遞、百世快遞（旧・匯通快遞、BEST Logistics Technology）など、長江流域から誕生した中国物流大手を抜き、首位に立った。

世界のデジタル革命の先を走る中国。アリババ、テンセント、JDドットコムといったデジタル巨人がいる中で、なぜ順豊エクスプレスは生き延びることができたのか。その秘訣は「徹底した尖り」にある。BtoBで小口急便にこだわって事業を展開してきた。

順豊エクスプレスの原点である小口物流は年々、進化してきた。1997年には深圳－広東間の陸上小口商業貨物シェアの70％を占めるようになり、都市を中心に発展をしていった。一時は加盟店方式を採用したが、直営モデルに切り替え、貨物航空会社の買収（2002年）、2006年には2つの仕分けセンター、52の中継地、1100の営業拠点（全国20の大都市、300の中小都市）で事業を展開、2002年から2007年まで年率50％という驚異的な成長を遂げた。2008年からは国際物流にも進出し、DHLの中国事業も買収した。

元々中国の物流業界は国有企業の中国郵政（EMSを取り扱う）が独占していた。ここに風穴を開けたのがBtoCの四通一達や、順豊エクスプレスであった。彼らの売りは徹底した顧客サービスの実現だった。やがてここにEC革命が起きる。特にアリババが組織するBtoC市場は既存の流通業者をのみ込むほどのインパクトがあった。実に中国の物流企業のうち70％がアリババ傘下にあり、アリババのプラットフォームを使っている。順豊エクスプレスはこの中で、生き延びた。JDドットコムやテンセントとの連携もあったが、神髄は「小口荷物の高速取り扱いに特化した」こ

【図表37】中国EMS市場における中国郵政と順豊エクスプレスのシェア推移

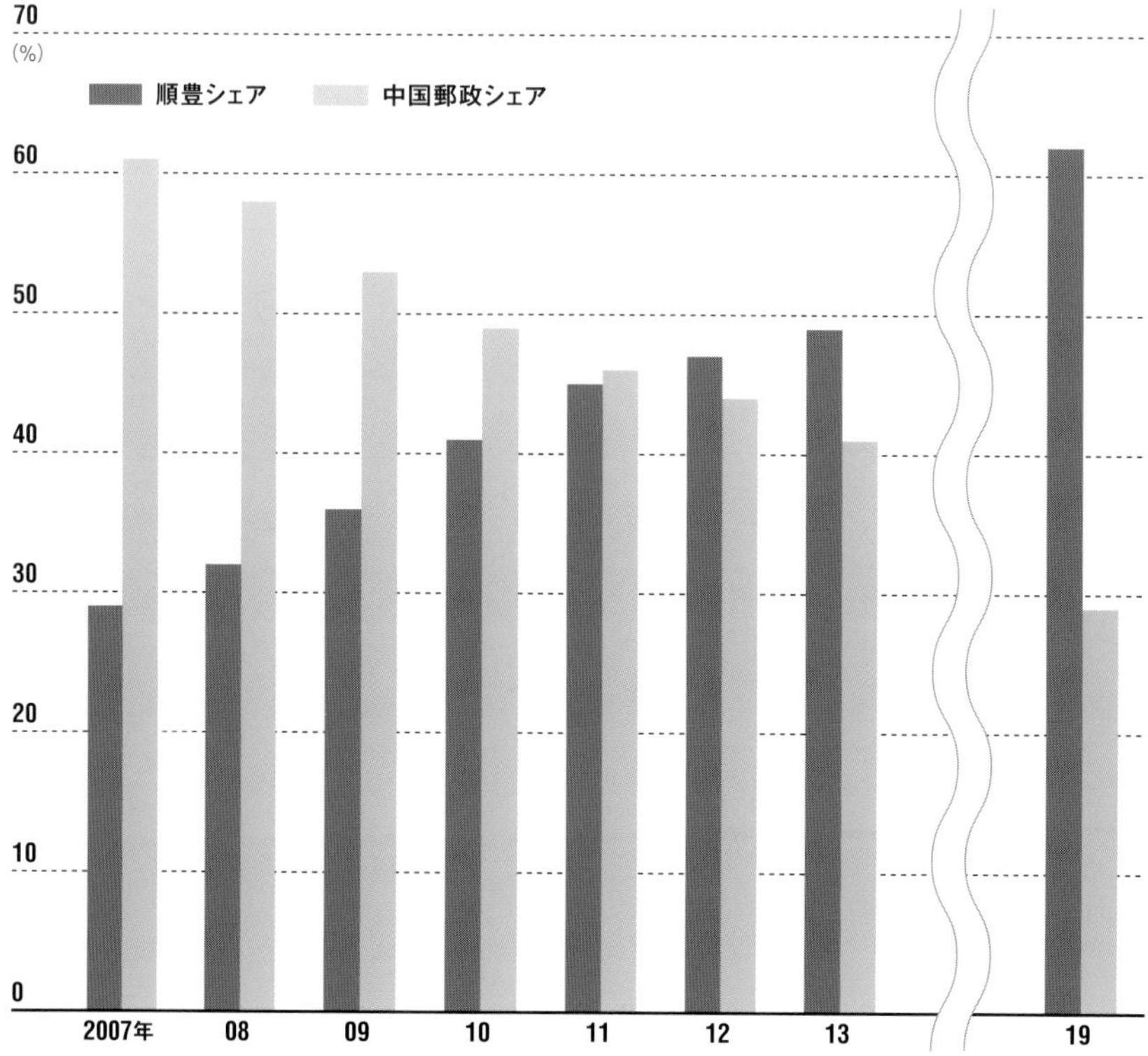

出所：各社年報、中信証券研究部

とにあった。

順豊エクスプレスは安心、安全、確実という信頼ビジネスを徹底した。日本のヤマト運輸や佐川急便のみならずフェデックス（FedEx）やUPS（United Parcel Service）、DHLといった欧米物流業界も驚くような品質だ。今やトラック、船舶、航空機のみならず、空港も持ち（武漢）、中国全土には順豊エクスプレスのシステムなら集荷してから2時間で配送拠点へ届けることが可能、3日以内には中国国内の顧客の手元に完全に届けることができるという。中国郵政の場合は2週間というから、劇的な速さである。

スケール感も圧倒的だが、競争の最後のポイントは自社で抱えるラストワンマイルをつなげる人海戦術にある。創業者自らが配送業務を担っていたこともあっただろうが、外部任せにせず、飛行機、トラック、自転車、人海戦術の組み合わせで徹底して最後まで届け切るところに順豊エクスプレスの凄さがある。物流業界であるから、効率化に伴うデジタルノウハウの活用はもちろん進んでいるのだが、最も重要なのは、自分たちのミッション「最高品質で最後まで届け切る」ことを愚直に実践していることではないか。ガラス製品も包装してくれるほどの品質の高さだ。中国ではロボ配送なども進むが、潤沢なリソースを駆使して、届け切ることは、無人化が進む中では見落とされがちであるが、日本企業においてもヒントがあるだろう。例えば、新幹線システムの過密な運営は、人手によるダイヤグラムの緻密な編成や圧倒的な人海戦術での清掃システムであったりする。人手の重要性から目をそらさないことも大事だ。現場力である人のモチベーションを高める、鍛え直す重要性は示唆もある。

以上、見てきたように「鳥の眼」で俯瞰的に政策の変化をつかみ、「魚の眼」で都市群のようにグルーピングをし、「虫の眼」で細やかに起きている課題と理由に目を向けるなど、視点を変えていくことが重要だ。それによって見立てのズレを修正していくと、市場の変化のポイントが見え、国単位ではなく、都市群ベースでの変化に目線が移り、商機をつかむ機会が生まれてくる。

次章では、このような見立てのズレを修正しながら、チャイナ－アセアン経済圏をたくましく生き抜いている企業の知恵をさらに見ていきたい。

Chapter 5 >>> Take Away

- China－ASEAN経済における変化を捉えるには、国対国という視点からの脱却が必要。国を超えて事業・産業全体を見る「鳥の眼」、時代の流れを見る「魚の眼」、現場を見る「虫の眼」が重要。
- 「鳥の眼」では国境を越えた都市間連携に注目。「魚の眼」で都市群と価値観の変化を見抜く。「虫の眼」では現地課題に着目し、見定めることで商機が見えてくる。
- 見立てのずれを修正していけば、China－ASEAN時代でも日本企業はビジネスチャンスを見極め、生き残ることができる。

Chapter 6

巧みに覇権を握る華僑ネットワーク

これまでChina－ASEAN（チャイナ－アセアン）経済圏を読み解くポイントとして、米中対立などをめぐる地政学の動向、都市経済や都市群間連携の重要性、これらの状況を見抜く視点としてチャイナ－アセアン経済圏での「鳥の眼」「魚の眼」「虫の眼」などを提案してきた。このような要素を咀嚼し実践できる企業が存在するのか、と思われるかもしれない。重層化・複雑化する同市場を見極めて事業展開をするのは困難だ、と悩まれるかもしれない。

しかし、日本企業が学べる明るいケースがある。チャイナ－アセアン市場で既に成功を挙げている企業の動向である。それが華僑企業だ。本章では彼らの成功の秘訣をひも解いていく。

そこから見えてくるのが「情報力」×「意思決定力」×「スペシャリティ」という方程式だ。チャイナ－アセアン市場の動向を把握するための情報網構築に投資を行い、収集した情報に基づき素早く意思決定しピンポイントで市場を攻めていく。こうした機敏な動きは、成功している華僑企業に共通して見られる特徴だ。日本でいう商社が取ってきた戦略といってもいいだろう。これをチャイナ－アセアンの文脈で展開するのが華僑の強みなのだ。

1 華僑・華人の強さを読み解く

華僑については、ビジネスパーソンのみならず一度は耳にしたことはあるだろうが、アジア経済の中で果たしてきた役割、その実情についてはなかなか接する機会がないだろう。ましてやその仕組みやチャイナ－アセアン市場において果たしている役割について議論することはありそうでない。そもそも華僑とは何で、何が競争の強さとなっているのか、まずは触れておきたい。その上で、彼らが構築した情報力について触れていきたい。

華僑とは

世界には6000万人の華人・華僑がいると言われている。華僑とは、移民先でも元の国籍を有する場合に使われ、華人とは現地国籍を有するケースを指している。[1] 華人・華僑のうち約70％近い4000万人が東南アジアに居住する。各国の上場企業の半数以上が、華人・華僑が経営する企業。GDPで見ても、多い場合は60％近くとなっている（本稿では特に華僑・華人の区別をしていない場合は、華僑と総称）。

歴史的に振り返れば、7世紀あたりから広東省、福建省、海南島から華人・華僑が東南アジアに渡った。千年以上の歴史があり、結びつきは強い。二度の世界大戦等を経て、東南アジアに渡ってきた華人・華僑の二世・三世も経営の第一線に立つ。現在では世界の中の華人企業トップ10のうち6社は東南アジア発のものである。

中国大陸以外の地域で中国系経営者によって創業・経営される華人企業は、香港、マカオ、台湾の中華圏を除き、東南アジアに最も集中しており、対中投資は多分野にわたる。一方、日本の華人企業はIT関連の中小企業が多く、中国国内拠点と密に提携して業務展開しているケースが多い。東南アジアでは特に南沿岸部の福建籍華僑が多く、総数約1200万人、華僑・華人総数の20％を占めている。東南アジアの福建籍華僑のうち90％は、中小華僑企業を経営または関与しながら現地で生活している。

注目すべきは、華僑が東南アジア各国で持つ経済的な影響力である。シンガポールは元々華僑国家であり、比率やGDPの高さが理解できる。インドネシアやフィリピンといった島嶼国家では、華人人口が総人口に占める割合が一桁％にもかかわらず、GDPへの貢献度は非常に大きく、オーナーとなっている上場企業の割合は半数を超える。マレーシアやその他の国の経済への影響度はさらに高いことは言うまでもない（**図表38** 左ページ上）。また東南アジア華人企業は金融・小売りをはじめ様々な業界に広がっている[2]（**図表39** 左ページ下）。これらの華僑・華人が中国と東南アジアの懸け橋となっている。華人企業は、中国による政策のメリットを見極め、中国と自国の双方で事業を展開している。

中国の一帯一路政策が叫ばれた際もそうだったが、コロナ禍においても、これら華人系企業の活動がチャイナ－アセアン連携のカナメになっている。政治・経済・文化のあらゆる面において、華人企業の動きをウォッチすることが、チャイナ－アセアン市場の事業機会をつかむポイントと言ってもよい。

中国が進める南の一帯一路は東南アジア全体を網羅しており、チャイナ－アセアン市場そのものである。ASEAN各国の現状も知る必要があり、中国のロジックも理解する必要がある。

例えば、中国は政府一丸で華僑を担ごうとしている。中国国務院新聞弁公室が発表した記事「華僑華人は一帯一路建設において重要な力である」[3]を読むと、「華人は中国と現地の政治・経済・文

【図表38】華人のASEAN経済への影響力

国家	華人人口数（百万人）	総人口割合	GDP貢献額（百億ドル）	GDP貢献	華人保有の上場企業
シンガポール	3	76%	27	76%	81%
マレーシア	7	37%	22	60%	61%
タイ	9	14%	35	70%	データなし
インドネシア	10	5%	50	50%	73%
フィリピン	1	1%	13	40%	50%
ベトナム	1	1%	7	30%	データなし

出所：世界華人企業発展報告2017＆2019、他記事よりデロイト トーマツ コンサルティング整理

【図表39】東南アジア華人企業上位100社

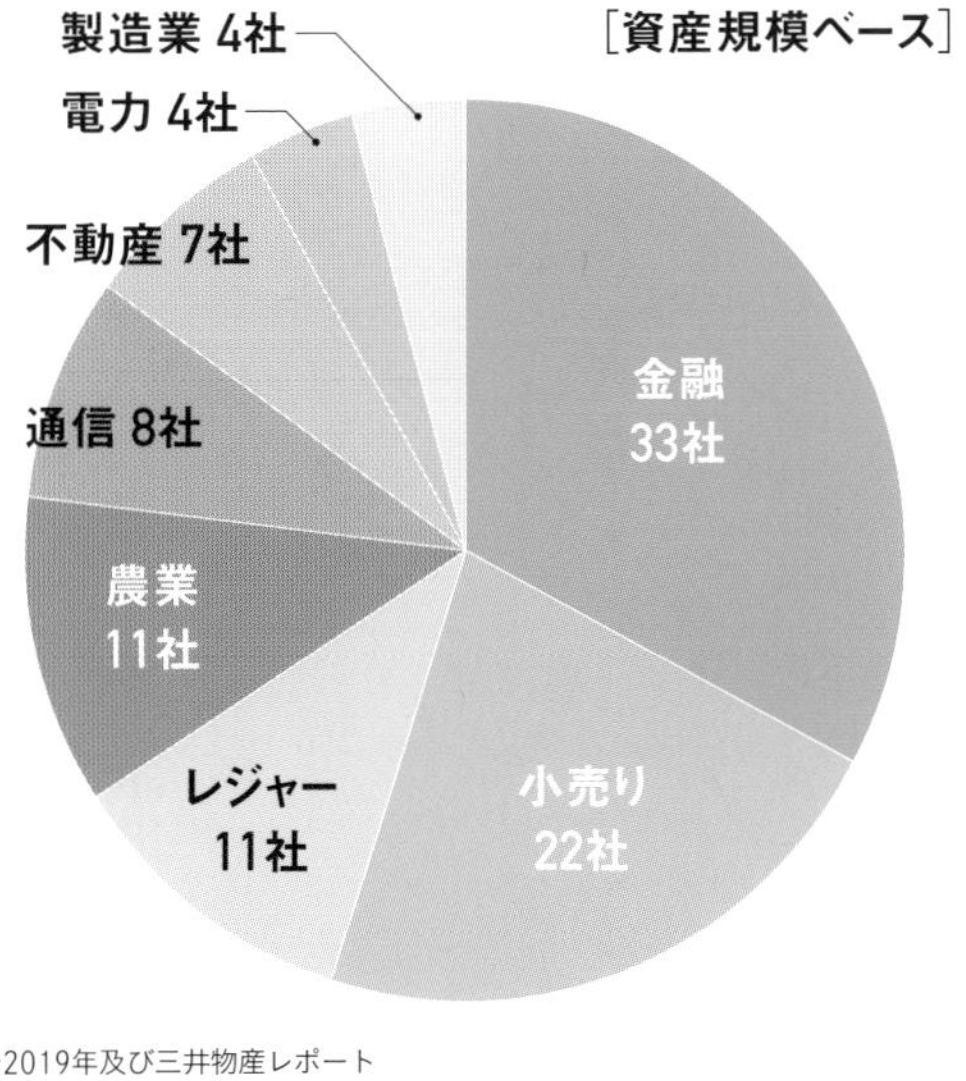

出所：世界華人企業発展報告2019年及び三井物産レポート

化を理解し、投融資や進出企業の重要な仲介役を担っている。中国の海外進出においても果たすべき役割が大きい」としており、華僑・華人を一帯一路の懸け橋役として利用し、政治・経済・文化面でパートナーシップを構築しようとする意図が見える。

ASEAN各国も同様に中国への懸け橋、中国と自国への投資促進を華僑に期待している。

一方、一帯一路にはトラブルも絶えない。よく挙げられる問題に、中国が同政策への参加国に対し返済困難なインフラ計画を組み、それを政治的レバレッジに利用する「債務の罠」がある。スリランカの場合、中国が融資したハンバントタ港建設事業が返済困難となり、中国に同港の権益8割を99年間貸与することとなった。同港はインド洋のシーレーンに面した戦略的重要拠点であるため、この中国の強引なやり方に国際的な批判が集中した。

ここまでではないが、東南アジアにおいても問題が起きている。マレーシアでマハティール・モハメド氏が2018年、首相に就任した際、「債務の罠」問題が表面化した（マハティール氏は2020年2月に退任）。マハティール氏は前政権で合意された200億ドルの鉄道・パイプライン建設事業を、高すぎる契約価格や過度な借り入れを理由に凍結したのだ。度重なる交渉の末、1年後に費用約3割減の形で事業は再開したが、このエピソードは「債務の罠」の深刻さを物語っている。

また、一見スムーズにいっているように見えるものでも、中国側が引き起こしているトラブルや誤解が結果的にうまく解決されたというケースもあるのだ。

あまり知られていないが、こうした紛争の仲介となっているのが華僑なのだ。

一帯一路に携わった中国本土の国有企業出身の担当者は、華僑の力なくして事業の実施は困難だと言う。「多くの中国国有企業がプロジェクトで現地企業と協力している。これら現地企業は基本的に華人が所有しているか、または以前中国と提携した経験がある企業だ。彼らを通じて、プロジェクト情報をより適切に共有できる。地元の信頼できるパートナーがいることは非常に重要だ。彼らが現地の労働や現地ロジスティクスサービスの提供について、現地政府と連絡を取り合ってくれるため、プロジェクトが継続できるからだ[4]」と語る。

日本の対外経済戦略は質の高いインフラや、環境に配慮した経済政策、FOIP（自由で開かれたインド太平洋構想）を意識した経済政策であるが、一時は一帯一路を競争相手と捉えた時期もあった。両極のスタンスでは、面子は守れても実利は取れない。華僑の取り組みから、したたかに商機を得ていく知恵を日本も学べるのではないだろうか。

2 華僑の情報収集力の秘訣

華僑の強さの源泉は、情報力から始まる。その情報収集はどういう仕組みなのか見ていきたい。タダほど高いものはない、とはよく言ったものだが、華僑企業の情報への向き合い方は注目すべきだ。情報には十分にお金をかけ、反証材料（Counter Evidence）を集め、不都合な真実から目をそらさない。ルールさえも情報の重要な要素として捉えていく。しかも部下や社長室、経営企画部への丸投げはない。トップ自らが現場の情報をチェックしにいく。それこそがかつて日本企業の先達が率先して築き上げてきたスピリットだったはずだ。

華僑パワーの源泉「コミュニティ」

情報を組織で取る機能として、巨大な華僑の団体である、「中華総商会」の存在がある。この団体は政府の支援なしに、華僑が設立した経済共同体だ。一企業ではなく、民間団体の意思によって作り上げられてきた。商取引の促進、商取引情報の収集、業界統計の編集から始まり、貿易紛争の仲裁、ビジネススクールの設立等、情報のプラットフォームとして機能している。東南アジアの主要華僑企業は基本的に各国の中華総商会のメンバーだ。有力財閥で言えば、インドネシアのサリム、シナルマスグループ（Sinar Mas Group）、シンガポールのOCBC銀行、タイではCPグループ、バンコク銀行などが主力メンバーとなっている。

この共同体は近年では世界華商大会（World Chinese Entrepreneurs Convention）を2年に1度開催し、世界の華人企業家たちが集う場となっている。事務局はシンガポール・タイ・香港の中華総商会が持ち回りで担当している（**図表40** 左ページ）。政府との渉外機能も担う。国を超えたネットワークが構築され、新規事業のアイデアも交換されるのだ。シンガポールのリー・クアンユー元首相により提唱されたものだが、華人企業の交流に加え、開催地への文化交流等、ソフトパワーの源泉となっている。[5]

【図表40】世界華商大会の推移

開催年	回数	開催地
1991年	第1回	シンガポール
1993年	第2回	香港
1995年	第3回	タイ（バンコク）
1997年	第4回	カナダ（バンクーバー）
1999年	第5回	オーストラリア（メルボルン）
2001年	第6回	中国（江蘇省南京）
2003年	第7回	マレーシア（クアラルンプール）
2005年	第8回	韓国（ソウル）
2007年	第9回	日本（神戸・大阪）
2009年	第10回	フィリピン（マニラ）
2011年	第11回	シンガポール
2013年	第12回	中国（四川省成都）
2015年	第13回	インドネシア（バリ）
2017年	第14回	ミャンマー（ヤンゴン）
2019年	第15回	イギリス（ロンドン）
2021年	第16回	マレーシア（クアラルンプール）

出所：世界華商大会公式サイト

華僑の活動を支えるグループ「幇（バン）」

華僑の活動を見極めていく上で重要な概念は「幇（バン）」である。中国語発音は「バァン（パン）」。「幇」とは、出身地や来歴により組織するグループのことで、東南アジア各国で、幇の勢力図には違いがある。マレーシアを例にとると、（1）福建幇（52万人、33％）、（2）広東幇（41万人、26％）、（3）客家幇（32万人、21％）、（4）潮州幇（21万人、13％）、（5）海南幇（10万人、6％）となっており、同国では、福建出身者が多いことが分かる。またタイでは、潮州出身者が多く、40％を占めている。フィリピンの華人は約9割が福建出身者であり、かつそのうち大半が同省晋江市出身という特徴がある。[6]

幇の組織を支える最重要なファクターは、密度の濃い人間関係をベースにした構成員相互の信頼と信用である。信用は最重要な事項であり、幇内部で信用を得たものは、幇の様々な組織を通じて無担保や口約束の金融の供与や、事業を行う上で必要・有用な知識・情報・人脈などの便宜を享受し得る。しかし、幇のメンバーからの信用を失えば、会社や事業を続けていくことは難しい。コミュニティ内での融資等を受けることができなくなり、当該ネットワークから追放され、社会的地位を失うことになる。

また、幇の組織において各事業単体は一極集中型ではなく、リスクを分散するような考え方をしており、分散に対する徹底した行動を取っている。例えば、共同で不動産を購入したり、事業を分担することで過度な競争を避けていく。日頃食事を共にする中で、情報を共有し、事業のカニバリ

（共食い）を避けたり、投資判断を行っている。

他には、華僑・華人は会社を「発展における手段」として捉えており、発展するにつれて、業態やビジネスも変化させていくという点がある。

いずれにせよ、幇というコミュニティを活かして情報戦を行っているといってよい。

大学を活用したソフトパワー情報網の構築

華僑総商会や幇に加え、大学を活用したソフトパワー外交も広がっている。ＡＳＥＡＮではシンガポール国立大学や南洋工科大学が「一帯一路」を専門にしたプログラムを創設している。タイの中華総商会はタイの名門・チュラーロンコーン大学経済学部と提携してタイ・中国経済動向の研究を行い、定期的に報告書、調査レポートなどを公表している。厦門《あもい》大学のマレーシア分校では、マレーシアで卒業しても中国での就労機会が、厦門大学を卒業してもマレーシアでの就労機会が見つけやすいなど、文化から経済交流を図っている。

また、中国広東省には曁南大学（Jinan University）という国立大学がある。１９０６年設立、他の国立とは違い、国務院僑務事務所直属であることが特徴だ。主に華僑の子女を対象として中華文化を伝えることを建学主旨としており、留学生の受け入れを積極的に行っている。学生総数は約３万５０００人、留学生比率は34％、華僑子女の受け入れにおいてダントツの規模であり、留学生総数は清華大学と北京大学の留学生合計よりも多い。

このようにして留学生や研究者を呼び寄せ、専門家を育成し、情報のエコシステムを作っていく仕組みが強みの源泉になっているのだ。

こうした仕組みを通じて華僑は情報を収集してきたが、これらをビジネスで使える情報力にする必要がある。「鳥の眼」「魚の眼」「虫の眼」については触れてきたが、情報の視点だけでなく、「意思決定力」や「スペシャリティ」をどのように磨いていくのか、次節以降で見ていきたい。

3 成功の方程式「情報力」×「意思決定力」×「スペシャリティ」

前章で見てきたように、情報収集に「鳥の眼」「魚の眼」「虫の眼」といった視点を加えることで情報力のベースを作ることが欠かせない。さらに、これらの情報力をどのように実戦で投入するかについても知恵が必要だ。ポイントは意思決定にあるのだが、流れてくる情報をそのまま「Ｇｏ」「Ｎｏ Ｇｏ」という形で判断するだけでは不十分だ。またスペシャリティを磨くにも情報力が基礎になってくる。

意思決定に当たっては①価値を再考する、②タイミングを見極め、③テストをする、ことによってインパクトを出していくのだ。①価値を再考するというのは、情報の関係性に注目し、付加価値をいかにつけていくかということだ。デジタル化を推進し、膨大な情報を収集しても、つながりが見えなければただのデータだ。それでは課題に寄り添う事業を作れない。現地の物語や課題をいかに織り込んでいくかが重要だ。また、キャッチーな言葉に流されないことも大切だ。

もう一つは②タイミングだが、そもそも情報は寝かせて、旬を見極めることが必要だ。過去も含めて情報をじっくり蓄積し、遡って検証していく。時には集めるだけでもいい。過去や他の情報と比較することで、情報が発酵し、価値を持っていく。次は点に過ぎない情報を線にし、線を面にし、面を立体に組み立てていく作業だ。その情報というドット（点）をつないでいくのが関係性であり、文脈ということになる。こうして得られた情報を組織にため込んでいくことが、競争優位につながっていく（7章にて日本企業の組織について触れる）。

最後に③テストをして、参入判断のタイミングを探っていく。フィードバックを得ながら進めていくことがポイントだ。中国語の「走一歩看一歩」という言葉に代表されるように、小さくてもまずは試しフィードバックを得ることを戦略／戦術上大切にしていく。

情報戦×判断力に加え、スペシャリティも求められる。これには2通りの考え方がある。1つ目はそもそも持っているスペシャリティである。例えば、製品・サービスが圧倒的というケースがある。日本企業はこの点で競争力を持っているケースが少なくない。これはもちろん磨き続けるべきものだ。

もう一つは観点を変えてスペシャルになるというものだ。光の当て方でモノの見え方が変わるというが、まさにそういった視点である。タイムマシンモデルや虫の眼で見るとユーザーのニーズにマッチするというケースだ。特別な技術やサービスよりも、情報力が決め手になるケースが多い。最後はこれらを使って、ルール等の参入障壁を作って、スペシャルになるという点だ。「面子にこだわらず、現実思考を貫く」ことも重要な視点である。「中国は面子を重視する」と言われるが、それは格好をつけるという意味ではない。面子にこだわるあまり、「実利」を取らなければ、火傷をする。面子やプライドで火傷をしているのは日本企業であったかもしれない。

チャイナ－アセアンという新しい市場は大競争市場であり、秩序の新陳代謝も著しい。その中で、優勝劣敗も出てくる。「現実思考・実践知（Realism, Practical Wisdom）」が生き残りのカギである。

超国家（Transnational）企業である華僑

財閥の多くにとって、アジア通貨危機は大きな試練だった。ここで、非近代的な企業は淘汰され、大手財閥も多角化路線の修正を余儀なくされた。２０００年代以降も大きな変化が待ち受けていた。金融危機、米中対立、コロナ等といった国際情勢の変化では、チャイナ－アセアン市場において優勝劣敗を分けるポイントがあった。①どこで戦うのか、②戦う市場を現地企業以上に深く理解しているか、③市場を分析し、付加価値のポイントを見つけ差異化をするか、④参入撤退の意思決定、⑤参入障壁をどう築くか、の5点に明確な答えを出せたかどうか、が勝敗の決め手となった。

①から③はつまるところ、「鳥の眼」「魚の眼」、「虫の眼」を駆使した情報戦に関する話である。④と⑤は意思決定力やスペシャリティに関する話である。

華僑企業のケースを通じ、「情報力」「意思決定力」「スペシャリティ」の要素を分解して見ていきたい。

4 成功の方程式を極める最強華僑たちの横顔

ホンリョングループ内の勝敗は情報力にあり

情報力と意思決定力の差が勝敗を決したケースの代表例に、ホンリョングループ内の違いがある。元々、ホンリョングループはクォック・ホン・パン（Kwek Hong Png、郭芳楓）氏が創業し、シンガポールをベースに不動産業を営んできた。同氏の経営哲学は「売・売・売」。日本流に解釈すれば、常にエグジットのタイミングを意識して取引をせよ、といったところだ。同氏の引退に伴い、事業の大半とシンガポール事業を長男のクォック・レン・ベン（Kwok Leng Beng、郭令明）氏が継承、甥のクォック・レン・チャン（Quek Leng Chan、郭令燦）氏はマレーシア事業ののれん分けをする形で再出発することになった。ブランド名は同じだが、資本関係はシンガポール・ホンリョンとマレーシア・ホンリョンで別々となった。両氏ともに英国へ留学し、海外経験も豊富であった。

ベン氏は米国プラザホテルをドナルド・トランプ氏から買収し、ミレニアムホテルグループを英米で展開するなど、世界で事業を成功させてきた。本拠地のシンガポールでもWレジデンス（W Residences）やセントレジス（The St. Regis Singapore）の成功を収めるなど、アジア有数の大富豪として現在も知られる。一方のチャン氏もマレーシアで金融コングロマリットを形成する等成功を収めてきた。

しかし、中国事業進出をめぐっては明暗が分かれることになる。

2000年代にベン氏とチャン氏はまだ不動産価格が比較的安い上海を目指す。チャン氏は2015年と2020年のピークで一部の高級ホテルとオフィスビルを売却し、利益を確保。しかし、ベン氏は上海市場拡張におけるタイミング選定ではレッドオーシャン時期を選択。2020年、94億元で上海の不動産会社を買収したことで、資産のポジションを増やしたが、結局、他社との差異化ができずに失敗し、2020年上半期だけで2・1億元の赤字が計上された。買収した不動産物件の中には、チャン氏が2015年に売却したものがあった。

2010年代にベン氏とチャン氏は重慶を目指す。両氏は中国進出にあたり、精査の結果、競争の激しい一級都市を避け、二級都市の重慶を選択する。すなわち、当時の中国における「西部発力」を「鳥の眼」で見極め、都市群開発が進み成長していた重慶におけるチャンスを「魚の眼」で捉えたのだ。これこそが情報戦の第一歩である。市場を細かく分解して、見極めたのだった。

問題はここからだ。現地のニーズ、文脈を読み取る「虫の眼」において差が出てくる。ベン氏は英国の成功体験をもとに高級住宅不動産市場に参入した。同氏が培った英国ネットワークとマネジメントチームを中国市場に送り込むのだが、高級マンションというニーズは現地では高まっておらず、文脈を読み取ることができなかった。期待は外れ、2017年に大赤字で売却することになる。他方、チャン氏は中間層の急速な伸びと観光需要に目をつけ、商業不動産と商店街の開発に注力する。結果はローカルニーズを徹底的に調べ上げた、チャン氏が大きな利益を上げることになる。

チャン氏は中国銀行業への参入でも、創業者の経営哲学をうまく承継した。1982年に早々と香港の銀行を買収し、2001年に330％の収益率で時期を見極めて売却した。「売」を大事にし、成功を収めたのだ。これは同グループが培ってきた教えに沿った「意思決定力」によるものだ。2007年には、中国金融市場の開放により上海・北京など銀行業競争が激しい一級都市を避け、成都を選択し、銀行業に再参入をしている。現在は、成都銀行の株20％持分を買収し、経営に参画している。当時総資産わずか500億元の成都銀行は、現在12倍成長の6100億元となっている。撤退のタイミングを見極め、資産をほぼゼロから積み上げた甥っ子のチャン氏。同じタイミングで中国市場に参入しながら、一部の事業が大赤字となってしまった長男のベン氏。この差は情報力と意思決定力の差であった。アジアの大富豪といえども、情報をうまく使い分け、判断を的確にしなければ勝敗が分かれてしまうのである。

シンガポール　ホンリョン・グループ

設立：1941年　**売上：**400億ドル（2020年）

事業：不動産、金融サービス、貿易、製造業が中核事業。

中国関連：1993年、中国広西チワン族自治区の産業機械用エンジンの製造会社を買収し、製造業で初進出。1994年北京に住宅用不動産、2006年上海に商業用不動産、2010年重慶に住宅用不動産事業などを展開。

マレーシア ホンリョン・グループ

設立：1963年 **総資産**：630億ドル（2020年）

事業：金融（銀行業）、不動産、製造業が中核事業。

中国関連：2005年上海に、2010年重慶に商業用不動産を展開、2007年成都銀行の株20％を取得して中国の銀行業に参入。

その他の超国家企業＝華僑企業の情報戦争

元は同一のホンリョングループの差異を見てきたが、今度は、同業界で異なるプレーヤー（**図表41** 226ページ）を比較しながら、「情報力」と「意思決定力」の何が差を分けたのか見ていきたい。小売業で二級都市戦略を明確に打ち出してきた、タイのセントラルグループ（Central Group）とフィリピンのSMグループを比較し、情報戦の分かれ目を見てみよう。

A セントラルグループの過信

タイの大手財閥であるセントラルは、2008年金融危機の直後、中国で百貨店事業に参入した。中国国内における拡張戦略としては、他の華僑企業と同じく、世界的に注目が集まる一級都市を敬遠し、当時の二級都市（瀋陽、成都、杭州）を切り口として事業展開した点は見事であった。しかし、セントラルは2015年に瀋陽・杭州・成都の百貨店全事業から撤退することになってしまった。なぜか。

この撤退の背景として、ECの台頭や賃金高騰などもあるが、一番の理由は中国消費者への理解が不十分であったことだ。当時セントラルはタイ国内で、ニッチな高品質高価格ブランドのテナント誘致を中心としたモール戦略で成功していた。この成功を背景に、セントラルは同じ戦略を中国でそのまま展開する。しかし、当時の中国は中間層の消費者が少なかった。費用対効果の高い大手ブランドが人気で、また、単純な買い物より体験型の消費がトレンドだった。高級ブランドの並ぶ百貨店よりも、手の届くブランドや娯楽施設があるショッピングモールの方が人気だったのである。セントラルはタイの成功事例をそのまま持ち込み、事業に失敗したのだ。流れを読む「魚の眼」、現地を理解する「虫の眼」が欠けていた典型例だといってもよい。

ただ、一度は失敗したセントラルだが、ECでは様相が異なっている。中国にタイ流を持ち込むのではなく、タイに中国流を持ち帰ろうとしている。セントラルは通販サイトのザローラのタイ事業を買収したが、赤字だった事業の立て直しに苦労した。そこで、中国で既にEC事業を成功させているJDドットコムと組むことにしたのだ。2017年に両社はタイでECとフィンテックの合弁会社をそれぞれ設立した。合計出資額5億ドル（約550億円）のうち、セントラルが50％を出資し、JDドットコムと同社傘下の金融サービス会社、インドネシアの投資会社プロビデント・キャピタル（Provident Capital）の3社が残りを拠出した。JDドットコムとプロビデント・キャピ

【図表41】代表的な華僑企業の概要

社名	設立年	創業者出身	本社所在地	売上規模(億ドル)
クォックグループ	1949年	福建省	マレーシア	445(2018年)
マレーシアホンリョン	1963年	福建省	マレーシア	630(総資産、2020年)
SMグループ	1958年	福建省	フィリピン	90(2018年)
CPグループ	1921年	広東省	タイ	630(2018年)
セントラルグループ	1947年	海南省	タイ	104(2018年)
シンガポールホンリョン	1941年	福建省	シンガポール	400(総資産、2020年)
サリムグループ	1949年	福建省	インドネシア	121(2018年)
シナルマスグループ	1962年	福建省	インドネシア	87(2018年)
アストラグループ	1957年	ローカル系	インドネシア	164(2014年)

出所：各社ホームページ、他記事

タルは既にインドネシアでECサイト「JD Central」を展開しており、セントラルとしてはこのノウハウを活かそうというわけだ。JDドットコムとしても拡大が見込まれる東南アジアEC市場へのさらなる参入を求めていた。まさにウィン－ウィンである。中国でのモール事業失敗もあったが、EC事業においては中国から学ぶという謙虚さやしたたかさは、日本企業も学ぶべき姿勢だろう。

セントラルグループ（Central Group）

設立：1947年　**売上：**約100億ドル（2018年）

事業：小売業

中国関連：2008年中国本土に進出するも、2015年に撤退。2017年にはJDドットコムと合弁でタイにおけるEC事業のJVを設立

B　SMグループのしたたかな情報戦と差別化

他方、フィリピンのSMグループは、タイのセントラルと同時期に中国に参入した。厦門・泉州などの二級都市を選定しただけでなく、都市中心部と新興郊外の間を狙って、都市拡張路線を押さえる方法を取り成功を収めた。マクドナルドやケンタッキーフライドチキンといった当時の中国人

消費者が好むグローバルブランドを集めるだけでなく、日本円換算で客単価200円から5000円の幅広い飲食店を増やしていった。こうした中国の現地市場を十分に理解したテナント誘致は他の部分でも見られる。例えば、中国国内の教育熱を捉え、幼児教室や英語教室をモールに組み入れた。レイアウト設計も各年齢層向けにエリアを区分けした。建築スタイルも各年齢層の好みに合わせたデザインにした。このようにコンセプトやテーマ性を持ち込む発想は当時の中国の二級都市では新しい試みで、消費者の心を捉えたのだ。現地のニーズを把握する「虫の眼」と流れをつかむ「魚の眼」が発揮された事例だ。

SMグループの成功ポイントを分析すると次の3点が挙げられる。

1つ目は、情報力と意思決定力のたまものであるが、明確に二級都市戦略を取ったことだ。SMグループの創業者はインタビューにおいて、大切なのは「鳳凰の尻尾より鶏の頭」であると述べている。これは中国のことわざであり、鶏口牛後（小さくてもいいからトップを取る）と同様の意味だ。レッドオーシャンである一級都市（北京、上海など）に進出し巨大市場の一部（＝「鳳凰の尻尾」）を獲得するよりも、ブルーオーシャンである二級都市（厦門、泉州、重慶、成都、蘇州）を選択し中規模市場のトップ（＝「鶏の頭」）を狙った方が儲かる、というわけだ。当時の中国における二級都市の成長を見極めた情報力と、それに軸足を置いた戦略を多数の都市で一気に実行した意思決定力がSMグループの強さといえよう。

2つ目は、中国の市場特性をうまく理解したことだ。「虫の眼」を磨いたのだ。SMグループの家訓に「福建の閩南《ミンナン》方言を必ず喋れるように」というものがある。事業を行う際は、ターゲット市場の方言まで理解できるくらいに現地を知り尽くせ、ということである。まさに現地の文脈を読む「虫の眼」だ。この視点を駆使し、SMグループは当時の中国人消費者の多くが複合型テーマパークを好んでいることを把握し、飲食、買い物、娯楽の全てをそろえたショッピングモールを展開。加えて、住宅といった他の不動産事業には手を出さず、モール事業に特化したことによって現地のニーズに沿ったスペシャリティを確立したのだ。

3つ目は、渉外や交渉の強さだ。スペシャリティを発揮するためのルール戦略といってもよい。例えば、中国の省・市のトップがフィリピンを訪問する際は、SMグループは必ず会談の機会を設け、パートナーシップの可能性を議論している。中国地方政府の多くは、モール建設時、土地使用権売却の短期的利益のみ着目していたが、SMグループはモール運営を通した中長期的かつ継続的な税収や、雇用の確保の重要性を説き、有利な条件で土地の権利を獲得した。中国政府のキーパーソンの動向を把握し渉外や交渉ができるのも、常日頃から情報網を張りめぐらせているからだ。

SMグループ

設立：1958年　**売上：**90億ドル（2018年）

事業：小売り、スーパー、デパート、ショッピングモール、銀行と金融、不動産開発、ホテル、観光、レジャー産業、ショッピングモールが中核事業。SMグループは厦門、泉州、重慶、成都、蘇州、重慶、晋江、淄博などにショッピングモールを立て続けに建設し、成功を収めている。モールの総建設面積は540万平方メートル（東京ドーム約120個分）以上の規模。

Ｃ シナルマスの都市選択と差異化戦略

小売業界以外でも市場選定という点で一級都市を避けて成功を収め、異業種まで事業を拡大した企業がある。インドネシアの製紙大手シナルマスである。中国で製紙と林業会社をそれぞれ20社持っているほか、上海、浙江省（寧波）、遼寧省（瀋陽）、四川省（成都）で不動産開発も行っており、寧波国際銀行（現：寧波通商銀行）も設立した。今や中国への投資総額は100億ドル超となっている。

シナルマスは1992年中国製紙業界に進出した。同社の戦略は環境配慮を中心とし、「1本の木を切り倒し、6本の木を植える」という理念で事業を推進した。原材料と生産加工面での努力は、中国国内で高く評価されており、国家環境保護総局企画「環境友好企業」を受賞（初回）するなど、多くの業績を上げている。

この成功の裏には、当時の中国において課題だった製紙業の遅れや環境問題の悪化を「虫の眼」で理解し、それをビジネスチャンスにしたグループ二代目〝黄志源（テグー・ガンダ・ウィジャヤ）〟の功績がある。黄氏は1960年代に北京大学に留学し、卒業後の1990年代にグループ中国事業統括となった。当時、中国製紙業は欧米と比べて20年遅れていたとされる。大規模生産ラインがないため生産効率は低く、製造技術の劣悪さのため環境汚染が起きていた。この状況に商機を見出し中国製紙産業に参入したのだ。シナルマスが有する製紙業のノウハウを活かし、インドネシアから廉価な製紙原材料（パルプ）を中国に輸出した。当初は生活用紙や工業用紙全般を展開し、規模の経済と先進的技術の相乗効果で一気に市場シェアを取った。中国製紙業界が成熟化すると、戦略を修正し、ニッチなハイエンドの機能性紙製品に注力するようになった。現在は、ブランド力や環境配慮を武器に差別化を図っており、中国でも高く評価されている。

土地選定でも現地の動向をうまく取り入れた。当時の中国産業政策は長江デルタと珠江デルタを重要視していたが、その中でも二級都市に着目した。特に製紙原材料の受け取り地として、長江デルタの浙江省の寧波を選んだ。同都市の港の優位性と安価な土地を活かし、製紙業を順調に発展させた。現在、寧波港は世界一の港に成長しており、寧波市は浙江省のナンバーワン都市の杭州市に匹敵する経済圏に成長し、浙江省の2強となっている。結果として、当時の判断は賢明だったと言える。

同社は、寧波を起点にビジネスを展開。寧波では銀行業まで事業を展開するに至った。この銀行は浙江省初の外資系銀行（1993年設立／中国進出の翌年）となったが、仮に上海に拠点を置いていたら、このような特権を得ることはできなかっただろう。実はシナルマスグループは本国のインドネシアでも金融事業を展開していたが、アジア通貨危機のタイミングで撤退している。また、2005年に他の銀行を買収し、「バンクシナルマス」という社名で再び金融業に参入した。インドネシアの良質な製紙原材料輸入の受け取り地として、長江デルタの寧波では港の優位性と安価な土地という利点から製紙業が発展した。同社は「虫の眼」を活かした現地市場の理解に加え、インドネシア・中国の都市のそれぞれの強み・弱みを補完させる形でアービトラージ（サヤ取り）を実現できたことも成功につながった。製紙業というスペシャリティを軸にしながら、経済圏への理解を深め、銀行業をはじめとする多角化を図っていたのだった。これは意思決定力とスペシャリティの組み合わせである。

シナルマスグループ（Sinar Mas Group）

設立：1962年、**売上**：87億ドル（2018年）

事業：製紙、金融、不動産、農産品加工、食品業。中国で製紙と林業会社をそれぞれ20社持っているほか、上海、浙江省（寧波）、遼寧省（瀋陽）、四川省（成都）で不動産開発も行っており、寧波国際銀行（現・寧波通商銀行）も設立した。対中投資総額100億ドル超。

D サリムグループの情報戦と意思決定力

インドネシアから中国に渡って成功しているのはサリムグループも同様だ。同社は生活産業を皮切りに、金融、輸出業、セメント業、工業、不動産業と事業を多角化させてきたが、情報戦に加え、意思決定力で、旬を見極め差異化してきたことが勝因であった。同社は1990年まで、東南アジア地域で各産業を順調に発展させていたが、リスクヘッジのため、意図的に中国へ進出した。当時投資の4分の1を国外に振り向けていた。「強みを持っている分野に浅く参入し、妥当な時期で脱出する」。中国語では「打一槍換一個地方」と表現されるが、日本語で言えば、「銃を一発撃って、場所を変える」。正面突破を避け、自分の優位性を確保しながら遊撃的に事業を展開するということだ。

地域の選択はご多分にもれず、注目の集まる一級都市を避けていく。1992年、福建省福清市で港開発・工業団地建設に関与。自社で港を建設・運営し始めた。同時期に、製粉事業、パーム油事業、砂糖事業にも進出、シナジー効果を発動していく。その後は、蘇州工業団地建設に参画するなど、一貫して土地の選定では大競争の地域を避け、周辺地域を狙う戦略を取っている。

事業の選択もユニークだ。2004年には、中国牛乳市場の品質問題に目をつけ、自社の強みである先進畜産業を切り口とし、大手牛乳産業と提携。内モンゴルの牧場で事業展開、乳牛を提供していった。事業の多角化もスペシャリティを駆使した。さらに2008年には、外資系が不動産に殺到していく中、石炭採掘業に進出。資源系における一級都市の山西省を避け、2番目の内モンゴルに進出、石炭会社を2億元で買収。3年間、毎年2億元の利益を確保し、2011年中国環境関連の石炭政策が厳しくなる時期に事業を3・4億元で売却し利益を確定させた。その後は、中国企業とのパートナー経験及び採掘業のノウハウを活かし、第三国に採掘業を展開させる。中国上場大手採掘業の西部鉱業と一緒に、アフリカの銅鉱採掘で事業を展開していったのである。住宅ニーズに関しても不動産業からのアプローチではなく、内装業の急成長に目をつけ、自社の強みである木材加工業に進出、内装資材の健康問題の解決に向けて、ホルムアルデヒドを吸収できるフロア材の生産に注力、特許を申請し、中国市場でのスペシャリティを発揮している。近年は、中国の産業構造変革の波に乗って、集積回路・半導体の研究開発と生産に注力する。他にはもちろん、繊維、化学、小売り、サービス業にも自社の理念を貫徹している。

サリムグループ（Salim Group）

設立：1949年　**売上：**121億ドル（2018年）

コア事業：食品、自動車、セメント、社会インフラ、資源、農業、小売り

中国関連：不動産、林業、農業投資のほか、食品の生産・販売も行う。対中投資は約300億ドル。特に中国国有企業との戦略パートナーシップ関係が深く、中国海運物流大手の中遠グループ、中国機械工業グループとも提携している。ほかにも中国国内の数十億元レベルのインフラプロジェクト、不動産開発プロジェクトに多数関与。

E 情報力×意思決定力×スペシャリティ（CPとクォック）

徹底的に渉外機能を磨き、中国に食い込んできたのは①から⑤までを実践したタイのCPグループとマレーシアのクォックグループ（The Kuok Group）だ（242ページ）。CPは中国最大の加工食品会社となり、飼料産業・畜産業などの業界標準を定め、ルール形成戦略で競争優位性を築いている。

CPグループの情報戦

CPの中国語表記は「正大集団」。中国国内での農業、養殖業（山西省で養豚）、食料品加工（広西チワン族自治区で製糖）、娯楽、保険など中国全地域に約400社の傘下企業を有する一大コングロマリットである。「正大製薬」「正大食品」「卜蜂蓮花」（スーパー）、「正大綜芸」など中国でも著名ブランドを多数保有している。中国での累計投資総額は1200億元（約2兆円以上）となっている。

1978年、中国の改革開放直後、他の外資系がまだ躊躇している時、中国初の外資企業として、CPグループは中国での外資許可書001番を取得した。当時CPグループの進出先は深圳。1978年の深圳は、魚村であり、人口わずか1万2000人。他の外資系は深圳に進出することを避け、上海または北京を優先した。例えば、日系の中国進出パイオニアであるパナソニックも、当時の中国の最高指導者であった鄧小平氏の誘いにより、1987年に北京を選定した。

CPは、文化大革命で荒れた中国の農業市場に参入した。背景には、食糧危機に悩む中国の事情もあったが、将来のポテンシャルを見抜いた点も大きかった。CPグループは養鶏の自動化技術、飼料製造、家畜防疫関連などの先進技術を導入し、一気に零細の市場を統合した。同じやり方で中国トップレベルの農産物種・栽培産業、飼料産業、畜産業の大手に成長した。中国における関連産業の国家基準の策定にも参画し、今では中国トップの大手企業であり、都市部の激しい競争環境を避けて、農村部でCP帝国を構築した。

1997年タイの金融危機があり、CPグループは他社と同じく事業縮小を決断したが、根本的な違いはCPグループの資産売却は、中国の事業ではなく、タイでの事業を売却したことにあった。タイでは成功していたスター事業である小売りを売却し、中国の未来にかけたのだ。将来的な中国の高成長を読み取り、中国の事業に影響を受けないように、タイのスーパーマーケット事業の持分を75%売却。同じくタイの情報通信事業も一部売却して、資金を確保し、中国の事業に注力し続けることができたのである。

中国の一帯一路戦略において、CPはチャンスを握ろうと、積極的に関与している。タイに進出する窓口として、中国のインフラ建設をCP経由で輸出している。2019年10月にはタイの空港同士を結ぶ新幹線を建設するPPPプロジェクトも成約した（中国国有の鉄道建設企業が10%、CPが70%、他のタイ企業とイタリア企業が計20%を出資）。

CPは中国現地で得たノウハウをタイに持ち帰り、中国とタイの両方で進化している。アリババの主要戦略パートナーの一つはCPである。CPは中国の農業分野を数十年深耕しており、農村部のサプライチェーンと供給能力を活かし、アリババと提携したノウハウを中国市場だけに留めず、この後CPとアリババがタイの現地でも提携をし、タイのサプライチェーン事業を展開した。両社ともタイ現地でのパートナーシップも締結しており、CP傘下の通信大手アセンドグループ（Ascend Group）の子会社で、電子決済事業と金融サービス事業に中国のノウハウを活かし、事業を強化している。

CPグループ（Charoen Pokphand Group）

設立：1921年

コア事業：農産物、小売り、情報通信　**売上：**630億ドル（2018年）

中国関連：CPグループの中国語表記は「正大集団」。中国国内での農業、養殖業（山西省で養豚）、食料品加工（広西チワン族自治区で製糖）、娯楽（1990年から中国中央電視台〈CCTV〉と提携して番組「正大綜芸」を制作）、保険（CPグループは2012年から、中国平安保険グループの大株主となった、15・6％持分）など多数の業界に進出。中国国内で400社を設立、チベット自治区、青海省以外の中国全地域に約400社の傘下企業を持つ。「正大製薬」「正大食品」「卜蜂蓮花」（スーパー）、「正大綜芸」など中国での著名ブランドがある。従業員8万人、投資総額は累計1200億元。

クォックグループ

マレーシア発大手財閥（現在本社はシンガポール、傘下のKerry Groupは香港を拠点）のクォックグループの中国事業展開も、情報力、意思決定力、スペシャリティをフルに発揮している。

マレーシアのクォックグループは元々砂糖事業から出発した。砂糖事業で成功した後、パーム油、ホテルなどの事業にも展開した。マレーシアといえばパーム油が戦略資源であるが、品質第一を売りにするだけではなく、当時中国ではなかったバラ売りの手法で参入し、一躍大衆の心をつかんだことが成功の要因である。1988年、中国事業のトップ（創業者の甥）が自ら現地調査を行った。中国の食用油は小分け独立包装がなく、自ら糧油小売店に行って、自宅用ボトルで油を買う必要があった。そこでクォックグループは小分け包装の油を開発して、市場に参入し大成功を収めた。まさに「虫の眼」を使った事業創造だ。

また、現地での情報を深く掘り下げたことで、当時の中国で調理中の油煙発生が社会問題化していることに、クォックグループは気づいた。そこで同社はマレーシアから高品質なパーム油の原材料を確保し、また中国、ASEAN、ヨーロッパの良質な油の原材料サプライヤーも探しはじめ、安定供給を確立した上で、新たに油煙が出ない精製油を生産した。この油は「金龍魚」のブランド名で販売され、中国トップのブランドとして市場シェア40%を確保するまでになった。

市場シェアを確保した後は、スペシャリティ機能を構築した。ルール形成を駆使することで、自社の存在を特別なものにしていく動きだ。金龍魚の親会社であるケリーグループ（Kerry Group、クォック・グループの中国食品事業統括会社）は、グローバルな大手食品会社として、中国における食用油基準の策定と改訂に積極的に参加している。過去5年間、「食用植物油」「食用植物油及び製品の生産衛生規則」「食用植物油料」「食品中の酸化の測定」「食品中の極性物質の測定」「そば粉」「コーンジャーム」「大豆製品の流通規範」「大豆製品企業の操作規範」の9つの国家標準と業界標準の策定と改訂に関与している。クォックグループは将来も見据えて、中国基準だけではなく、国際レベルの基準を自主的に適用した。世界基準の米国のAIB国際検査統合基準（食品安全評価グローバルスタンダードと呼ばれている）も取得している。同社は、中国の食用油の業界基準の改訂や流通戦略にも深く関与しているのだ（中国国務院 国家市場監督管理総局より）。

マーケティングには、化学・生物学・食品加工の専門家を有する専門部署がある。採用基準は専門学校以上のレベル、かつ専攻が化学、生物医薬、食品加工、物流管理などに限定されている。ハイレベルの調査部門体制を構築しており、組織全体で情報力を磨いているのだ。中国のニーズやその背景を徹底的に理解し、リードするプレーヤーとなっている。

クォックグループは有名な高級ホテルであるシャングリ・ラ ホテルも運営している。同グループは1971年にシンガポールとマレーシアの旅行業の拡大を受けてホテル事業に進出した。中国に参入したのは、中国文化大革命の終息と改革開放のターニングポイントであった1980年だ。当時の1984年、二級都市の杭州を起点として、シャングリ・ラ ホテル事業を中国で展開した。当時の杭州はまだまだ発展途上であり、その将来的な可能性を見抜いたのは情報力の賜物である。

当時中国に進出した外資系ホテルは数多くあったが、クォックグループは異なる戦法を取った。多くの外資系ホテルがフランチャイズ手法を取る一方、同グループは自己資本を投入し完全自社運営でシャングリ・ラ ホテルを展開したのだ。その他の外資系ホテルが現地の株主と運営側の意見の対立が原因で事業が低迷する中で（例えば、ヒルトンは現地株主とヒルトン運営側の意見不一致のトラブルで2017年に上海事業から撤退）、オーナーシップを握る同グループは顧客のニーズに素早く応じた戦略策定とその実行により成功した。こうしてアジアに冠たるラグジュアリーホテルチェーンを築いたのだ。この意思決定力とスペシャリティが同事業成功の秘訣と言える。

同グループがこのように中国に注力できるのは、中長期的目線から市場を読み解き大きな決断をする、情報力と意思決定の力に依るところが大きい。中国本土と長期的関係を築くという視点から、毛沢東時代には砂糖不足への支援を行った。天安門事件が起き、欧米企業などが対中投資に躊躇した際も、同グループはその後の中国経済の発展を見極め投資している。例えば、中国の一大政府系プロジェクトであった北京の国際貿易センター建設事業へ5・3億ドルの大型投資を行った。一見無謀に見えた投資だったが、同事業で約160億ドルの累積収益を確保している。さらに、同センターは現在北京の経済貿易の中心地となっており、賃借料だけでも年間8億ドルを獲得している。

中長期的投資の観点では、創業者クォック氏は様々な社会貢献活動を行い、かつまた多くの人脈を築いて事業展開につなげている。特筆すべきは教育機関への寄付で、北京大学などで奨学金設立を行っている。こうした取り組みを通して、クォック氏は優れた経済人としての表彰も受けており、現政権も含め中国の政財界のリーダーに幅広い人脈を有し、情報戦を勝ち抜いている。

超国家企業から学ぶことは多いのではないか。まず、勝敗を決する情報戦から始めているという点。しかも、ソフトパワーなどの装置を意識して作り、オリジナルな情報ソースを構築している。

市場参入戦略は都市戦略と同義である。都市の選定にあたっては、誰もが注目する都市を選ぶのではなく、あえて二級都市や郊外を選定する。さらに、現地企業以上に実情を分析し、ニーズの背景を理解していく。これらは情報の収集と、情報を価値あるものに変える行動そのものである。勝負においてはスペシャリティを意識し、尖っていくこともポイントである。もちろん段階ごとにアップグレードは怠ってはいけないが、ルールや規格等を現地政府等と連携し、参入障壁を作っていくといったビジネスモデルまで考えていけるかどうか。もちろん、国外や地域外に出ればよいというものではない。外からの投資受け入れに乗るフィリピンのアヤラやタイのセントラルのようなケースもあれば、地域の中でしっかり地盤を固め、現地になくてはならない地域インフラ的な存在になっていくシンガポールのDBSのようなケースもある。

華僑企業はチャイナ－アセアンの動静を見極めながら、事業展開をしてきた。「情報力」×「意思決定力」×「スペシャリティ」という方程式を駆使したわけだが、情報力も「鳥の眼」「魚の眼」「虫の眼」等を時代や場所に応じ使い分け視点を変えてきた。意思決定についても、そもそも判断基準として、企業哲学に忠実であり、キャッチーな言葉に踊らされず、価値を再考してきた。またテストを繰り返し、粘り強くタイミングを捉えてきたことも重要である。ここで見られるのは、特別な技法ではない。現地を注視し、基本に忠実に市場と向き合う真摯さがあった。次章で見ていくが、日本企業もこのような視点から学ぶべき点が数多くあるだろう。

クォック・グループ　Kuok Group

設立： 1949年　**売上：** 445億ドル（2018年）

事業： 食品、商業用不動産、海事サービス、物流、映画館、酒醸造、船舶製造、不動産賃貸・管理などがあり、砂糖、食用油、ホテル、商業用不動産が中核事業

中国関連： ①1960年代：砂糖事業から中国に進出した。②1978年：商業用不動産に進出した。改革開放時、北京の商業不動産土地開発に大金の5・3億ドル投資した（当時競合相手は米国と日本）。現在まで確保した累積収益は160億ドル超、土地の価値は既に300億ドルに値上がり、毎年家賃収入だけでも4・5億ドルがある。③1980年代前半：1984年からホテル業に進出。④1980年代後半：1988年から油事業に進出、2020年10月、中国で銘柄「金龍魚」として上場し、現時点時価総額989億ドル。

グループ組織構造参考情報： グループ名はクォックグループ（Kuok Group）であり、ヘッドクォーターはシンガポールである。香港にあるのが傘下不動産事業のKerry Groupである。ウィルマー・インターナショナル（Wilmar International）はグループ傘下の食品事業・油事業の会社であり、シンガポールで上場している。

グループHP： https://www.kuokgroup.com/about

Chapter 6 >>> Take Away

- China－ASEAN経済圏で成功を収めているのが超国家(Transnational)企業である華僑企業。日本勢が華僑企業から学ぶべき点は情報収集力、意思決定力、スペシャリティの3つ。
- 情報収集力では、情報収集・分析に十分に投資し、中華総商会やバンなどの財界コミュニティや大学の研究者ネットワークなどを活用することが重要。
- 意思決定力では、情報収集に基づいた事業価値の再考、事業のタイミングの見極め、テストから得られるフィードバックを踏まえた事業展開、といった基本の徹底が重要。
- スペシャリティでは、製品・サービスの独自性や優位性も重要だが、タイムマシンモデル型や現地課題解決型など視点を変えて差異化し、スペシャルになることがさらに重要である。

Chapter

7

日本企業が知らない日本の強み

1 China－ASEAN時代の日本

情勢から判断すれば、1章、2章で見てきた通り、21世紀はアジアの世紀であり、China－ASEAN（チャイナ－アセアン）シナリオとなる可能性が高い。この市場は、巨大市場であると同時に大競争市場だ。人口規模は両地域合わせて20億人。2030年には、中国はGDPで米国を抜き、世界最大の経済大国になっている可能性が高い。ASEANと合わせればGDPは33兆ドル（世界全体の約30％）中国だけで26兆ドル（HSBC試算）、ASEANは7兆ドル（ドイツ銀行試算）規模である。対する日本は5兆ドル規模と想定される。日本は規模で5倍以上の市場を相手にすることになる。1000万人以上のギガ都市群でいえば、日本は2つ、中国は現在15で2030年には30都市群。ASEANは現在2つだが、2030年には7つ誕生する。100万人以上のメガ都市でいえば、中国は既に270、ASEANでも40を超える。日本はわずか10都市である。都市群経済という単位で見れば、存在感が薄くなってしまうことは明らかだ。

もちろん国や地域、業種等で事情は異なってくるが、海外におけるポジショニングという点で日本はメジャープレーヤーとは言えないだろう。置かれた立場、今後置かれるであろう立場が相対的に低下する。それがゆえに、そもそもポジショニング戦略を考えざるを得ない。

これに加え、3章で見た通り、チャイナ－アセアンの時代は都市群経済圏の時代である。しかし、4章で見た通り、日本企業の進出先と、中国の重心シフトをマッピングすると、この20年間でズレが生じている。ASEAN、さらにはチャイナ－アセアンにおいても都市群経済圏という観点で、地域を捉えられているとは言い難い。この都市群経済圏では（1）都市という点から、都市群への視点の転換、（2）都市群自体のシフト、（3）都市群の理解、が不可欠である。

これらの変化に対し、活路を見出しているのが、5章で見た通り、3つの眼で市場を捉えてを踏まえ、6章で見た通り「情報力」×「意思決定力」×「スペシャリティ」の方程式で市場を勝ち抜いている華僑企業であった。それぞれの要素は基本的なことばかりであるが、変化の時代こそ基本に立ち戻ることが重要である。チャイナ－アセアン市場で生き抜いていこうとすれば、愚直に基本に忠実な華僑企業から学ぶべきことがあるのではないだろうか。次節以降では、今まで見てきたエッセンスを日本企業に置き換えたときに、何ができるのか、今までの議論を総括しながら考えたい。

2　再発見すべき日本の強み

本書では、情報戦の重要性について繰り返し説いてきたが、テクニカルな手法の前に、大事な視点がある。それは、日本（企業）が現状を「知らないことを知る」ことだ。

そもそも論ではあるが、マクロの情勢認識、すなわち日本がアジア地域を牽引し続けてきたことによる成功体験の捉え方も改める必要があるかもしれない。

ASEAN諸国にとって日本が重要なパートナーであることは変わらない。しかしこれからは、「他の国と同様に」という但し書きがつくことを忘れてはならない。中国及びASEAN各国もあらゆる国と付き合いをしている。2030年の経済シナリオで見た通り、ASEAN全体で日本の経済規模を上回る可能性が高い。構成要素となるギガ都市の1人当たりGDPで見れば、日本の多くの都市と並ぶか上回ってくる。経済的な立場が並ぶ、ないしは逆転されれば関係性も変わってくる。かつての日本と中国の関係がそうだった。こちらが先生のつもりでも、相手から見ると教わることがない、とされる可能性は十分にある。相手の事情を知らないのはこちらだけ、とならないようにすることから出発することが必要ではないか。そのためには、アンテナの再構築が不可欠だ。情報戦にしっかりお金をかけることから出発する必要がある。

情報収集のチャネルそのものを変えることで、新たな視点や商機を獲得することも可能だ。例えば日本ではコロナ禍前ではインバウンドで経済の活性化を図っていた。コロナ禍でこの経済が全て無くなってしまったかというとそんなことはない。越境ECはチャイナ－アセアンだけでなく、日－中、日－ASEANでも活発化ないし取り組みが始まったのだ。日本にも拠点を置く順豊エクスプレスは増収増益で、体制も増強している。タオバオ（アリババ系のECサイト）やJDドットコムも活況である。日本製のものが中国で購入可能である。日本からの品物は飛ぶように売れている。

例えば、Youzan Japanというサイトがあるが、これは日本の特産品を中国に輸出するためのプラットフォームである。インバウンドでアジアや世界から注目された北海道の特産品を世界に向けて発信するものだ。運営主体は中国企業である。このような仕組みを使ったビジネスは個人ベースでは既に起きていた。ウィーチャット（WeChat）を使って口コミを作り、タオバオで売るというのはコロナ禍前でも起きていた。

今やこれが、日本製品に特化したSNSプラットフォーム小紅書（RED）で情報収集をするというのも当たり前になっている。日本商品特化型の越境ECアプリ「豌豆公主（ワンドウ）」は2020年の「独身の日」（11月11日）時点で400万ダウンロードを記録している。設立からわずか3年である。豌豆公主で取り扱っている約4万種類の日本の商品は、「健康」「ライフスタイル」「食品」「ベビー」「ファッション」といった5つのテーマに分けて豌豆公主アプリやライブコマース等で紹介されている。これらのテーマは、中国が日本をどう見ているか、日本に対する価値、期待を表している領域ともいえる。

情報収集のアンテナやチャネルに気づかないだけで、日本国内においても中国やASEANとのつながりは既にある。日本にあるチャイナ－アセアンのプラットフォームを活用していく、という点も必要な視点ではないか。日本本社による初期投資をそれほど必要とせず、今までリーチできなかった需要を開拓するという観点ではチャイナ－アセアン市場からの見方は、ポジティブな側面も作り出しているのではないか。

ようやく始まったチャイナ－アセアンへのビジネス

メルカリも2020年から日本と東南アジアの越境ECを開始した。チャイナ－アセアンで双方の商品がやり取りされているように、日本がチャイナ－アセアンの各都市を越境ECやライブコマースで取り込む日も遠くはないだろう。個人レベルではそのようなシフトはほぼ間違いなく起きそうだ。問題は商流の変化に企業がどこまで対応できるかだ。チャイナ－アセアンの間での商流がしっかりし、値段と品質がそれなりであれば、ブランド信仰は根拠のないものかもしれない。日本製は品質が良い、アフターサービスのレベルが違うといっても、それだけでプレゼンスを維持できるのか。むしろ新たに広がるチャイナ－アセアン商圏で、製品やサービスをぶつけてみて、ユーザーの声とフィードバックをもらいながら、新たなイノベーションの機会を作ることも建設的なアプローチではないか。

既に進出しているチャイナ－アセアン市場において独占販売契約や自社の販売拠点があり、既存のレガシーな投資・契約が足かせになって動けないという反論もある。確かに今まで、汗をかいてディストリビューター（販売拠点）を築いてきた点もあるだろうが、別ブランドを作る、異なる都市群を攻める等、作り上げてきた商圏、顧客群、ブランド、契約体系など既存のレガシーを乗り越えていくことは重要だ。

何も大市場14億人の中国や6億人のASEANを全部取れということではない。都市群単位で見ていけば、絞り込みが可能である。リアルなユーザーのニーズも見えてくるはずだ。ポイントは今までの情報収集、チャネルだけでなく、新しいものを試してみることにある。

次は、「鳥の眼」「魚の眼」「虫の眼」の出番だ。「魚の眼」と「鳥の眼」を通じ、大きなトレンドで日本の置かれた立場を考えると、2030年になれば中国との経済格差は4倍以上に開くことが想定される。人口差もある。これはASEAN市場も同様だ。6億人超の市場全てを取りにいくことは非現実的だろう。しかも、常に総力戦で勝負するわけではない。分解して見ていくことで、勝負をしていく市場の単位を絞っていくことが重要だ。全ての市場で勝つことは無尽蔵の資源がない限り難しい。必ず選択と集中が必要となってくる。絞るということは、狭く、深く見るということだ。

細かく砕くほど相手のことをしっかり理解していかなければならない。深く掘り下げていくことが必要だ。つまり華僑のケースで見たように現地を「虫の眼」で見て物事を考えていくことの重要性が高まっていくのだ。古くはウォルマートやカルフールといった欧米の小売業の敗退、2010年代後半で言えばウーバーやディディの東南アジア市場からの撤退は、資金力や技術があれば勝てるわけではないことを如実に示している。グラブやゴジェックのケースは現地のニーズや背景を理解し抜いたからこそある。コロナ禍でライドシェアビジネスが苦しくなった際に、事業を展開できたのも、現地のニーズに対し、匂いを嗅ぎ分けられるレベルまで理解し抜いていたからだ。ティックトックの東南アジアにおける劇的な浸透も同様だ。

どんなにマーケティング調査を行っても、競合も同様に考えている。そこで重要なのはひねること。「いったいどうやって？」という質問が寄せられるが、答えは足元にある。多くの日本企業では「何か新しいものはないか」「デジタルだから予算がつくので何か？」というケースが散見される。そのような奇をてらったものやキャッチーな言葉に踊らされないことが大切だ。答えは案外足元にあるものだ。

2020年には日系企業によるASEAN市場への物流参入の話が報道された。一方でシンガポール企業はベトナム事業から撤退、計画を中断するという話も出た。シンガポールは資金をベトナムではなく、日本に振り向けるという。シンガポールの企業からすればアジアの都市群をウォッチした上での判断だが、日本サイドもこのような視点に切り替えられているか。シンガポールがやってきたという二国での発想ではなく、なぜシンガポールの企業がベトナムへの投資を止めるのか、世界の金融緩和の際で進む、投資の選択と集中がどのように進んでいるのかを見極められているのか、といった観点が重要だ。それだけではない。シンガポール企業と手を組み、ゆくゆくは一緒に都市輸出モデルを狙うという発想があってもいい。軒先を借りるというビジネスだ。

例えば、住宅で健康向けのコーティング材料が大きな問題になっていることは知っているだろうか。中国やＡＳＥＡＮも内装や家具のコーティング材料が大きいため、ニーズが高い。中国では急ピッチで作ったガス管が破裂するケースが頻発している。安くて作りやすい鉄パイプを多用したからだ。スマートな都市もいいが、土台のしっかりした日本製の土管・パイプが欲しい、というわけだ。このような観点は日本が手を組む上でのアピールポイントである。またドン・キホーテや１００円ショップのダイソーなどは極めて競争の厳しい小売業であるが、シンガポールで大人気。一般的に苦戦する企業が多い家電業界において、アイリスオーヤマは存在感を放っている。かつての生活雑貨のＭＵＪＩ（無印良品）の成功は言うまでもない。これらも都市群ビジネスにはぴったりである。「まさかそんなものが必要とされるのか」「もう終わったはずだ」といった常識にとらわれて見えなくなっている分野に日本の商機がある。

情報戦の前提として置いておくべき視点に、素直に成功モデルを真似ることも挙げられる。日本企業の苦境は失われた30年として形容されてきたが、自社製品やサービスへの強すぎるこだわりもあったのではないか。かつて日本の成長は他国のモデルをうまく真似、自己流にアレンジしながら成長することにあった。繊維、鉄鋼、電機、自動車ほぼ全て真似から始まった。欧米諸国からのタイムマシンモデルと呼ばれたが、新興国企業から学ぶ視点があってもいい。物真似はお家芸だ。誰からも学ぶ謙虚な姿勢が不可欠である。原点回帰の発想だ。

実際、新興国から真似るモデルを愚直に実践している企業がある。ドイツのロケットインターネット（Rocket Internet）という投資会社だ。その投資先で、東南アジアを中心に展開しているフードデリバリーサービス大手のフードパンダ（foodpanda）。これは、新興国における成功モデルを徹底的に模倣し、エッセンスを磨き上げ、他国に持ち帰りテストし、反応が良い都市、国に集中投資するビジネスモデルだ。中国－ＥＵ間のＢtoＢ物流プラットフォームであるドイツのインスタフレイト（InstaFreight）も、ララムーブという中国及びチャイナ－アセアン間のＢtoＢ物流プラットフォームでの成功のエッセンスを参考にしたものだ。これは一種のタイムマシンモデルと言ってもよい。

タイムマシンモデルは、デジタルの世界に限った話ではない。その他の産業でも適用できる。例えば、農業機械の製品において、中国とベトナム、ベトナムとカンボジアにはそれぞれ5年ほどの時間差があるそうだ。筆者がベトナム、カンボジアでのフィールドワークを実施した際に、ベトナムやカンボジアでそれぞれ盛んに聞いた声である。すなわちチャイナ－アセアンには確実にタイムマシンモデルが成立する。

他方、フードビジネス、ツーリズムという観点ではタイのバンコクがアジアの先端を走る。国際会議（カンファレンス）ビジネスという観点ではシンガポールが群を抜いている。これらは単なるホテルや観光ビジネスではなく、サービスパッケージの提供である。先に述べたシャングリ・ラホテルも元をたどればマレーシア系の財閥であり、香港、中国へと展開していった。ここにもタイムマシンモデルが存在する。かつて日本は欧米からのタイムマシンモデルをレバレッジし、ビジネスを発展させてきたが、チャイナ－アセアンから学ぶ、タイムマシンモデルも十分に成立するのではないか。日本に持ち帰るという視点もよし、チャイナ－アセアンの中でのタイムマシンモデルを利用するもよし。両方の視点でのタイムマシンモデルがあり得る。日本にとっての好機である。

これらのエッセンスは華僑からの知恵だが、日本に置き換えれば「駐在員ではなく現地人となるつもりで、日本人同士のつながりから卒業し、現地人との交流を増やす」ことも重要だ。この点で華僑から学べることが多い。彼らは、当時の貧しい中国を離れ、機会を求め東南アジアに渡り、一から商売を立ち上げていった。生き残っていくために現地社会に溶け込み、自らのネットワークを形成した。戦後は反中国移民政策などで苦境に立たされたが、それにもめげず起業家精神と勤勉さを忘れず努力した結果、数ではマイノリティだが、ＡＳＥＡＮ経済の中核を占めるまでになった。この現地に根を張って生きていくという姿勢を見習って、日本のビジネスパーソンもＡＳＥＡＮ市場と向き合わなくてはいけない。南米に移住した日本人も一から努力して商売や人脈を築き現地で成功しているわけで、中国人だからできるというわけではない。この謙虚な姿勢をもって、現地の情報を追いかけ、ニーズの背景を理解することが大事である。そして、その姿勢は成功モデルを真似るという考え方にもつながる。言い換えれば、この謙虚な姿勢は自らの立場を踏まえた現実志向・

実践主義であり、日本が生き残っていく上で必要な考え方である。

3 日本企業の生きる道

日本企業の生きる道は、①情報戦（情報収集、分析、付加価値化）、②意思決定力（旬の見極め、判断ではなく決断。決断には必ず負の要素があり、不確実性が高い。合理性だけでは決められない。パッシブラーニングではなく、アクティブラーニング的なアプローチ）、③スペシャリティ、の組み合わせにある。少なくとも2つは強みを持っていないと勝てない。戦略論と呼ばれるものは、それぞれの要素をつなぐところにあった。従来は、③の圧倒的スペシャリティによって勝ってきた。また①の情報戦でも政府間や金融、商社情報などで優位性を保ってきた。

②の意思決定はほとんど問われることがなかった。この意思決定力については、組織力の強化も重要な視点だろう。チャイナ－アセアン経済圏を1つの市場として捉え、事業の意思決定を行うためには、中国と東南アジアの部署を縦割りで分けるのではなく、情報交換や意思決定の連結などを行う必要がある。中国やASEANの現地法人が情報戦に投資ができるように環境整備をし、現地事業に関する権限等も委譲していくのだ。チャイナ－アセアンの現地動向を感じ取るには日本人出向者が現地に溶け込む努力をするのも重要だが、現地の感覚が分かるローカル人材の積極的登用が欠かせない。現地人材登用には言語や文化の壁など様々なハードルがあるが、彼らに日本流のマ

ナーや人事制度を押し付けるのではなく、日本から出向する側が現地に溶け込み、彼らと協働していかなくてはいけない。その観点から言うと、中国やASEAN諸国の多くにおいて人事制度は欧米に近く、数年で転職を繰り返しスキルアップやプロモーションをするのが普通だ。外資の相次ぐ参入や現地企業の台頭で高スキル人材の獲得は困難になってきており、優秀な人材を確保するためには日本流の人事制度の見直しも必要だろう。

どのパターンであれ、情報戦が先に来る。どんなに優れたスペシャリティでも、どんなに優秀な経営チームでも、場所の選定を間違えば終わりである。

言い換えてみれば、存在感を出していくためには土俵を変えていくしかない。セグメンテーションによる差別化とポジショニングである。市場の分母が小さくなれば、プレゼンスは大きくなる。単位が地域経済でも、国家レベルでもないことは明らかだろう。都市戦略を考えざるを得なくなるというのが出発点だ。もちろん相手の都市の課題解決が必要なのは言うまでもない。良いものを作っていれば買ってもらえる、こちらの売りたいものを売るのではなく、困ったことを聞くという基本への立ち返りは不可欠だ。これは情報戦そのものである。

都市戦略を考えて市場を攻める

具体的なアクションを取るためには、どのような都市戦略を選択するか、となってくる。どこを選択し、どう組むのか、の問題である。情報戦、意思決定力、スペシャリティの組み合わせをビジネスに落としていくと、パターンは4つしかない。①大きな枠組みをデザインする（情報戦＋意思決定力＋スペシャリティ：最も大変な総合戦）、②オペレーションを回す縁の下の力持ち（スペシャリティ＋情報戦）、③相手ができないことを手伝う（スペシャリティ＋意思決定力）、④情報戦そのものをビジネスにする（情報戦＋意思決定力）である。

シンガポールが進めているアプローチがそれである。2000年代初頭からの都市戦略輸出モデルと中国との連携はこの文脈にあてはまるといってよい。20年たった今、情報戦を駆使し、各都市との提携を決断し、スペシャリティを十分にためたステージである。現在はスマートシティの議論が真っ盛りであるが、言葉はどうあれ、シンガポールが蓄積した都市ビジネスに対抗できるかどうか、考えていく必要がある。

①については、日本がこれから考えるべきは「仕組みデザイン型ノウハウの蓄積」だ。10年から20年かかってでもこのアプローチを考えなければ単にチャイナ－アセアン企業の御用聞きとなってしまう。都市の発展段階からして、今はシンガポールのようなモデルが良くとも、快適さ、効率性、文化等複合的な観点から、さらに成熟した発展を目指すときには東京等は参考になるはずだ。シンガポール・モデルは交通、物流が要所にあるときに効果を発揮するが、全てが同じような条件を持っているわけではない。日本が示し得る、第三の「都市発展モデル」も考えるべきだ。

街づくりという観点では、東急グループや三菱地所等がベトナムのホーチミン郊外のビンズン省の省都ビンズン新都市で進めているプロジェクトは注目される。鉄道、買い物、レジャー、住宅などの街づくりのソフトをスペシャリティにするというものである。試行錯誤が進むが、このようなパッケージ型での取り組みは、日本が目指すデザイン型の都市輸出に近い。時間がかかっても、ノウハウを蓄積し、他への展開を期待したい。同業の電鉄・都市圏開発モデルは日本が持つユニークなスペシャリティであり、十分な競争力がある。

②はスペシャリティを武器にしつつも、きっちりそれを入れ込むために情報戦を駆使するモデルである。気づけば日本が入っているようなケースだ。公共の事業やインフラのような大型の仕組みを作っているプレーヤー、自治体に食い込むパターンである。言い方を変えれば「Japan inside」である。素材産業、エネルギー循環産業、水道等の基礎インフラ、といった生活インフラを支えるサービスは十分に機能していく領域である。日本の競争力が発揮できる領域だ。

③はスペシャリティ＋意思決定力である。これは、②のような大型のものである必要はない。情報戦も大事であるが、むしろ決められるか、やり切れるかが問題である。相手を理解し、かゆいところまで手が届くことが必要だ。言い方を変えれば「コンテクストマネジメント」や「つなぎこみ戦略」といったところだ。これも十分に商機がある。時間通りにモノが届く、細かいところまで塗装がされている、清潔である、安全である、こういった感性価値要素は差別化の大きなポイントになる。ここで重要なのは、「スペシャリティを磨き続ける」ということである。日本には優れた技術やサービスがまだまだあるが、これらのスペシャリティを惜しむことなく展開していくことが大事だ。

空気循環や衛生管理といった要素はコミュニティにとってとても重要な要素だ。世界最高のサービスや技術を持つプレーヤーは、ファクトリーオートメーション（例えばファナック）、都市インフラ（例えば水ビジネスのクボタや空気循環系、衛生管理系のようなエコシステム創造企業）、トイレ産業やペンキ、空調産業は感性価値に訴えかけることができる。建設機械であっても小回りの利く輸送機メーカー等は日本企業の競争力が高い。

シンガポールの都市ビジネス等に日本のスペシャリティをもって、コミュニティビジネスを展開していくのだ。どうすればパートナーシップを組めるか、については、特別なことばかりではない。まず、「とにかく乗る」というのは、シンガポール系企業や華僑系企業との提携の決め手になることが多い。ドブ板営業であれ何であれ、相手の懐に入っていかなければ始まらない。加えて、シンガポールをはじめとする都市群でビジネスを展開するプレーヤーが日本に来た際に、食い込むだけでなく、第三国を見据えた展開を考える（シンガポールとともに課題を解きにいく）といった視点も大事だ。共通の利害を模索することも重要である。

さらに、「ソフトパワーを駆使する」という視点も求められる。華僑のケースで述べた中華総商会や大学でのネットワーク、国際会議等は、日本企業でもアプローチができるはずだし、地道に構築することも必要だ。これらを情報拠点として地道にパイプを作っていくことも欠かせない。すぐにはリターンが出ないかもしれないが、入札に日本企業が全く呼ばれていない、ということは避けられる。どんなに素晴らしい技術を持っていても、相手が知らなければ声をかけようにも難しい。

チームの総合力を駆使して地域を捉える

各国に散らばって、現地に深く入っていくというのが今までの日本の新興国参入戦略だった。中でもASEAN戦略はこのアプローチが徹底されており、日本人コミュニティの関係が深いのもこのような背景がある。この体制には良さもあったが、現地のマネジメントが持っている役割が限定的になるという問題があった。シンガポールの企業のような都市輸出システムに乗っていくには地域目線、アジアや世界全体で都市群をどうつかむのかといった目線が必要になってくる。相手の目線を理解し、日本サイドの視点も鳥瞰的なものに切り替えていく必要があるのではないか。

④は情報戦そのものを活用し商機とするパターンである。投資会社、商社的行動である。既に述べた通りインドネシアのサリムグループが実践している。逆張りかニッチの対応も含まれる。例えばデジタル時代にあえてリアルの重要性に徹底的にこだわるのも大切だ。小売りが総崩れと言われる中で、大成功を収めているドン・キホーテ等は逆張りと言ってもよい。コロナ禍の海外でもたくましく生き残っている。情報戦と意思決定力で生き残っているわけだ。

バランスを取るというミドルプレーヤーの知恵という視点もある。これも情報戦と意思決定力である。例えば国家レベルでいえば、ヨーロッパのスイスがミドルパワーを活かしている。中立性を維持することで、どこからも等距離を維持している。その産物が資産運用ビジネスだ。大国のはざまでバランスを取る知恵と言ってもよい。これを日本に当てはめれば、米中あるいはASEAN地域の間の中でのバランサーの立場を徹底的に極めるという選択肢が入ってくる。シンガポールのシンクタンクの調査[1]によれば、ＡＳＥＡＮの政財界から、日本のバランサーとしての役割への期待値は高いことが分かっている。

日本の勝ち組と言われた企業の戦略を振り返ってみると、弱者ゆえの生き残り戦略であったものが多い。どの企業も「勝ちパターン」を求めがちだが、スズキや、ソニーなどは、「弱者の戦略」＝ランチェスター戦略として、他のプレーヤーがいない国に行って戦い成功した。冷静に自社の置かれた状況を見て、他社とは違う戦略を取ったことで成功を収めたケースが多いのだ。チャイナ－アセアンのような課題先進国でできることを探し、それを持ち帰ることが日本企業にとっても宝になる（日本企業での拒絶反応はあるかもしれない）。

これらの戦略のどれもが現地の状況や文脈を理解しているからこそできるのであり、だからこそ前章で述べたように様々な情報を多角的に収集・分析する力や、現地に溶け込もう・現地から学ぼうとする謙虚な姿勢が大事である。

２０３０年のチャイナ－アセアン時代に求められる力の出発点は「現実思考」。冷静に自身の立ち位置を見極め、生き残っていく知恵が求められている。

Chapter 7 >>> Take Away

- China－ASEAN時代の生き残りには「情報戦」「意思決定力」「スペシャリティ」が重要だが、いずれか2つを組み合わせることができれば生き残ることができる。
- 日本企業は、①大きな枠組みをデザインする（情報戦＋意思決定力＋スペシャリティ）、②オペレーションを回す縁の下の力持ちとなる（スペシャリティ＋情報戦）、③相手ができないことを手伝う（スペシャリティ＋意思決定力）、④情報戦そのものをビジネスにする（情報戦＋意思決定力）ことで未来が開ける。
- 出発点は、アンテナ力。China－ASEAN時代では、「現実思考」を軸に、様々な情報を多角的に収集・分析する力や、現地に溶け込もうとする謙虚な姿勢が重要。

Chapter 1

1 Foreign Policy, "America's pacific century," by Hillary Clinton, October 11, 2011

2 IMF
https://www.imf.org/external/datamapper/NGDPD@WEO/OEMDC/ADVEC/WEOWORLD

3 IMF World Economic Outlook 2020

4 IMF World Economic Outlook（2021年1月）
https://www.imf.org/en/Publications/WEO/Issues/2021/01/26/2021-world-economic-outlook-update

5 ASEAN5（ベトナム、タイ、フィリピン、マレーシア、インドネシア）

6 中国国家統計局（2020年10月、2021年1月）
http://www.stats.gov.cn/tjsj/zxfb/202101/t20210119_1812514.html

7 IMF World Economic Outlook（2021年1月）

8 国務院新聞弁公室が発表国家金融発展実験室が公表した「マクロレバレッジ率四半期報告」
http://www.scio.gov.cn/32344/32345/42294/43499/43506/Document/1685875/1685875.htm

9 中国国家統計局（人口）

10 南京市統計局（2019年4月）
http://tjj.nanjing.gov.cn/tjxx/202004/t20200409_1830257.html

11 シンガポール統計局（2020年）
https://www.singstat.gov.sg/find-data/search-by-theme/population/population-and-population-structure/latest-data

12 広東省統計局

13 深圳市政府統計
http://www.sz.gov.cn/zfgb/2020/gb1149/content/post_7350867.html

14 重慶市統計局（2020年7月30日）

15 https://jp.ub-speeda.com/ex/analysis/archive/05/
https://www.bea.gov/help/faq/184#:~:text=The%20value%20added%20of%20an,subsidies%2C%20and%20gross%20operating%20surplus.産業別付加価値（Industry Value-added）は各産業がGDPに占める割合を示しており、そこから国の産業構造が読み取れる。

16 モルガン・スタンレー分析:モルガン・スタンレー中国首席Economist

17 19都市群:第十三次5カ年計画には、長江デルタ、珠江デルタ、北京・天津を世界クラスの都市群にすると明記されている。ポイントはこの3地域である。これに加え、成渝（成都、重慶など）、山東半島、海峡西岸、哈長、遼中南（瀋陽、大連など）、中原、長江中流、関中平原（西安など）、北部湾（南寧など）、山西中部、呼包鄂楡（フフホト、包頭など）、黔中（貴陽など）、滇中（昆明など）、蘭州-西寧、寧夏沿黄、天山北坡（ウルムチなど）など16の都市群を発展させる目標を定め、合計19都市群が形成されることになった。なお、2015から2019年、国務院は長江中流（2015）、京津冀（2015）、哈長（2016）、中原（2016）、成渝（2016）、長江デルタ（2016）、北部湾（2017）、関中平原（2018）、呼包鄂楡（2018）、蘭州-西寧（2018）、粤港澳大湾区（2019）など11の都市群発展計画を相次いで承認。

18 中央政府ニュース2020年11月3日、政府要員レポート2020年11月24日

19 中国商務部 定例記者会見（2020年7月16日）

20 米商工会議所調査:https://www.amcham-shanghai.org/en/article/amcham-shanghai-releases-2020-china-business-report#:~:text=AmCham%20Shanghai%20released%20its%20bilingual,of%20US%20business%20in%20China.&text=Companies%20remain%20committed%20to%20the,point%20increase%20compared%20to%202019.

21 中国商務部
http://fec.mofcom.gov.cn/article/fwydyl/tjsj/202101/20210103033338.shtml

22 UN World Population Prospect
https://population.un.org/wpp/

23 AEC:ASEAN経済共同体。2015年に発足した関税の引き下げなど活発な経済交流を目指すもの。

24 CEIC Database

25 Marklines統計やインタビュー等にて推計
https://www.marklines.com/cn/statistics/flash_sales/salesfig_china_2019

26 EU憲章:欧州連合に居住する市民の政治的、社会的、経済的権利を定めるもの(2000年に起草。欧州連合基本条約等、欧州連合の法的根拠となっている加盟国間の諸条約が締結されている)。
27 World Bank
https://data.worldbank.org/indicator/SP.POP.TOTL?name_desc=false
28 IMF(2018年)
https://www.imf.org/external/datamapper/NGDPD@WEO/OEMDC/ADVEC/WEOWORLD
29 国際協力銀行調査部・海外投資研究所「海外事業展開調査」2010年~2019年
30 インド日系企業:JETRO
https://www.jetro.go.jp/biznews/2020/09/46267feab5bc6634.html
31 在留邦人データ:外務省
https://www.mofa.go.jp/mofaj/press/release/press4_004674.html
32 中国への日系企業の進出数:
帝国データバンク記事「日本企業の中国進出動向(2020年)」"https://www.tdb.co.jp/report/watching/press/p200208.html
33 ASEANへの進出数:
帝国データバンク記事「特別企画:ASEAN 進出企業実態調査(2016年)」"https://www.tdb.co.jp/report/watching/press/pdf/p160504.pdf
34 外務省、帝国データバンク、JETRO、『海外進出企業総覧2020年版』(東洋経済新報社)
35 中国税関当局2020年7月調査
36 中国税関総署HP(2020年7月14日)
http://www.gov.cn/xinwen/2020-07/14/content_5526721.htm
37 AMRO, "China's Reform and Opening-Up: Experiences, Prospects, and Implications for ASEAN," October 2018, https://www.amro-asia.org/chinas-reform-and-opening-up-experiences-prospects-and-some-implications-for-asean/
38 中国税関総署HP
http://tradeinservices.mofcom.gov.cn/article/lingyu/jsmyi/201904/81507.html
39 2019年度中国直接投資統計公報:中国商務部
40 China's Overseas Lendig, Carmen M Reinhart, Sebastian Horn, Christoph Trebesch

Chapter 2

1 中国国務院:http://www.gov.cn/xinwen/2020-10/13/content_5550937.htm
2 中国経済統計:http://caifuhao.eastmoney.com/news/20201019123025428827440
3 ASEAN Outlook on the Indo-Pacific
4 The Diplomat誌2019年7月記事:https://thediplomat.com/2019/07/aseans-indo-pacific-concept-and-the-great-power-challenge/
5 Lee Hsien Loong, "The Endangered Asian Century: America, China, and the Perils of Confrontation," Foreign Affairs, July/August 2020, https://www.foreignaffairs.com/articles/asia/2020-06-04/lee-hsien-loong-endangered-asian-century
6 Ferguson, N., & Schularick, M. (2007). "'Chimerica' and the Global Asset Market Boom," International Finance 10(3): 215–239, https://onlinelibrary.wiley.com/doi/10.1111/j.1468-2362.2007.00210.x
7 William Pesek, "Time to Make 'Chindia' a Reality," The Japan Times, June 23, 2014, https://www.japantimes.co.jp/opinion/2014/06/23/commentary/world-commentary/time-make-chindia-reality/
8 東南アジア向け投資報告書の中国語の正式名称は「対外投資協力国別(地域)指針」
9 ロイター企業調査(2020年10月26日~11月4日に実施。485社に送付し、回答社数は228社)https://jp.reuters.com/article/nov-survey-idJPKBN27P357
10 ISEAS "State of Southeast Asia:2020 Survery Report"

Chapter 3

1 帝国データバンク2020年レポート
2 Sinaニュース(2020年2月12日)
https://k.sina.cn/article_2603857891_9b33b7e30200159j4.html 3 中国経済情報2019年9月(伊藤忠総研)
3 World Bank database及びCEIC Database、インドネシア国家統計局
4 CEIC Database
5 ASCN: ISEAS https://www.think-asia.org/bitstream/handle/11540/11853/ISEAS_Perspective_2020_32.pdf?sequence=1
6 JETRO　世界の見本市・展示会情報(2019年)

Chapter 4

1 国際航空研究院レポート
2 JD Homepage
3 マクロミル・翔泳社「ライブコマースに関する調査」2019年7月
4 OAG Database
5 Zhihu(Zhihu記事)
6 https://www.sohu.com/a/309025515_556660
7 出所:重慶市バナン区政府、保税区物流会社インタビュー

Chapter 5

1 広西チワン族自治区政府窓口サイト
http://www.gxzf.gov.cn/zcjd/t7262224.shtml
2 2007年New York Timesリー・クアンユー元首相インタビュー(https://www.nytimes.com/2007/08/29/world/asia/29iht-lee-excerpts.html?pagewanted=all)
3 IDCデータ https://www.statista.com/statistics/271496/global-market-share-held-by-smartphone-vendors-since-4th-quarter-2009/#:~:text=Huawei%20overtook%20Samsung%20to%20become,for%20position%20at%20the%20front.
4 True Money, Wing:タイ発祥の送金専業サービス
5 Sinaニュース(2019年7月23日)
https://finance.sina.com.cn/stock/focus/2019-07-03/doc-ihytcitk9431426.shtml
6 Lufax目論見書(2020年10月7日)
https://www.sec.gov/Archives/edgar/data/1816007/000119312520265571/d934009df1.htm
7 2018年世界スマート物流サミットでのアリババ ジャック・マー氏と、JD.comのリチャード・リウ氏の発言
SOHUニュース(2018年6月12日)
国家発展改革委員会と交通部公表「国家物流ハブ建設計画」(2018年12月25日)
https://www.sohu.com/a/235307321_505892
http://www.gov.cn/xinwen/2018-12/25/5351874/files/bb2d9ae102bd47a58b56e9bfb09499a8.pdf
8 国家統計局(国家統計局データ)。招商証券(招商証券レポート)
9 China Merchants Bankシンクタンクレポート、各社四半期報告、他記事よりデロイト トーマツ コンサルティング推計
https://pdf.dfcfw.com/pdf/H3_AP202005201379980404_1.pdf?1589966228000.pdf

Chapter 6

1 「華僑・華人史研究をめぐる東南アジアと東アジアの連続と断絶」
（濱下武志 東南アジア研究（2006） 東南アジア研究43巻4号）
2 「世界華人企業発展報告」2019年及び三井物産レポート
3 中国国務院新聞弁公室
4 Baker Mckenzie report（Baker McKenzie法律事務所レポート）
5 世界華商大会公式サイトhttps://www.wcecofficial.org/en/
6 「多元化視点から見る海外華僑華人社会発展」。華僑大学（福建省）・華僑華人研究院

Chapter 7

1 ISEAS, The state of Southeast ASIA (2020)

中国による投資報告書の目次

1　ASEANとはどのような組織か?

1.1　ASEANの昨今

1.2　ASEANの地理的環境

1.2.1　地理的位置

1.2.2　天然資源

1.2.3　気候条件

1.2.4　人口分布

●現地華人華僑の状況を紹介

●現地進出した主要な中資企業、民間華人団体(中華総商会など)の状況及び連絡先情報を紹介(東盟各国のガイドラインに詳細記載)

1.3　ASEANの政治環境

1.3.1　政治体制

●ASEAN憲章、首脳サミットなどの基礎概要を紹介

1.3.2　対外関係

●ASEANの対外関係の時間軸を紹介、「10+1」「10+3」「10+6」などの協力体制と協力領域、メコンなどサブ地域開発関連の内容を紹介、特定の国(オーストラリア、カナダ、インド、米国、日本、中国)との関係及び締結した主要協定、開催したフォーラムなどを紹介、温度感を伝えている(例えば、オーストラリアとカナダが1970年に連携を始めた。インドとの政策協力が親密になるなど)

1.3.3　ASEAN機関

●首脳サミット、事務局などの役割を簡単に紹介

1.4　ASEAN一体化の構築

●一体化推進の時間軸、開催した主要サミットと提出した宣言、「ASEANビジョン2025」など主要協定などの詳細を紹介

1.4.1　ASEAN政治安全共同体

1.4.2　ASEAN経済共同体

●産業構造改革、デジタルイノベーション関連の紹介

●共同体の現状と不足、リスクを簡単に分析

●ASEAN経済政策の中国への影響を分析、一帯一路における協力の可能性と有望分野・業界を分析

1.4.3　ASEAN社会文化共同体

1.5　ASEANの社会的・文化的環境

1.5.1　民族

1.5.2　言語

●華人交渉用言語を紹介、中国方言、マンダリンの使用状況を紹介

1.5.3　宗教

1.5.4　風土

●各国の宗教(タイの仏教、マレーシアのイスラム教など)の注意事項を紹介

1.5.5　休日

2　ASEANは外国投資にとってどれほど魅力的か?

2.1　近年のASEAN経済のパフォーマンス

●各国の競争力、GDP関連基礎情報、国際貿易、経常収支、主要外部パートナーを紹介

2.1.1　投資の魅力

2.1.2　マクロ経済

2.1.3　主要/特徴産業
●各国の主要産業の紹介、市場規模、産業全体でのシェア
●大手企業の紹介（東盟各国のガイドラインに詳細を記載）
2.1.4　発展計画
●ASEAN全体の計画時間軸、主要協定、注力分野を紹介
●中国のASEANとの協力可能性を分析、情報通信、道路&鉄道&航路インフラ、エネルギー、農業、採掘業、金融業の業界分析と中国参入の仕方を分析
●進出発展における利用可能な資金ソースを紹介、機構名とリストを紹介
●各国の短期及び中長期戦略計画、経済的数値計画、注力産業、官民連携の方法を紹介
2.2　ASEAN地域内市場はどのくらいの大きさか?
●各国GDP項目内訳、物価消費指数、インフラ施設の現状（航空&陸上&海運物流、情報通信、電力、水道など）、インフラ施設関連政策計画を紹介
2.3　ASEANの対外経済貿易関係はどうか?
2.3.1　国際貿易
●各国貨物とサービス輸出入推移、主要取引貨物品目のランキングを紹介
●ASEAN域内と外部向けの貿易推移、主要取引貨物品目のランキングと金額を紹介
●主要外部パートナーとの取引額、主要取引貨物品目のランキングと金額を紹介
●各国主要サービス貿易の金額と内容を紹介
2.3.2　外国投資の誘致
●ASEANのFDIデータの推移を国別で紹介、主要投資分野を紹介
2.3.3　中国とASEANの経済貿易関係
●中国とASEANの政策戦略協力の分析及び貿易金額、主要分野、労務現状の分析
2.4　ASEAN証券市場の発展

3　外国投資協力に関するASEANの法律と方針は何か?

3.1　外国貿易の規制と方針は何か?
3.1.1　ASEANによる自由貿易協定（FTA）/経済パートナーシップ協定（EPA）の進捗状況
●ASEANと主要外部パートナー（中国、日本、インド、韓国、オーストラリア、EU）との経済施策と主要協定の時間軸を紹介
3.1.2　ASEAN自由貿易協定
3.1.3　関税措置
3.1.4　税関の現代化
3.1.5　相互認証の取り決め
3.1.6　統一基準と技術規制
3.2　外国投資家向けの主な方針は何か?

4　中国-ASEAN自由貿易区

4.1　中国-ASEAN自由貿易区の主な内容
●自由貿易区の概要、主要政策、貿易規模を紹介
4.2　中国-ASEAN自由貿易地域の時間枠
4.3　「早期収穫（Early Harvest）」プランの主な内容
4.4　貨物貿易協議
●国別の税金減免の政策、具体貨物品目詳細、減免割合、各品目の貿易規模、敏感品目の政策を紹介、指導意見をまとめて分析
●国別の今後のさらなる貿易自由化と便利化に向けて、中国とASEANの具体策と方針を紹介、金額、税率、選別基準、時間軸を明確に記載
●国別のサービス貿易について、現状の詳細と将来の具体策と方針を紹介、金額、税率、選別

基準、時間軸を明確に記載
(※ガイドラインの位置づけと進出意向がある企業はこのガイドラインを参考にすれば、詳細の数値と政策規定を把握できる)

4.4.1　減税商品の分類
4.4.2　減税モデル
4.4.3　敏感製品
4.4.4　原産地規則
4.4.5　セーフガード対策
4.4.6　数量制限と非関税障壁
4.4.7　中国の市場経済地位
4.5　サービス貿易協議
4.5.1　市場アクセス
4.5.2　国民待遇
4.5.3　コミットメントを変更または取り消す権利
4.5.4　新規ASEAN加盟国の参加への取り組みの強化
4.5.5　特定のコミットメント
4.6　投資協定
4.6.1　国家的待遇と公正かつ公平な待遇
4.6.2　最恵国待遇
4.6.3　収用と補償
4.6.4　投資移転と利益の返還
4.6.5　紛争解決方法
4.6.6　透明性
4.6.7　投資の促進と利便
4.6.8　他のコミットメントとの関係
4.6.9　紛争解決メカニズム
4.7　アップグレードされた中国-ASEAN自由貿易区
●自由貿易区アップグレード版の位置づけ、目的、将来像を紹介
●貨物とサービス貿易のさらなる自由化、人員交流、文化的連携の将来計画と協議を紹介
4.8　中国とASEAN諸国が署名した二国間投資協定
●ASEAN全体及び国別の各協定締結の時間軸を紹介
4.9　地域包括的経済パートナーシップ協定(RCEP)
●RCEPの現状分析、各国の対応、温度感を紹介

5　中国とASEANの協力メカニズム

5.1　二国間レベルでの協力メカニズム
5.2　中国とASEAN間の対話メカニズム
●政策協定まとめ、政治面、経済面、国際と地域問題、具体的な協力領域を分析
5.3　中国-ASEAN博覧会
5.4　中国-ASEANセンター

6　中国企業に投資協力コンサルティングを提供できる機関は何か?

6.1　ASEAN加盟国の中国の経済商務処(事務室)
6.2　中国-ASEAN駐在団経済商務処
6.3　中国-ASEAN商務評議会
6.4　中国-ASEANセンター
6.5　中国-ASEAN博覧会事務局

【投資報告書記載例】

中国の「投資報告書」にはベトナムで生き抜くための知恵が記載されているが、中身を読めばかつて日本をはじめ先進国が新興国ビジネスの指南書に書いてきたことと瓜二つである。2019年の事例でも約20の失敗例や学びが記載されている。代表的なケースは以下のようなものである。

・先入観にとらわれない

「ベトナムでの中国のオートバイ産業の敗北は、この点を完全に示している。ベトナム市場に関する綿密な調査により、ベトナムの顧客のニーズを真剣に理解していたら、高品質な製品に対するベトナムの顧客の需要と低価格の製品に対する需要は同時に存在していることが分かる。ベトナム市場がローエンド市場であると単純に考えた中国のオートバイ企業は悪質な低価格競争で市場を開拓し、品質問題による紛争を引き起こし、企業に経済的損失をもたらす品質要件を無視していた。かつブランド構築とアフターサービスに注意を払わず、低価格は必然的にアフターサービスへの投資に影響を与え、その後ブランドに影響を与えた。一時的に一定の市場シェアを占める可能性はあるが、長期的には継続運営はできなかった」

・メディアの対応には気を付ける

「ベトナムでもメディアはユニークな公共資源であり、重要な社会的影響力を持っていることを注意しないといけない。特に両国は政治面での関係に敏感であり、メディアの世論は国民の意思決定に影響を与えやすく、肯定的及び否定的な役割を果たす主要な基盤にもなっている。中国企業は、通常の情報公開システムを確立し、関連情報を定期的にメディアに公開する習慣が必要である。企業が大規模な合併や買収、社会的に敏感な問題に関与している場合、特に不当な世論の圧力に直面している場合は、宣伝とガイダンスに注意を払い、必要に応じて、広報コンサルティング会社は、主要なメッセージをメディアに広め、会社にとって有益なことを地元のメディアに広めるように導くことが必要である。

2014年1月末、ベトナムのメディアは、中国のとある銀行のハノイ支店を取り上げ、中国－ベトナム貿易で不正の人民元決済をしたと報じた。銀行は状況を理解した後、現地のベトナム商工会議所に支援を求めた。ベトナム商工会議所が記者を見つけ、交渉して客観的な報告をしたことで問題は何とか解決した。メディアの会社訪問またはインタビューに対し、拒否することはせず、記者に失礼なことは言わず、平等、信頼、尊敬、誠実、率直さをもってメディアと向き合い、メディアとの調和のとれたインタラクティブな関係を形成すべきである」

・模倣品に注意

「ベトナムに進出する際は、知的財産権の意識を高め、商標と特許保護の拡大を重要視すべきである。中国の有名な商標や高品質の製品がベトナム市場に参入する前に、事前にベトナム知的財産局に行って商標や特許の登録を行い、参入に先立って商標や特許が登録されないように注意する必要がある。とある電気自動車ブランドが貿易を通じてベトナム市場に参入した後、ベトナムのメーカーによってすぐに模倣された。その後中国資本の企業が特許を申請・登録しようとした際、ベトナム知的財産局は、それらが革新的ではなく、特許によって保護できないことを彼らに通知し、結局、中国企業は毎年約数億元を失った」

あとがき

「海外出張に出られない中で、どのように物事を捉えているのですか？」「なぜシナリオのパターンがそれだけ思いつくのですか？」「世界で飛び交う氾濫する情報をどう見ているのか、教えてほしい」。新型コロナ禍（COVID－19）に突入して以降、国内外からの照会が相次いだ。筆者が勤務するコンサルティング会社のクライアント以外からの直接の照会も多かった。その中には著名な経営者や世界的な投資家・投資会社に加え、競合のコンサルティング会社も数多く含まれていた。

国際会議やビジネスミーティング、会食等の場を通じた情報交換はもちろん貴重な情報源である。海外に出れば時間を見つけ現地不動産屋に案内をしてもらい、現地の人々の生活を出来得る限り収集してきた。スマホも現地で買いなおし、使われているアプリやサービスを徹底して試し、住むように現地の空気を吸うことを心掛けてきた。だが海外に出ることができない以上、このアプローチをとることはできない。

しかし、国際情勢分析を実施する上での鉄則は変わらない。特別な技法が必要なわけでもない。公開情報を丹念に読み込み、今語られている報道との差分に目をつけていくことの繰り返しである。平凡な日々の筋トレのようなものであり、とても地味で地道な作業だ。むしろ、人づてや現場主義、専門性のみに頼っていたプロフェッショナルほど、目測を誤っていたように思う。

国際情勢分析では、（1）比較し、（2）歴史をさかのぼり、（3）原点にあたる、というアプローチが基本だ。デジタル化時代でも変わらない。国際協力銀行時代に徹底して叩き込まれた手法であり、勤務先が変わり、20年以上たった今でも続けている。

朝起床すれば、まずは各国の為替レートや債券、株式市場のデータに目を通し、何が起こっているか、今日はどうなるか自分の考えをメモする。その上で世界のメディアに目を通し、連日の国際情勢ミーティングに臨む。筆者はトレーダーではないし、金融マンでもなくなったが、国際情勢分析に携わる実践者（プラクティショナー）としてのルーティンは一緒である。

この新型コロナ禍において役に立ったのは、このような原理原則のアプローチとルーティンであった。不確実性の時代と称され、あまたの情報の氾濫を目にし、かつ意思決定を次々と迫られることになったが、飛び交う情報の収集より、原理原則に立つ地道なプロセスが役に立っていると思う。「物事は日々変化する。ノイズや流行りものに目を奪われることなく、変わらないものに目を向けよ。答えは遠くよりも足元にあるものだ」とは筆者が経済外交の一線で教わった言葉であった。

本書では「国際情勢分析とビジネス」のメソッドは割愛しているが、内容はその手法を用いてきた。

筆者にとって、新型コロナ禍の影響はもちろん大きくあった。しかし、「現地に行かなければ何も分からない」ということではなかったと思っている。「現地にいようがいまいが、出来得る限りの公表されている事実に目を凝らし、洞察を続けること」の大切さを教わったのだった。

民間経済外交の重要性がますます増している——つまり、国際関係は国家機関のプロや学者といった専門家だけにゆだねるものではない。国際情勢の動向そのものがビジネスに直結する時代である。新型コロナ禍や米中の緊張関係等、前提とする環境が変化する時代ほど、マクロとミクロの視点の両方が必要だ。官民や産学等、領域を区別している場合ではない。本書ではそのような点を意識し、国、都市、ビジネスが行き来できるよう解説に努めた。

2020年は内外大激動の年であった。新型コロナというパンデミックは世界中の国と社会、企業や人々に図り知れない惨禍を及ぼした。本書の執筆に本格的に取り掛かったのは、その第2波から第3波へと移り始めた10月に入ってからだ。

国内的には安倍晋三首相の突然の辞任に伴う菅新政権のスタート直後であり、また波乱に満ちたアメリカ大統領選の最中でもあり、それらもあって〝国際情勢とビジネス〟でトップマネジメントとの緊急会議や照会が相次ぎ、勤務先の日常業務も多忙を極めた時期であった。執筆はもっぱら平日早朝と深夜と土曜、日曜日に限られた。それだけに脱稿するまで、まるで駆け足をするような慌ただしさであり、内容的に至らぬ点があろうことは重々承知している。

ただ私自身は、「はじめに」の項で記した通り、国際協力銀行勤務という、国際金融ならびにパブリックセクターの現場と、ハーバード大学の研究員および同ビジネススクール（AMP）としてボストンの地で過ごした立場、そして本稿執筆時は経営コンサルタントに就いており、その4つの立場からの視点、見方をつなぎ、一体化させて執筆したつもりだ。現場、現実を踏まえた今日的な企業戦略論として試みたつもりである。

本書作成の過程においては、デロイト トーマツ コンサルティングの日本および東南アジア部門のメンバーの協力が欠かせなかった。なかでも南大祐氏、張沢宇氏とは日々議論を重ね、主に中国とＡＳＥＡＮの調査・情勢分析を実施してきた。アジア部門統括の重松泰明氏（タイ駐在）をはじめ、金秀俊氏（インドネシア駐在）、村上泰之氏（シンガポール駐在）にもご支援をいただき、また森口良平氏（ベトナム駐在）には現地の状況などについて多々示唆もいただいた。金山亮氏には原稿の取りまとめを、野地由希子氏には校閲作業でお世話になった。

本出版に向けてご支援を頂いた弊社佐瀬真人社長にも厚く御礼申し上げたい。

本書の企画段階から発刊に至るまで、大変にお骨折りをいただいた日経ＢＰの山崎良兵氏と村上富美氏にも心から感謝申し上げる。２０２０年秋からの極めてタイトなスケジュールの中、無事出版にこぎつけられたのも、日経ＢＰの皆様のご協力があったお陰である。

本書の作成に当たっては、アジアの財界人および現地で２００人以上の関係者インタビューを行ってきた。また国際協力銀行の上司であった星文雄・元専務取締役、現京都大学経営管理大学院特命教授と同行元常務の山田正明氏、元ＡＳＥＡＮ＋３マクロ経済リサーチオフィス（ＡＭＲＯ）及びアジア格付機関連合会長で現アジア・パシフィック・イニシアティブ（ＡＰＩ）事務局長の仲川聡氏、ＤＬＡパイパーの石田雅彦弁護士、Ｃｕｒｉｏ社長横山貴寛氏、大手投資銀行出身のトレーダー田中壮大氏、旧来の友人であるエコノミストの中谷恵一氏等にも、貴重なご助言をいただいた。ご協力をいただいた全ての皆様に、この場を借りて心から御礼申し上げたい。

邉見 伸弘 へんみ のぶひろ

デロイト トーマツ コンサルティング合同会社
執行役員・パートナー、チーフストラテジスト

国際協力銀行（JBIC）にて国際投融資（アジア地域及びプロジェクトファイナンス）、カントリーリスク分析、アジア債券市場育成構想等に従事。その後、A.T.カーニーを経てデロイト トーマツ コンサルティングに参画。国際マクロ経済・金融知見を軸に、国際情勢分析を専門とする。メガトレンド分析、シナリオ及びビジョン策定、中期経営策定支援を中心に、業界横断型、クロスボーダー案件を中心に活動。

世界経済フォーラムフェロー（兼務）、Deloitte Global Economist Council member、ハーバード大学国際問題研究所研究員（2016-2017）。
「地政学とビジネス：ASEAN Foresight2025」Diamond Harvard Business Review online、「不確実性を生き抜く上でのビジネスインテリジェンス」（東洋経済新報社）等、執筆・講演多数。
ハーバード ビジネス スクール（AMP）、仏ESCP-Europe(MBA)、慶應義塾大学卒。

チャイナ・アセアンの衝撃
日本人だけが知らない巨大経済圏の真実

2021年2月22日　第一版第一刷発行

著　者	邉見 伸弘
発行者	伊藤 暢人
発　行	日経BP
発　売	日経BPマーケティング 〒105-8308　東京都港区虎ノ門4-3-12 https://business.nikkei.com
編　集	村上 富美　山崎 良兵
校　正	聚珍社
装丁・レイアウト	中川 英祐（トリプルライン）
DTP	中澤 愛子（トリプルライン）
図版	エステム
印刷・製本	大日本印刷株式会社

本書籍に関するお問い合わせ、ご連絡は下記にて承ります。
https://nkbp.jp/booksQA

ISBN 978-4-296-10803-9